中世蹴鞠史の研究

——鞠会を中心に——

稲垣弘明　著

思文閣出版

中世蹴鞠史の研究――鞠会を中心に――※目次

中世蹴鞠史の研究

――鞠会を中心に――

序論　蹴鞠研究の回顧と本論の課題

蹴鞠が、前近代の日本において、今日、一般に想像されるよりも、比較的広範に行われていた芸能文化・スポーツであったのに比して、近代以降の蹴鞠研究は、活発になされてきたとはいえなかった。しかし、一九九〇年代に入り、桑山浩然氏編『蹴鞠技術変遷の研究』（一九九二年）(1)、渡辺融氏・桑山浩然氏著『蹴鞠の研究――公家鞠の成立――』（一九九四年）(2)が相次いで刊行され、蹴鞠の体系的研究の基礎が固められた。また、二〇〇二年には、村戸弥生氏著『遊戯から芸道へ――日本中世における芸能の変容――』(3)が刊行されて、院政期の蹴鞠研究に新たな地平が開かれ、蹴鞠が芸能分野の一部門としても、重要な位置をしめることが示された。

これまでの蹴鞠研究の概略については、一九九四年に発行された、前掲渡辺氏・桑山氏著書『蹴鞠の研究』に詳しく(4)、そちらを参照されたいが、ここでは、一九九四年以前に行われた研究については、本論との関係の深い主要な業績を中心に述べるにとどめ、それ以降に発表された主な蹴鞠研究を、各々の研究が扱った時代別に分類しながら、回顧したいと思う。

まず、戦前における蹴鞠の古典的研究として位置付けられるのは、桜井秀氏の「蹴鞠考」（一九〇八年）「本邦蹴鞠史考」（一九二三・二四年）(5)である。桜井氏は、「蹴鞠考」を増補した「本邦蹴鞠史考」の中で、平安時代から江戸時代における蹴鞠の推移を述べ、次のようにあとづけた。

平安時代に遊戯に過ぎなかった蹴鞠は、平安末期ないし鎌倉初期にかけて芸道化し、難波・飛鳥井という鞠の家が生まれた。鎌倉時代は、難波家の全盛期であり、室町時代には飛鳥井家が台頭した。江戸時代に及び鞠道の宗主権が、飛鳥井・難波の二家に限定され、中でも、飛鳥井家の勢力が盛んであった。

こうした、蹴鞠史の概観は、のちの蹴鞠研究にも影響を与える大きな枠組みを作った点で、貴重な成果であった。また、桜井氏は、懸《かかり》などの蹴鞠の施設や技法、遊戯法などについても言及され、装束に関しても、「鞠足《まりあし》（鞠の蹴り手——筆者註）等の服飾も室町以前に於ては未だ定制あるを見ず」とされており、注目される指摘である。

次いで、戦後、一九六〇年代に、蹴鞠の研究を正面から扱われようとした研究に、渡辺融氏の「蹴鞠の展開についての一考察——江戸時代の争論を中心として蹴鞠における家元制について——」(6)がある。渡辺氏は、十七世紀後半の飛鳥井家と冷泉家の争論について述べ、十八世紀における飛鳥井家と難波家の争論をとりあげ、江戸時代の蹴鞠家元の権限を明確化された。その考察によれば、家元の権限とは、蹴鞠技術の相伝、入門・破門、それにともなう蹴鞠装束や鞠場設置の免許、蹴鞠から派生した冠掛緒の免許などであった。蹴鞠の家元制度を考察する先駆的な研究といえよう。

一方、戦後の業績には、蹴鞠研究の周辺の領域から、蹴鞠研究の知見を高める役割を果たした研究もいくつかみられる。例えば、一九六〇年代から七〇年代にかけて、井上宗雄氏が、『中世歌壇史の研究——南北朝期——』『中世歌壇史の研究——室町前期——』『中世歌壇史の研究——室町後期——』(7)を相次いで刊行されたのがそうした業績の一つである。井上氏は、南北朝期から戦国期にかけての歌壇の動向を記されるなかで、「歌鞠両道」の家であった御子左家・飛鳥井家の動向も詳述されている。これらの研究は、南北朝期～戦国期における「鞠の家」の動向を知る上でも貴重な業績である。

また、一九七九年には、今泉淑夫氏が、「文明二年七月六日付飛鳥井雅親書状案をめぐって」(8)を著され、室町期・戦国期初頭において、飛鳥井家が、歌鞠師範家として公家社会の中で地位を向上させたことや、同家の一族保全のための動きについて述べられている。やはり、蹴鞠研究の周辺領域から蹴鞠の知見が得られた業績といえよう。

さて、一九八〇年代後半に入ると、個別の蹴鞠書の研究が行われるようになる。まず、一九八六年には、天理図書館所蔵の『内外三時抄』が、『天理図書館善本叢書・古道集一』に影印で収められ、熊倉功夫氏の解題が付されて刊行された。(9)この書は、一九三三年に発行された『続群書類従』所収本にみられた「鞠場篇」の一部と「装束篇」に加え、続類従本には欠けていた「練習篇」「練習篇二」が収められた書であった。この書の刊行により、十三世紀後半の蹴鞠の技法が、体系的に理解できるきっかけとなった意義は大きかったといえる。

次いで、一九八〇年代末から一九九〇年代初頭にかけては、院政期の蹴鞠書の研究も行われるようになった。渡辺融氏が、「三十箇条式」の佚文《いつぶん》を集成する研究や、『蹴鞠口伝集』に関する研究を行われ、(10)村戸弥生氏が、『成通卿口伝日記』の成立に関する研究を発表している。(11)こうした、踏み込んだ蹴鞠書の研究は、院政期蹴鞠研究の基礎となる業績であったといえよう。

ところで、現在、蹴鞠の故実や技法を伝承し、蹴鞠文化の保存・研究を行っている団体に、明治三十六年（一九〇三）に発足した、京都の蹴鞠保存会がある。同会による主要な著作業績として、久世通章氏著『蹴鞠』（一九三八年）、(12)中西貞三氏著『蹴鞠抄　内野の雪の巻』（一九六四年）(13)がある。久世氏著『蹴鞠』は、蹴鞠の古文書や、蹴鞠保存会に伝承された鞠装束・鞠会の作法・鞠の作り方などを写真入りで解説したアルバム装丁の図録である。扇鬮《おうぎくじ》（本論で後述）などの特殊な作法が写真入りで詳しく解説されている点などからも貴重な業績といえる。中西氏著『蹴鞠抄　内野の雪の巻』は、「研究編」と「史料編」からなり、研究編において、蹴鞠保存会に伝えられた、蹴鞠の施設・用具・作法・練習法などについて、昔（江戸時代以前）の事例を参照しながら詳しく解説されている。また、巻末に、文政八年（一八二五）と昭和三十八年（一九六三）の「鞠道色目」を掲出しており、家元制度研究においても参考になる。なお、山科言泰氏発行・中西定典氏編『蹴鞠保存会九十年誌』（蹴鞠保存会、一九九七年）も刊行されたが、一九九四年以降の業績なので、後述することにする。

さて、冒頭述べたように、一九九〇年代に入り、前掲桑山氏編『蹴鞠技術変遷の研究』（一九九二年）、同じく渡辺氏・桑山氏著『蹴鞠の研究――公家鞠の成立――』（一九九四年）が刊行された。

『蹴鞠技術変遷の研究』は、「研究報告」と「史料研究」から構成される科研の報告書であった。「研究報告」には、渡辺融氏「蹴鞠のキッキング技術について――三曲を中心にして――」、村戸弥生氏「院政期における蹴鞠研究序説――蹴鞠口伝書中の諺を起点として――」、桑山浩然氏「飛鳥井家が烏帽子懸緒の許可権を得ること」の三論文が収められている。

渡辺氏の論文は、蹴鞠のプレーにおいて、処理しにくい鞠を蹴る高等技術に「延足《のびあし》」「帰足《かえりあし》」「傍身鞠《みにそうまり》」があり、それらが平安末期の蹴鞠書にすでに重要な技術として扱われていること。そして、鎌倉時代中頃には、これらを一括して「三曲」と呼ぶようになること。室町・戦国時代以降の蹴鞠書には、足数の増加によって、それ以前の書には見えなかった技がみえ、帰足系統の技が細分化された様子がうかがわれることなどが述べられている。村戸氏の論文は、同氏著『遊戯から芸道へ――日本中世における芸能の変容――』に再録されたものであり、後述することにする。桑山氏の論文は、冠掛緒の許可権をめぐって、永正三年（一五〇六）、後柏原天皇と飛鳥井雅俊との間で争論が起こり、それが、慶長五年（一六〇〇）にいたって、紫の冠掛緒着用には勅許が必要なこと、ただし、天皇への奏請は必ず飛鳥井家によることといった飛鳥井家の特権を認めるかたちで落着したことを述べられている。そして、江戸時代になると、飛鳥井家の「蹴鞠懸緒の免許権」が「懸緒一般の免許権」にまで拡大されたことを指摘され、大名や高家が従四位下侍従に任官したさい、参内用の正装として紫組冠懸緒が必要となるため、彼らは、形式的に飛鳥井家と門弟契約を結び、着用の願いを取り次いでもらうという慣例ができることを明確にされている。

「史料研究」には、渡辺融氏による史料解説「蹴鞠口伝集下巻について」と「内外三時抄について」が所収され、『蹴鞠口伝集（上巻・下巻）』（史料翻刻、渡辺融氏・渡辺正男氏・桑山浩然氏）、『内外三時抄（付・佚文）』（史料翻刻、渡辺融氏・渡辺正男氏・桑山浩然氏）の二つの蹴鞠書が翻刻されている。特に、従来活字化されていなかった、院政期の『蹴鞠口伝集』（下巻）と鎌倉後期の『内外三時抄』という重要な蹴鞠書が翻刻されたことは、同時期の蹴鞠研究を推し進める一契機になったものと思われる。

また、巻末には、「大津平野神社所蔵難波家旧蔵蹴鞠書略分類目録」が付されている。同神社所蔵の難波家蹴鞠関係資料について付言すると、その後、文化庁文化財保護部美術工芸課歴史資料係による調査が行われ、同課により『難波家蹴鞠関係資料目録』（一九九七年）が作成されて、重要文化財に指定されている。

さて一方、『蹴鞠の研究――公家鞠の成立――』は、「研究篇」と「史料篇」から構成され、「研究篇」では、「第一部　公家鞠の成立」を渡辺融氏が執筆し、「第二部　蹴鞠書の研究」を桑山浩然氏が担当している。

「第一部　公家鞠の成立」では、「数と懸」という特徴を備えた蹴鞠が、遅くとも十一世紀後半の院政期までには登場してきていること。その蹴鞠が、天皇・上皇・摂関といった貴人が臨席し、あるいは自らプレーするのに相応しい体裁を整えるにいたったのが「公家鞠」であること。後白河・後鳥羽以後、天皇・上皇たちが自らプレーするようになったことが、「公家鞠」の故実成立の有力な根拠となったこと。そして、鎌倉時代中頃の後嵯峨院時代にいたって、「公家鞠」を構成する諸要素が一応整ったと考えられることを蹴鞠史料の博捜により体系づけられている。

「第二部　蹴鞠書の研究」では、平安末期から南北朝期にかけて成立したと考えられる蹴鞠書を、初期の蹴鞠書（三十箇条式・蹴鞠口伝集）、難波家飛鳥井家の蹴鞠書（蹴鞠簡要抄・一巻書と一巻書口伝・宗清百問答・蹴鞠略記・革匊要略集・内外三時抄）、御子左家の蹴鞠書（遊庭秘抄）に分けて、同時期の蹴鞠史の流れの中に位置付けながら解説されている。そして、末尾で数点の鞠会記録（道家公鞠日記と藤原孝範蹴鞠記・二老革匊話・承元御鞠記）についても触れられている。「第一部」の「公家鞠」の体系化の根拠となる蹴鞠書の定位化をされた意味でも重要な記述といえる。

「史料篇」では、十三世紀後半の「公家鞠」の体系化をよく示す蹴鞠書である『革匊要略集』と『内外三時抄』（佚文を含む）が翻刻されている。

この書の刊行によって、「公家鞠」の体系化の過程が明確化されるとともに、蹴鞠の施設・用具・練習法・作法などに関する体系化された「公家鞠」の姿がはっきり紹介されたことで、蹴鞠史の研究に一画期がもたらされたといえよう。また、巻末の「事項索引」は、蹴鞠用語集としての性格も有しており、「研究篇」「史料篇」とともども蹴鞠辞典の役割も果たし得る書ともいえる。

『蹴鞠の研究――公家鞠の成立――』が刊行された一九九四年以降、同書の影響を受けながら、蹴鞠の研究は、脚光を浴びる研究テーマの一つとしてとりあげられることが多くなったように思われる。次に、それらの研究を、管見に触れた範囲で、取り組んだ時代別に分けながら、見ていきたいと思う。

まず、平安時代末の院政期の研究には、前掲村戸氏著『遊戯から芸道へ――日本中世における芸能の変容――』（二〇〇二年）がある。村戸氏は、院政期における蹴鞠が、遊戯から芸道へと変容する過程を、「芸能」の意味が、「技能・才能」という意味の広義の芸能からジャンル分化し、「歌舞音曲」という意味の狭義の芸能へと変容する過程と、呼応する動きであると位置付け、芸能史研究の見取図の再編を試行された。

蹴鞠研究に限ってみても、白河院政期の保安元年（一一二〇）頃を一つの契機として、跳躍しながら鞠を蹴る踊足系の技術を主体とする下﨟鞠が否定される方向性を示す一方、「浮かびたる足踏」の延足系の技術を主体とする上﨟鞠が定着化の傾向を示すこと。そうした変容の時期が、鞠聖藤原成通「個人」の若年時代から、「功に入る」時代へと変化する時期と重なっていること。上﨟鞠の時代に入り、特に老足が、鞠を落としてしまうという蹴鞠のゲームにおける絶対的矛盾を合理化する方法として、天台本覚思想の不二思想を理論的支柱とし、鞠を「落としてもよい」という思想が生まれてくること。そして、上﨟鞠の時代に入り、鞠場の縮小化・定式化がはかられ、フォーメーションやフォーム意識が形成されたことなど、この時期の蹴鞠の芸態の変容が史的にあとづけられている。また、蹴鞠説話の生成についても検討され、三国（中国・天竺・日本）の蹴鞠起源説話が生成される前提に、まず、唱導説話の影響によって蹴鞠即仏道を保証する蹴鞠功徳説話（藤原成通の鞠精説話）の成立があり、それが、蹴鞠道家によって祭祀化される過程で、起源説話が生成されたことを推測している。そして、藤原成通の清水寺高欄蹴鞠説話の虚構化の方法が、芸道と認定される「蹴鞠」（上﨟鞠）の文化的枠組みのもと、テキスト上において、そこに表れるいかなる狂的身体をも社会的に封じ込めようとしたものであったと述べられている。

こうした点から、院政期の蹴鞠像を豊富に提示した意味でも、村戸氏著書は重要な研究であったといえよう。

鎌倉時代の研究には、秋山喜代子氏「後鳥羽院と蹴鞠」（二〇〇〇年）・同「順徳天皇と蹴鞠」（二〇〇二年）[14]、西山恵子氏「中世公家と家業――難波・飛鳥井家と蹴鞠――」（一九九九年）[15]、三崎厚子氏「中世の蹴鞠書に見る動作表現」（一九九七年）[16]などがある。秋山氏の二論文は、後鳥羽院・順徳天皇の時代の鞠会をとりあげ、後鳥羽院が毎日のように近臣たちと「内々の鞠会」をしていたこと。後鳥羽院の時代の鞠会の特徴として、侍層（下北面）の鞠足が多く出ていたこと。建暦三年（一二一三）四月十一日、後鳥羽院の院御所高陽院で、順徳天皇を交えて行われた鞠会が、上皇と天皇がともにプレーをし、関白や前太政大臣までもが加わった、「前代未聞」のことであったことなどを指摘されている。そして、鎌倉後期以降、院と天皇がともにプレーすることが珍しくなくなり、摂関ら上級公家が鞠会に進出する一方、侍層が逆に次第に排除されていくという見通しを述べている。西山氏の論文は、平安末期の藤原頼輔からはじまる難波・飛鳥井両家と蹴鞠とのつながり、さらに蹴鞠を両家の家業として固定していく過程を、鎌倉幕府との関係も視野に入れながらあとづけられている。三崎氏の論文は、『内外三時抄』の「練習篇」にみえる「身躰」（姿勢）「足踏」（足の運び）などの記述を検討され、それが、現代のボールゲームや武道・舞踊などにも通じる動作表現であることを述べられている。

南北朝期の研究には、渡辺融氏「遊庭秘抄の研究」（一九九六年）[17]、小川剛生氏「二条良基と蹴鞠――『衣かづきの日記』を中心に――」（二〇〇二年）[18]、藤原重雄氏「軒端の鞠――『絵巻物による日本常民生活絵引』のひとこま――」（二〇〇六年）[19]などがある。渡辺氏の論文は、十四世紀中頃から後半に成立したと考えられる御子左流の蹴鞠書『遊庭秘抄』の諸伝本を詳細に検討される中で、従来知られていた『群書類従』本とは、明らかに異なる別系統の本が存在することを指摘され、二系統の本が生じた原因を、御子左家の内紛にあるものと推測している。

小川氏の論文は、鎌倉後期から南北朝期の宮廷や摂関家の鞠会の推移を概観された上で、二条良基によって記された『衣かづきの日記』（『貞治二年御鞠記』）をもとに、貞治二年（一三六三）五月十日に内裏で開かれた晴の蹴鞠会の挙行形態を述べられ、二条良基と蹴鞠との関係について考察されたものである。藤原氏の論文は、南北朝時代に成立した絵巻『慕帰絵』に、鞠挟《まりばさみ》を使用して鞠を軒先に干している場面が描かれていることに注目し、同様の事例を、他の時代の資料も用いて紹介されている。

室町時代から戦国時代にかけての研究には、石井倫子氏著『風流能の時代――金春禅鳳とその周辺――』（一九九八年）[20]、佐々木孝浩氏「『新続古今集』と蹴鞠」（二〇〇一年）・同「鞠聖藤原成通影供と飛鳥井家の歌鞠二道」（一九九四年）[21]、今泉淑夫氏「江南院龍霄」（一九九四年）[22]、安田晃子氏「豊後国における蹴鞠の展開――戦国期を中心として――」（一九九九年）[23]、菅原正子氏「公家の家業と天皇家――山科家の装束調進――」（一九九八年）[24]などがある。

石井氏著書では、室町期から戦国期にかけての能の身体論の変容を、兵法や蹴鞠の身体論と関連づけて論じられている。世阿弥が、蹴鞠の序破急論を土台とした能独自の序破急論を作りあげたと推測されること。世阿弥が、若い頃には、蹴鞠の基本フォームである「たわやかな身体」を能の身体論に取り入れ、「足踏」「足拍子」を重視した貴人向けの能の身体を作り出したこと。世阿弥は、その後、足を使う演技から離れ、動かない身体・内部集中する身体を志向するにいたり、それが、金春禅竹にも継承されたこと。戦国期の金春禅鳳の伝書によれば、当時の能の身体論が、手足をリラックスさせるという点においては、蹴鞠のフォームと重なる一方、「腰を据える」という腰への意識集中が説かれる点においては、敏捷な動きを旨とする蹴鞠の身体と反対の身体のあり方を示し、「直立たる身」を志向した戦国期の兵法の身体のあり方と共通することなどを述べられている。

佐々木氏「『新続古今集』と蹴鞠」は、飛鳥井家が、歴代蹴鞠を積極的に和歌に詠み込もうとした家柄であった中で、室町中期に『新続古今集』を撰集した飛鳥井雅世が、同歌集の中に、ほとんど蹴鞠に関する要素を盛り込まなかったことに注目され、雅世の蹴鞠に対する劣等感・嫌悪感のようなものがあったことを推測している。

佐々木氏「鞠聖藤原成通影供と飛鳥井家の歌鞠二道」は、鞠聖藤原成通の画像を掲げ、その前で詠歌を献ずる「成通影供」を、歌鞠両道を伝えてきた飛鳥井家が、自家の伝統を誇る術とした、蹴鞠を和歌に詠む行為の延長線上に生まれたものとして位置付け、「成通影供」を創始したのが戦国期の飛鳥井宋世であると推定している。

今泉氏の論文は、十五世紀末に蹴鞠に熱中していた甘露寺親長の息子にあたる、江南院龍霄の伝記を記される中で、当時の鞠会の様子についても言及している。安田氏の論文は、戦国期における豊後国の蹴鞠の様態を中心に述べられ、大友宗麟の蹴鞠との関わりや飛鳥井雅綱による豊後下向などについて詳述している。菅原氏の論文では、装束を公家家業としていた戦国期の山科言継が、自ら裁縫の技術を身につけ、親王や公家等が履く蹴鞠用の鴨沓を縫っていた事例が紹介されている。

安土桃山時代以降、江戸時代の研究には、神田裕理氏「織豊期における公家の生活――交際関係をめぐって――」（一九九九年）[25]、桑山浩然氏「飛鳥井家伝来蹴鞠道文書の研究」（一九九八年）[26]、竹下喜久男氏「近世中期摂北における蹴鞠の展開」（一九九九年）[27]、渡辺融氏「近世蹴鞠道飛鳥井家の一年」（一九九九年）・同「蹴鞠用具について――鞠作りを中心にして――」（二〇〇〇年）[28]などがある。

神田氏の論文は、織豊期の公家の生活を、交際関係の分析を通して明らかにされたもので、その中で『言経卿記』にみえる飛鳥井家・近衛家・高倉家・竹内家で開かれた蹴鞠会の参会者についても分析されている。そして、開催する公家の「家」によって、参会者間の接点に差異がみられ、それは、開催者側が、家格意識の表明や、「師範家」としての権威の誇示、親族間や常連の会衆間を中心とした「家」の行事・親睦的な集会などさまざまな目的を持っていたことによるものだと指摘している。

桑山氏の論文は、飛鳥井家に伝来する、時の権力者が上賀茂社松下家の弟子取りを禁じた一連の文書に、偽文書が多数混じることを指摘され、偽文書作成の開始時期を、飛鳥井家が、他家による弟子取りの禁止の権利や懸緒許可権、装束免許の許可権を確立し、家元制度を確立した寛文期以降のことであると位置付けている。

竹下氏の論文は、十八世紀の大坂周辺とくに摂北の在郷町である伊丹・池田等の酒造業を営んでいた有力町人が、鞠場を作って蹴鞠を楽しんでいた様子を描かれたものである。渡辺氏「近世蹴鞠道飛鳥井家の一年」は、『飛鳥井雅豊日記』により、元禄・宝永期の蹴鞠道家としての飛鳥井家の蹴鞠年間暦を復元された論考である。道家として年間の節目となる行事は、正月四日の鞠始め、七月七日の七夕鞠であり、これらの会は、堂上・地下の門弟を集め、飛鳥井・難波両家の当主が行うものであったこと。最も数多く行われた鞠会が京の門弟たちの蹴鞠例会であり、これは、堂上・地下の身分別になっており、地下の門弟はさらに上中下三組の組織別に行われていたこと。蹴鞠免許には、堂上・武家に対する冠懸緒の免許と蹴鞠色目（装束・鞠場・技等）の免許との二種類があり、懸緒の免許は公家や武家の昇殿に拘わることで、蹴鞠のプレーと直接関係ないことなどが述べられている。渡辺氏「蹴鞠用具について――鞠作りを中心にして――」は、蹴鞠の鞠作りの歴史や技術を概観される中で、江戸時代の京都・江戸・大坂の三都に、専門の鞠用具の製造販売を行う「鞠屋」が存在したことを紹介され、「鞠屋」の中には、門弟の取立てにも参入し、「鞠取次」「鞠目代」と称される家元制度下の中間教授者の役割を果たしていた者もいたことを指摘している。

ところで、蹴鞠が、近代以降、日本社会に広く普及せず、京都の蹴鞠保存会によって保存されてきたことは周知のことである。従って、日本の近代蹴鞠史は、蹴鞠保存会の活動の歴史であるといっても過言ではない。明治三十六年（一九〇三）に設立された同会の九十周年（一九九三年）を記念して、その数年後に、前掲『蹴鞠保存会九十年誌』（一九九七年）[29]が刊行された。同書では、蹴鞠保存会九十年の歩みを、胎動期（維新〜明治三十六年）・揺鑑期（明治三十六年～四十年）・黎明期（明治四十年～昭和十年）・混迷期（昭和十年～二十年）・終戦直後の状態（昭和二十年）・再生期（昭和二十一年～五十一年）・成長期（昭和五十二年～五十八年）・現在（昭和五十八年～平成八年）に時代区分して述べられている。また、巻末にある「蹴鞠に関する歴史年表」は、中西貞三氏が作成された『蹴鞠編年史料』（未刊）をもとに発案されたもので、有史以来、一九九六年までの蹴鞠の事蹟を簡略に記した蹴鞠年表であり、今後の蹴鞠研究の参考となるものであろう。

一方、蹴鞠に関する展覧会も相次いで開かれており、そのさいに作成された図録・展示解説等も貴重な蹴鞠研究の成果である。そうした図録類には、古く、天理ギャラリー展示図録『蹴鞠』（一九六九年）があるが、一九九七年には、大分県立先哲史料館で『蹴鞠——豊後の人々の球ごころ——』（展示担当：安田晃子氏）と題する企画展が開かれ、展示案内が作成されている。また、二〇〇二年には、日韓共催のサッカーワールドカップ開催を記念して埼玉県立博物館で特別展が開かれ、図録『ＫＥＭＡＲＩ——蹴鞠——』（展示担当：西口由子氏・井上尚明氏・川上由美子氏）が作成されている。そして、二〇〇四年には、アメリカ・ニューヨークのアジア・ソサエティーにて「アジアン・ゲームス」という展示会が開かれ、その中で蹴鞠展示のコーナーも設けられている。その展示品の解説を、佐々木孝浩氏が、「『アジアの競技』展の蹴鞠資料について」と題して執筆され、東洋美術の専門誌 *Orientations*（2004年９月号）に英文で掲載されている。

また、蹴鞠の実技や故実の保存継承が、蹴鞠研究にとって重要なことは周知のことではあるが、現在、古式に則った蹴鞠の保存を行っているのは、前述の京都の蹴鞠保存会と香川県金刀比羅宮の二箇所である。加えて、長野県上田市在住の井澤篤巳氏は家伝の蹴鞠史料をもとに鞠の復元に取り組まれ、谷口彬雄氏らとともに「信濃乃蹴鞠の会」を運営され蹴鞠を現在に活かす試みを行っている。

以上、これまでの蹴鞠研究を回顧してきた。その結果、従来の蹴鞠研究においては、個別に各時代の優れた研究がみられ、また、鎌倉後期にいたるまでの蹴鞠史の研究については、体系的な業績がみられることがわかった。しかし、室町期以降の蹴鞠会の挙行形態の歴史、とりわけ、応仁・文明の大乱を契機とした十五世紀末における蹴鞠会の様式の変容について体系的に考察した研究はあまりみられないこともうかがえる。そこで、本書では、それを探ることを新しい課題として、次の五章を立てて、その課題に取り組むことにする。

第一章　平安～南北朝期の蹴鞠——晴の蹴鞠会の系譜——
第二章　室町期の蹴鞠——天皇・室町殿臨席の晴会——
第三章　戦国期初頭の蹴鞠——応仁・文明～明応期の蹴鞠会——
第四章　戦国期中葉の蹴鞠——永正・天文期の蹴鞠会とその様式——
第五章　蹴鞠家元制度成立史論——蹴鞠遊芸化の前提——

なお、第二章以降の叙述の前提として第一章で取り組むが、そこで述べるのは、洛中における晴の蹴鞠会の系譜であり、中世蹴鞠史の叙述として、当然語られるべきであろう、鎌倉幕府の晴の鞠会については、本書では触れないことを最初に付言させていただくこととする。

(1)『蹴鞠技術変遷の研究』(平成三年度科学研究費補助金研究成果報告書、研究代表者：桑山浩然、一九九二年)。
(2) 渡辺融・桑山浩然『蹴鞠の研究——公家鞠の成立——』(東京大学出版会、一九九四年)。
(3) 村戸弥生『遊戯から芸道へ——日本中世における芸能の変容——』(玉川大学出版部、二〇〇二年)。
(4) 前掲『蹴鞠の研究』三〇～三三頁および巻末の「蹴鞠文献目録」参照。
(5) 桜井秀「蹴鞠考(一・二・三)」(『考古界』七巻五・六・七号、一九〇八年)。同「本邦蹴鞠史考」(『史学雑誌』三四

編一一号・三五編五号、一九二三・二四年、のちに『時代と風俗』所収、宝文館、一九三一年）。

（6）渡辺融「蹴鞠の展開についての一考察――江戸時代の争論を中心として蹴鞠における家元制について――」（『東京大学教養学部体育学紀要』三号、一九六六年）。

（7）井上宗雄『中世歌壇史の研究――南北朝期――』（明治書院、一九六五年、改訂新版：一九八七年）、同『中世歌壇史の研究――室町前期――』（風間書房、一九六一年、改訂新版：一九八四年）、同『中世歌壇史の研究――室町後期――』（明治書院、一九七二年、改訂新版：一九八七年）。

（8）今泉淑夫「文明二年七月六日付飛鳥井雅親書状案をめぐって」（『日本歴史』三六九号、一九七九年）。

（9）熊倉功夫「『内外三時抄』解題」（『天理図書館善本叢書・古道集二』、八木書店、一九八六年）。

（10）渡辺融「蹴鞠道家成立以前の蹴鞠の様態――成通卿蹴鞠三十箇条式を中心として――」（『東京大学教養学部体育学紀要』二三号、一九八九年）、同「藤原頼輔撰蹴鞠口伝集について」（同二五号、一九九一年）。

（11）村戸弥生「『成通卿口伝日記』成立の背景――鞠道家創設との関わりについて――」（『金沢大学国語国文』一四号、一九八九年）、同「鞠道家創設前後の蹴鞠史(上)――付・『成通卿口伝日記』成立年次考――」（同一五号、一九九〇年）など。

（12）久世通章『蹴鞠』（大日本蹴鞠会、一九三八年）。

（13）中西貞三『蹴鞠抄　内野の雪の巻』（私家版、一九六四年）。

（14）秋山喜代子「後鳥羽院と蹴鞠」（五味文彦編『芸能の中世』、吉川弘文館、二〇〇〇年）、同「順徳天皇と蹴鞠」（『明月記研究――記録と文学――』七、二〇〇二年）。

（15）西山恵子「中世公家と家業――難波・飛鳥井家と蹴鞠――」（笠谷和比古編『公家と武家Ⅱ――「家」の比較文明史的考察――』、思文閣出版、一九九九年）。

（16）三崎厚子「中世の蹴鞠書に見る動作表現」（『体育の科学』四七巻八号、一九九七年）。

（17）渡辺融「遊庭秘抄の研究」（『放送大学研究年報』第一四号、一九九六年）。

（18）小川剛生「二条良基と蹴鞠――『衣かづきの日記』を中心に――」（『室町時代研究』一、二〇〇二年）。

（19）藤原重雄「軒端の鞠――『絵巻物による日本常民生活絵引』のひとこま――」（『非文学資料研究』一四号、二〇〇六年)。

(20) 石井倫子『風流能の時代——金春禅鳳とその周辺——』(東京大学出版会、一九九八年)。

(21) 佐々木孝浩「『新続古今集』と蹴鞠」(『和歌文学体系』月報一四、二〇〇一年)、同「鞠聖藤原成通影供と飛鳥井家の歌鞠二道」(『国文学研究資料館紀要』二〇号、一九九四年)。

(22) 今泉淑夫「江南院龍霄」(『東語西話——室町文化寸描——』、吉川弘文館、一九九四年)。

(23) 安田晃子「豊後国における蹴鞠の展開——戦国期を中心として——」(『大分県立先哲史料館研究紀要』四号、一九九九年)。

(24) 菅原正子「公家の家業と天皇家——山科家の装束調進——」(『中世公家の経済と文化』、吉川弘文館、一九九八年)。

(25) 神田裕理「織豊期における公家の生活——交際関係をめぐって——」(西村圭子編『日本近世国家の諸相』、東京堂出版、一九九九年)。

(26) 桑山浩然「飛鳥井家伝来蹴鞠道文書の研究」(皆川完一編『古代中世史料学研究・下巻』、吉川弘文館、一九九八年)。

(27) 竹下喜久男「近世中期摂北における蹴鞠の展開」(『佛教大学文学部史学科創設三十周年記念史学論集』、一九九九年)。

(28) 渡辺融「近世蹴鞠道飛鳥井家の一年」(『放送大学研究年報』一七号、一九九九年)、同「蹴鞠用具について——鞠作りを中心にして——」(財団法人水野スポーツ振興会、一九九九年度研究助成金研究成果報告書『スポーツ用具史研究の現状と課題』、研究代表者：中房敏朗、二〇〇〇年)。

(29) 中西定典編『蹴鞠保存会九十年誌』(蹴鞠保存会、一九九七年)。

第一章　平安〜南北朝期の蹴鞠——晴の蹴鞠会の系譜——

第一節　小　序

晴の鞠会について、渡辺融氏・桑山浩然氏著『蹴鞠の研究——公家鞠の成立——』は、その「索引」において、「天皇、上皇、将軍などが臨席して開かれる公式の鞠会。このような会では、設営、進行の作法などのすべてが故実にのっとり運ばれるべきものとされた」と解説される。[1]この記述によれば、晴の鞠会を構成する要素として、

①天皇、上皇、将軍などの貴人が臨席すること。

②設営、進行の作法などが故実に則って進行されること。

の二点が指摘されていることがわかる。

その後、後鳥羽院時代の鞠会について検討を加えられた秋山喜代子氏は、上皇の参会する鞠会が、すべて「晴の鞠会」であったわけではなく、上皇の参会する鞠会にも「内々の会」があったことを指摘された。[2]この指摘は、天皇・上皇などの貴人が臨席している鞠会が、すべて晴の鞠会であったわけではなく、会の設営、進行の作法などが故実に則って行われることが晴の鞠会を成り立たせる重要な要素であったことをあらためて確認させる意味からも重要な指摘であった。

また、秋山氏は、後白河院・後鳥羽院時代の鞠会の特徴として侍層（下北面）の鞠足が多く出ていたことをあげられ、それ故に、建暦三年（一二一三）四月十一日、後鳥羽院の院御所高陽院で、滞在中の順徳天皇を交えて行われた鞠会は、上皇・天皇がともにプレーし、関白や前太政大臣が加わった「前代未聞」の画期的なものであったと評価された(3)。そして、鎌倉後期の後嵯峨院政期以降、摂関家が積極的に鞠会に参会し、院と天皇がともにプレーすることが多くなる一方、鞠足のほとんどが公卿・殿上人となり、侍層の参会がごくわずかになることを指摘された。さらに、南北朝期には、晴の鞠会における侍層の排除は一層進み、賀茂社の社司以外は、晴の鞠会から姿を消したという経緯を述べられた。

このように、秋山氏が指摘された、平安末から南北朝期にかけての晴の蹴鞠会において、次第に「下﨟」が排除される一方、貴人の参会が多くなるという現象は、会の設営、進行にともなう作法などの故実の蓄積と相俟って、蹴鞠会により儀式的な要素を加味する要因になったものと思われ、その挙行形態にも影響を与えたものと考えられる。

そこで本章では、先学の研究に学びつつ、平安末～南北朝期における、晴の蹴鞠会のうち、特に規模の大きな会の記録をいくつかとりあげ、後世の事例とも適宜比較検討しながら(4)、各々の会の設営、進行の作法・装束などの特質を指摘していきたいと思う。

第二節　平安末期～鎌倉初期の晴会

(1)承暦四年の内裏鞠会

平安期の蹴鞠を研究した先学の諸書が説くように、蹴鞠は、元来、鞠数をあげることをゲームの最大目的とした下臈に基盤を置いた文化であった。[5]『西宮記』延喜五年（九〇五）三月二十五日条には、内裏仁寿殿で「二百六度」の鞠数があがったことが記され、天暦七年（九五三）四月十八日条には、内裏綾綺殿《りょうきでん》で「五百二十度」の鞠数をあげたことが記録されている。また、『同記』天慶六年（九四三）五月二十九日条には、「京中堪者廾餘人」が禁中に召されたことが記され、先の延喜五年の事例では、殿上人とともに蔵人や近衛舎人（近衛府の下級官人である兵士）が召されている。

こうした蹴鞠の会に、天皇や上皇といった貴人の臨席を仰ぐようになること、また、天皇や上皇自らが蹴鞠のプレーを行うようになることは、鞠会に晴意識をもたせる大きなきっかけとなったものと思われる。蹴鞠が盛行した平安末期において、白河院が、自ら蹴鞠を行ったという記録はみあたらないとされるが、[6]『水左記』にみえる白河天皇在位の承暦四年（一〇八〇）三月十五日に内裏で行われた鞠会は、白河天皇がプレーは行わないものの、御簾の中に臨席して行われた晴意識の強い鞠会であった。この時の鞠会の様子を伝えると思われる記事が、『蹴鞠口伝集』上巻二六条「上鞠の事」に次のようにみえる。[7]

又云、上鞠ハ上臈を可用歟可用上手歟のよし、いまた尋えす、白河院位御時、内裏にて蹴鞠会あり、会者、馬大夫重任、野監物忠資、左衛門大夫近実、右京進資方、淡路入道盛長、行宗、顕季卿也大弐殿、（中略）みすの中より御まりを給て仰云、忠資あけまりすへきよし其仰あり、しかるを、忠資当座第一の上手也といへとも辞退をいたす、よりて淡路入道盛長令上之畢、今案、此儀上手のうへに、上臈を可用歟、

この記事から、この時の鞠会において、白河天皇が御簾の中から、小野忠資に上鞠《あげまり》を行うように指示したことが具体的にわかるのである。上鞠とは、前掲渡辺氏・桑山氏著書の「索引」によれば、「鞠会の始めに鞠を蹴上げること。身分と技量の両方をそなえた者の役とされ、後には蹴鞠重代の家であることも条件とされた。鞠会では

最も名誉な役である」とされる。[8]こうした、鞠会に重要な上鞠を、白河天皇が指示したという点は、会の進行に、天皇の存在や意向が影響を与えている意味で鞠会における晴意識がより強いものとなっていることをうかがわせよう。

しかし、一方で、村戸弥生氏も指摘されるように、この時の鞠会においては、上手な下臈と上臈のどちらが、上鞠を勤めるべきかで、判断が揺れていたことも事実である。[9]実際に上鞠を行ったのは、当時、殿上を許されていた源盛長であったが、白河天皇が上鞠を指示したのは、殿上を許されていなかった下臈の小野忠資であった。このことは、村戸氏も指摘される通り、蹴鞠が元来、下臈の文化であり、この時期に白河天皇（のちに上皇）の文化圏にとりこまれることを示唆している一例となると同時に、鞠会における晴意識の形成を加速させる契機にもなったことを示しているものと思われる。

なお、この会の記録にはみえないが、鞠会における設営の重要な様式として、鞠場に設置される懸の木がある。懸の木は、十世紀末頃成立したとされる『宇津保物語』にみえるのが古い例とされ、[10]もともと自然木が用いられていたが、桜井秀氏によれば、延久年間（一〇六九年）頃から、意図的に懸の木を設営するようになったという。[11]懸の木は、後に様式化し、植える木の種類や方角も故実化するが、その前提として、十一世紀後半に、懸の木が意図的に設営されるようになるという点は、この時期に、晴の鞠会意識が形成される一つの要因となっていた可能性も示している。

(2)安元二年の法住寺殿の鞠会

天皇ないし上皇として蹴鞠をプレーしたことが記録に残されている最初の人物は、後白河天皇（院）であったと考えられている。(12)『蹴鞠口伝集』によると、後白河天皇在位中の保元三年（一一五八）年正月、内裏弘徽殿《こうきでん》の東庭に切立を立てて鞠会を催し、後白河天皇自らがプレーを行ったことが記されている。また、『山槐記』治承三年（一一七九）三月六日条にも、七条殿御所で催された鞠会において、後白河法皇が、自ら鞠場に立ったことが記されている。

このように、自らが鞠場に立って蹴鞠を行った後白河院の時代における蹴鞠の最大のイベントが、安元二年（一一七六）三月五日に催された。法住寺殿で行われた後白河院五十歳御賀の鞠会である。この鞠会は、賀宴において行われた歴史上最初であり、蹴鞠の社会的文化的地位の上昇を意味するものであった。(13)この時の様子は、『玉葉』に記されている。

次蔵人基行（挟端取鞠不付枝）、置前庭、次堪蹴鞠之侍臣九人入自西中門参上、親信朝臣、頼輔朝臣、（已上束帯、各、著柳張下重）定能朝臣、泰通朝臣、有房朝臣、雅賢朝臣、（已上直衣、揚絬、撤綏、巻纓如元）維盛朝臣、（不撤綏、揚絬）家光、（著革襪）時家、（不撤綏、不、揚絬、挟端）已上九人暫候庭上、依関白相示上鞠、（刑部卿頼輔朝臣上之、件人依此事近曾昇殿云々、先與親信朝臣暫相譲、進出取鞠、頗向御所上之、只一足也、後日頼輔朝臣云、革襪上著例絹襪、又上鞠有二説、一足三足云々、今度用一足説了、又傳習故入道亜相成通、因之譲其子泰通朝臣云々、）

記事からうかがわれる、この会の進行や履物装束などにみられる特徴として次の三点が指摘できる。

第一の点は、先学も指摘するところであるが、後世に「鞠聖」として神格化された藤原成通の弟子にあたる藤原頼輔が、上鞠役を勤めており、そのことによって、頼輔が、院に「近曾昇殿」を許されている点である。(14)このことは、上鞠役が、当時、最も名誉の役とされていたことの証左となろう。「親信朝臣と暫く相譲る」「上鞠に二説有り、一足三足と云々」という記述から、当時、上鞠に明確な一定の様式があったことも記事から確認し得る。

第二の点は、賀宴という晴の場で行われた蹴鞠会であったにもかかわらず、後世、晴の蹴鞠会では、かならず行われる解鞠《ときまり》が行われていない点である。解鞠とは、木の枝に紙捻で結び付けられた鞠を、鞠場で解く作法のことである。[15] 記事をみると、蔵人基行が庭に鞠を置いたことは記されているが、「枝に付けず」と記されており、当時、解鞠は作法として認識されていたものの、この鞠会では、解鞠が行われなかったことがわかる。

解鞠を勧めるべき人物の資格に関しては、十三世紀後半の蹴鞠書である『革匊要略集』三・軌儀の「二付鞠解様事」に、次のように記されている。

長者御鞠日、為奉行忠綱解之、故宰相教之被解也、可然人々ナリトモ解之事雖非可嫌之役、奉行人之役ナル故、被用彼者也、

これによれば、解鞠は、鞠会当日の奉行の役であるとしている。十四世紀中頃から後半の蹴鞠書『遊庭秘抄』の「解鞠事」項になると、

是も当道譜代の人所役たるべし。上鞠の役よりは次の人の勤仕すべき也。

とみえ、「譜代の人」「上鞠の役よりは次の人」が勤める名誉な役となっていることがわかる。

このように、後世との比較から判断すると、後世において晴の蹴鞠会に欠かせない役回りであった解鞠が、当時にあっては、晴の場に必ずしも必須な作法となっていなかったことがうかがわれる。

第三の点は、上鞠役を勤めた藤原頼輔が、履物装束として「革韈」を履いた上に「絹韈」を二重履きにして履いているという点である。この点について詳細に言及された村戸弥生氏によれば、韈《しとうず》は、礼服・束帯以外では、特例を除いて履くことはできず、「絹韈」は束帯に必須のものであった。その一方で、「革韈」は蹴鞠を行う鞠足に必須のものであったことから、頼輔は威儀を調えるために二重履きにしたという。[16] 後世と比較してみると、晴の鞠会において「革韈」の上に「絹韈」を履くというのは珍しい例である。蹴鞠の履物装束としては、当時から

用いられていた「革韈」のみを用いるのが通例で、後世の記録類をみると、十五世紀末以降に、沓と韈が合体した鴨沓が普及するまでは、各々別々になっていた「革韈」と沓を、結緒で結んで用いるのが晴の鞠会においても正式な履物装束となっていたようである。[17]

従って、頼輔が、この賀宴の鞠会で「革韈」の上に「絹韈」を履いて、昼装束である束帯を着用するのにふさわしく威儀を調えたという事例は、後世の晴の鞠会の事例と比較してみると、まさに、蹴鞠が社会的なステータスを得るための過渡期にあったことを意味していよう。当時にあっては、賀宴において束帯を着用するときは、いくら蹴鞠の場であっても、「革韈」のみでプレーすることは憚られることであったのである。すなわち、後世のように、晴の鞠会の場において、韈については、必ず「革韈」のみを履いてプレーするという約束事やその公家社会における認識が、未だ定着していなかったことがうかがわれるともいえる。のちに、「革韈」は次第にその重要性を増し、鎌倉時代に入り、承元五年（一二一一）に制定される「韈の程品《ていひん》」という色や柄で定められた階梯によって、鞠足の地位を規定するほどまでになり、それを披露する晴の鞠会の場において、各々の鞠足の、蹴鞠の世界における権威を象徴するほどに重要な様式になるのである。なお、本論で、以下、「韈」と表記している時は「革韈」のことを指す。

(3)承元二年の大炊殿の鞠会

鎌倉時代に入り、後鳥羽院の時代になると、院が、下北面を含む近臣たちと武芸や狩猟・和歌・管絃を行う一方、蹴鞠も頻繁に行っていたことが、秋山喜代子氏の研究により明らかにされている。[18]秋山氏の研究によれば、それらの蹴鞠会の中には、院が地下の服装である直垂を身につけて蹴鞠を行う直垂御鞠会のような常軌を逸した

「内々の会」もあったとされる。[19]

こうした鞠好きの後鳥羽院の時代における蹴鞠の最大のイベントが、承元二年（一二〇八）四月十三日、前太政大臣大炊御門頼実邸で行われた晴の鞠会であった。この時の様子は、群書類従所収の『承元御鞠記』に記されている。先学もこの蹴鞠会について、詳細に触れられているが、[20]ここでは、秋山喜代子氏が主に分析された当日参加した鞠足の階層を参考にしながら、[21]この会の挙行形態の性格について、後世の事例とも比較しつつ述べていきたいと思う。

『承元御鞠記』は、まず、当日の蹴鞠会の性格について、次のように記している。

かみ上皇をはじめたてまつり、しも諸人に及ぶまで、貴賤を不論、をの々八人をもて上中下の三品をわかつ。自余めしにあづかるもの又多し。

すなわち、貴賤の別なく、技芸の実力によって鞠足を各々八人の上足・中足・下足の三グループに分けて鞠会を行うというのである。のちに述べるように、この蹴鞠会では、八人の上足の中に、院の下北面の紀行景・山加良・寧王丸といった人物が含まれている。晴の鞠会とはいっても、いまだ「貴賤を論ぜず」、上手な「下﨟」も重要視されていた様子をうかがうことができよう。

さて、『承元御鞠記』によれば、鞠会当日、庭には四宇の屋（建物）と、二宇の「かたはや（簡略な建物）」が建てられ、そこに鞠足など参会者の座を設えたことが記されている。

其儀、南庭に四宇の屋をたつ。（中略）南のついがきにそへて、かたはや二宇をつくる。竹をもちてたるき柱とす。松をもてうはぶきとす。紫べりの畳をしく。西の小しばがきのほとりに幔を引て、その西にたゝみをしく。

これによれば、「四宇の屋」と「かたはや二宇」の他に、庭には幔（たれ幕）が引かれ、その西側にも座が設えられていたことがわかる。少し立ち入って、四宇の各々の建物に配置された、参会者の座の設えをみてみることにしよう。

まず、上足八人が着座した建物の座については、『承元御鞠記』に、次のように記されている。

一宇南階の西のほとりに、ひはだぶきの三間のやをかまふ。（中略）もやのひんがしの一間を御所とす。その天井にいろ々々の錦をはりて承塵に擬す。御座二枚をしくおもて龍鬢、へりからにしき、南北行。その上に唐錦の茵を供す。からむしろをさしむしろとす。西二箇間を月卿雲客の座とす。たゝみ四枚をしくおもて唐筵、へりいろいろのかはをきりつぐ。東西二行。西のつまびさしを落板敷。下北面の座とす。畳二枚をしくおもてまだらむしろ、へりあゐずり。東西二行。

『承元御鞠記』によれば、この時の上足は、後鳥羽院、坊門忠信（従三位・参議）、源有雅（正四位下・右中将）、難波宗長（従四位上・前陸奥守）、飛鳥井雅経（従四位下・左少将）、紀行景（下北面）、山加良（下北面）、寧王丸（下北面）の八名である。引用記事によると、院の座、公卿・殿上人の座、下北面の座がそれぞれ建物の内部に設けられ、下北面の座が「落板敷」に設えられていたことがわかる。

それぞれの座に用いられた畳は、以下のようなものであったことがうかがわれる。まず、院の座に使用された畳には、細藺《ほそい》を五彩に染めて織った龍鬢莚《りゅうびんむしろ》が使われ、縁の部分には唐錦《からにしき》が用いられた。また、畳の上には、唐錦の茵《しとね》が敷かれた。公卿・殿上人の座に用いられた畳の藺で編んだ部分には、唐筵が用いられ、縁の部分は、色々の「かわ」を切り継ぎ文様とした。下北面の座に用いられた畳の藺で編んだ部分には、まだら筵が用いられ、縁の部分は、藍摺り文様であった。このように、院の座、公卿・殿上人の座、下北面の座は、用いられた畳にも身分別に差があった。

続いて、中足・下足が、それぞれ着座した建物の座についいては、『承元御鞠記』に次のように記されている。

南に退て三間の屋二宇をたつ卯酉妻。中下各八人の座とす。（中略）紫へりの畳六枚をしく東西二行。

中足の鞠足は、『承元御鞠記』によれば、藤原伊時（従四位上・左中将）、藤原範茂（正五位下・右少将）、藤原清親（正五位下・左兵衛佐）、藤原隆重（従五位下・前常陸守）、源重幸（従五位下・散位）、道誓（行願寺別当法橋）、全舜、医王丸（下北面・道誉の子）の八名である。また、『同記』によれば、下足の鞠足は、藤原頼平（正四位下・左中将）、藤原忠清（従四位上・右少将）、藤原宗行（正五位下・中宮権大進）、藤原家綱（正五位下・左近衛将監）、源家長（従五位上・兵庫介）、武蔵、隼人（道誉の子）、千熊丸の八名である。

先の引用記事によれば、中足の座の建物には、「紫べりの畳」六枚が設えられ、下足の座の建物にも「紫べりの畳」六枚が敷かれていたことがわかる。このことから、中足や下足の鞠足の座には、殿上人と地下（下北面を含む）の鞠足が座っていたが、殿上人と地下の鞠足の区別無く、縁の部分が紫の畳が使用されたことがわかる。

さて、四宇の中の残りのもう一つの建物には、鞠会を見届ける役である見証《けんぞ》の公卿の座が設けられた。『承元御鞠記』の記述は以下の通りである。

御所の西に三間の屋一宇をたつ卯酉妻つぢゐをくむ。（中略）かうらいべりの畳六枚をしく東西行。公卿の座とす。

この見証の座についた公卿は、大炊御門頼実（前太政大臣）・藤原泰通（正二位・陸奥出羽按察使）・藤原公経（正二位・権大納言）・藤原定輔（正二位・中納言）・藤原仲経（正三位・参議）等であった。引用記事によれば、見証の公卿の座には、高麗縁の畳六枚が敷かれていたことがわかる。

以上、『承元御鞠記』に記された、鞠足や見証の座についてみてきたが、その特徴をうかがい知るため、後世の十四世紀中頃から後半の蹴鞠書『遊庭秘抄』にみえる「座敷」の記述と比較してみることにしよう。『遊庭秘抄』

の「座敷付見証座事」には、次のような記述がみえる。

天子上皇の公宴にも、御梃を切さげて御座をまうく。親王執柄以下堂に着座あるべからず。庭に座をしく。関白大臣は大文畳、納言参議は小文のたゝみ、殿上人紫端或は赤端畳、諸大夫以下侍輩又武家の人々は円座たるべし。雲客円座の例あり。ふるき鞠足必見所に候べし。座を各別に敷也。いかならむ人も、堂上見所有べからず。

この記述から、十四世紀頃の晴の蹴鞠会の座については、次のような故実が慣例化していたことがうかがわれる。まず、建物の堂に鞠足や見証の座を敷くことはなく、座は庭に敷くこと。天皇や上皇の座も、建物の縁側の梯《はしご》（階段）の一部を切り下げて御座とすること。関白・大臣の座は、大紋畳。納言・参議の畳は、小紋畳。殿上人の座は、紫端《べり》（縁）・赤端《べり》（縁）の畳。諸大夫以下侍輩・武家の人々の座は、円座を用い、それぞれ庭に座を敷くことである。また、殿上人が、円座を用いる例もあるとしている。さらに、見証の座も原則として、庭に設けることとしていることがうかがわれる。

先にみた、『承元御鞠記』にみられる鞠足・見証の座の設え方を、『遊庭秘抄』の座に関する記述と比較してみると以下のような特徴を指摘できる。

第一に、『承元御鞠記』では、建物の堂の上に座が設えられている点である。これは、後世の晴の蹴鞠会の例と比較すると珍しい例である。

そして、第二に、「諸大夫以下の侍輩」が、円座を用いずに、畳の座を用いている点である。上足八人の座は、先にみたように、身分別の座ではあったが、地下の下北面の座は、「藍摺り文様」の縁の畳の座であった。また、中足・下足の座にいたっては、地下の下北面の座も、殿上人と同様の紫の縁の畳を使用している。このように、承元二年の晴の鞠会は、座の設え方からみても、後世の事例と比較してみると、技量をもった「下﨟」を、比較的優遇した座の設え方となっていることがうかがわれる。

次に鞠会の進行次第を『承元御鞠記』によって、確認してみよう。

まず、午刻（正午頃）に、後鳥羽上皇が、大炊御門頼実邸に臨幸した。上皇の頼実邸への臨幸は「御車」であった。

しばらくして、上皇が、上足八人の建物の座に出御した。続いて、前太政大臣大炊御門頼実が、見証公卿の座に着いた。続いて、上皇を除く上足七人、中足八人、下足八人がそれぞれの建物の座に着座した。

次いで、地下北面の人々、賀茂神主幸平、僧義乗の一族、証金剛院の執行雲顕等の「地下の人々」が、「かたはや」の座についた。そして、陰陽師以下新熊野の夏衆陀羅尼房などの人々が、幔（たれ幕）の内（西側）の座に着座した。この間、見証の公卿が、座に着いた。公卿の中には、見証の座に着かずに見物した公卿もいた。

次いで、上足八人の建物の座では、勧盃の儀があった。上皇へは、大炊御門頼実が、御銚子で盃に酒を注いだ。中足・下足の建物の座では、勧盃の儀がなかった。

次いで、上・中・下の鞠足たちは、それぞれの座の前に、かねてから置かれていた装束を手にして、これを着用するため、一時、座から離れた。装束を着用したのち、復座した。

その後、庭で、上皇から、当日の上足・中足・下足の鞠足合計二十三名へ、それぞれ龍駒が、一匹ずつ与えられた。二十三名の他にも、上皇から、内蔵権頭重輔と賀茂神主幸平に馬が与えられた。

これに先立って、「かたはや并まん（幔）のうちのともがら」が、門外で、扇・韈・沓を賜った。『承元御鞠記』には、露払の記述はみえないが、上北面である藤原家綱の日記に、「かたはや并幔の内の輩」が、露払を勧めたことが記されているから[22]、おそらく、その時に使用したものであろう。

『承元御鞠記』によれば、続いて、次のような記述がみられる。

此間、上中下の輩悉く恩賜の装束を着して、まりの庭にあひのぞむ。左馬頭忠綱まりを持てすゝみ出て木の下にをく。

これによると、鞠会当日の奉行であった藤原忠綱が、懸の木の下に鞠を置く、置鞠を行ったことが記されている。しかし、先に引用した通り、『革匊要略集』三・軌儀の「二付鞠解様事」には、

長者御鞠日、為奉行忠綱解之、故宰相教之被解也可然人々ナリトモ解之事雖非可嫌之役、奉行人之役ナル故、被用彼者也、

とみえ、忠綱は、この時、単に鞠を鞠庭に置いたのではなく、小枝から鞠を解く解鞠を行ったものと思われる。いずれにしても、当時、解鞠は奉行の役であり、十四世紀頃から、解鞠が、「譜代の人」の勤める名誉な役となることと比較すれば[23]、解鞠役を勤める人物の位置付けが異なっていたことがうかがわれよう。

さて、『承元御鞠記』によれば、続いて、下足八人によるプレーが行われた。上鞠は、藤原家綱であった。次いで、中足八人によるプレーがあり、藤原伊時が、上鞠を勤めた。

次いで、奉行の藤原忠綱が、上足八人がプレーに使用する燻鞠を持参し、難波宗長の上鞠によって、上足八人のプレーが開始された。上足の上鞠が、当時、飛鳥井雅経と並んで、堂上《とうしょう》の鞠の名人であった難波宗長が勤めている点は、当時にあっても、上鞠役が名誉な役であったことの証左であろう。難波家が、この宗長の祖父である藤原頼輔を流祖とすること、宗長の弟にあたる飛鳥井雅経が、同じく蹴鞠の家である飛鳥井家を興したことは、つとに著名なことである。

その難波宗長は、二足蹴った後、鞠を後鳥羽上皇へ蹴り渡し、その後、鞠数は百におよんだ。鞠数が百に満ち

た時、上皇は、鞠を袖で受け取って、坊門忠信に渡した。忠信は、奉行の藤原忠綱を召して、この鞠を渡し、プレーは終わった。この後、上皇から、上足七人と中足の医王丸に、銀の扇が贈られた。

この時のプレーにおいては、下足→中足→上足の順でプレーが行われている。後世の晴の鞠会の事例では、身分と技量を勘案して決められた「上八人」を初座八人とし、以後、二座・三座とプレーが続いていく方法や、「上八人」のメンバーを適宜入れ替えてプレーする方法がとられるから[24]、下足八人からプレーが始められるこの事例は、後世と比較して珍しい例である。

以上、触れてきたように、この承元二年の大炊御門邸の晴の鞠会は、「かみ上皇をはじめたてまつり、しも諸人に及ぶまで、貴賤を不論、をの々八人をもて上中下の三品をわかつ」という『承元御鞠記』の記述にもみられるように、鞠足の技量を最大限重視したものであった。そのため、鞠足等の座も、技量を重視して分けられた上足・中足・下足それぞれの建物に設えられ、堂の上に座が敷かれるという、後世の晴の鞠会ではみられない、設置の仕方をしている。また、鞠足のプレーの順序も、下足→中足→上足という、これまた、後世の晴の鞠会ではみられない順序がとられているが、これも、技量による上足・中足・下足の組み分けが影響を与えているとみることもできよう。鞠足の身分や技量・年齢を勘案して、「韈の程品」という韈の色や柄で定められた階梯が規定されるのは、この蹴鞠会が開かれた三年後の承元五年（一二一一）のことである。この承元二年の蹴鞠会においては、『承元御鞠記』の記述によれば、まだ、各々の鞠足がいかなる色目の韈を着用したかについて、後世ほどは問題にされていないようである。鎌倉時代も下るにつれ、晴の鞠会においても、次第に「上﨟」に重きが置かれた、会の設営や進行次第がみられるようになっていくが、それ以前の雰囲気を、承元二年の大炊御門頼実邸の蹴鞠会は伝えているといいうるのである。

（4）承元五年の「韈の程品」

承元二年の晴の鞠会の三年後の承元五年（一二一一）閏正月二十一日、蹴鞠の世界における鞠足の地位を規定する取り決めが制定された。これは、鞠足の身分・技量・年齢によって着用すべき韈の色柄と文様を六段階に定めた規則で、「韈《しとうず》の程品《ていひん》」と呼ばれる。この制定は、それ以降に開催された晴の鞠会において、鞠足が当日着用した韈の階梯によって、蹴鞠界における地位を公認する意味合いをもった点から、晴の鞠会の歴史においても重要な出来事であった。

「韈の程品」については、渡辺融氏が『蹴鞠の研究』で詳細に解説されているので参照されたいが[25]、ここでは、渡辺氏も言及されている、十三世紀末の飛鳥井流の蹴鞠書『内外三時抄』に記される六段階の階梯と、十四世紀中頃から後半に成立したと考えられる御子左流の蹴鞠書『遊庭秘抄』に記される六段階の階梯が、一部異なる点を指摘するにとどめ、のちの論の展開に備えたい。

まず、十三世紀末の蹴鞠書『内外三時抄』装束篇・韈項、夕云の記述では、上から順に、次のような六段階の階梯が示されている。

①無文紫革、②無文燻革、③有文紫革、④錦革・紫白地、⑤有文燻革、⑥藍革・藍白地

一方、十四世紀の蹴鞠書『遊庭秘抄』韈の項の記述では、上から順に、次のような六段階の階梯が示されている。

①無文燻革、②無文紫革、③有文紫革、④紫白地・錦革、⑤有文燻革、⑥藍革

すなわち、十三世紀末の『内外三時抄』と十四世紀の『遊庭秘抄』では、「無文紫革」と「無文燻革」の順序が逆に記されているのである。渡辺氏によれば、大津平野神社所蔵の難波家旧蔵蹴鞠史料の中に「後鳥羽院の韈

程品」を伝えている可能性がある「韈程品」という史料があり、それによれば、『内外三時抄』の記す、「無文紫革」を最上位とする階梯と一致するという。[26]具体的には、後述することになるが、十三世紀末の晴の鞠会の記録をみると、上皇の着用している「無文紫革」と臣下の着用している「無文熏革」のどちらが最上位に位置するのか判断しにくい事例があり、十四世紀以降、十五世紀半ばにかけての晴の蹴鞠会においては、「無文熏革」を最上位とする『遊庭秘抄』にみられる階梯が適用されているようである。[27]

いずれにしても、「韈の程品」の制定は、技量のみならず身分・年齢をも勘案した、蹴鞠の世界における新たな秩序の形成という意味からも重要な取り決めであり、後世の蹴鞠界にも多大な影響を与えたといえるのである。

(5)建暦三年の高陽院行幸鞠会

「韈の程品」が制定された二年後にあたる、建暦三年（一二一三）四月九日から十三日にかけて、順徳天皇は、内裏から、後鳥羽院の御所である高陽院に行幸した（『明月記』）。その間に行われた鞠会のうち、四月十一日に開催された鞠会は、上皇・天皇がともにプレーを行い、関白や前太政大臣もそれに加わった、鞠会における「上﨟」の進出を端的に示す画期的な蹴鞠会であった。この時の様子は、順徳天皇が記した『順徳院御記』に記されている。[28]

秋山喜代子氏は、『順徳院御記』の記事を引用して、

「上皇、震儀、摂政、大臣、蹴鞠事、古今未聞其例、如法希代事也、」と記しているが、上皇と天皇がともにプレーし、関白や前太政大臣までもが加わった鞠会は、前代未聞のことだったのである。

と述べられている。[29]加えて、『順徳院御記』は次のようにも記している。

此儀自昔于今希代事也、以御賀為蹴鞠晴、而此人数ハ不可准御賀、世々万代之事也、

すなわち、この記述によれば、先に述べた、後白河院五十の賀宴で催された鞠会のように、賀宴で行われるものを「晴の鞠会」と認識する意識が従来の禁裏・公家社会にはあったが、今回の鞠会の参加者は、従来の賀宴の鞠会のメンバーをはるかに凌ぐ「上﨟」の階層であるので、後々まで語り継がれるであろう画期的な出来事であるとする順徳天皇の意識がうかがわれるのである。いずれにしても「上皇、震儀、摂政、大臣、蹴鞠事」は「希代事」であった。

さて、この鞠会の鞠足等の座であるが、『順徳院御記』に次のような欠字箇所がみられるので明確に知ることができない。

参懸下本自敷□(欠字)、敷円座為座、朕小直衣也、上皇下御時朕□(欠字)殿、上皇御直衣御沓韈也、□(欠字)太政大臣在此座、(中略)前太政大臣居、又被召立四五足後居候懸西方、(中略)半許揚之後上皇居給同御座西方、

おおよそ、上皇の座を含め、鞠庭の懸の西側に座が設えられたことや、円座が用いられていたことをうかがい知ることはできるが、先に引用した十四世紀の蹴鞠書『遊庭秘抄』にみられる座の設え方の記述と比較して、どのような特徴があったのか、その全貌が明らかにならないのは惜しまれることである。

次に、鞠会の進行次第をみてみよう。

まず、後鳥羽上皇が、藤原光親を召し、奉行をするべき旨を仰せ付けた。次に、蔵人である藤原康光が、懸中央に鞠を置く置鞠を行った。『順徳院御記』には、こう記されている。

次召光親事可令奉行之由有上皇仰、次蔵人左衛門尉藤原康光置鞠於懸中央不着沓、

この時、藤原康光が行ったのは、置鞠のようであり、解鞠ではなかったようである。やはり、この時代にも、

図表1－1　『順徳院御記』にみえる鞠足の配置（中西貞三『蹴鞠抄』91頁による）

晴の鞠会において、解鞠役が、譜代の家の者や上臈が勤める名誉ある役とは認識されていなかったことがうかがわれよう。

次に、順徳天皇、後鳥羽上皇、関白近衛家実、前太政大臣大炊御門頼実の四名に、坊門忠信、源有雅、難波宗長、飛鳥井雅経の四名が加えられ、この八人が、懸に立った。図表1―1は、この八人の立ち位置を示した『順徳院御記』の指図である。これによると、艮（北東）に、近衛家実と大炊御門頼実、巽（南東）に、飛鳥井雅経と難波宗長、坤（南西）に、坊門忠信と順徳天皇、乾（北西）に、源有雅と後鳥羽上皇が立っている。

次いで、難波宗長が上鞠を行った。『順徳院御記』には、

宗長上鞠一足、不請鞠後三四度□て落、

とある。次いで、しばらく蹴鞠が行われ、「上八人」のメンバーを適宜入れ替えながら、プレーは続けられた。『順徳院御記』に次のようにある。

暫蹴鞠五六足後、前太政大臣居、又被召立四五足後居候懸西方、関白十余足後居、同依仰候西方、右中将範茂前太政大臣替立、右少将親平関白替立、半許揚之後上皇居給同御座西方、其後良久之間人々白地退出、又参なとする間蔵人康光立之、又蔵人清定も聊立加、上皇暫御覧後白地入御、其程宰相中将頼平参着、直衣無老懸、

これによると、前太政大臣頼実の代わりに右中将藤原範茂が立ち、関白家実の代わりに、右少将藤原親平が立ったことがわかる。また、置鞠を行った藤原康光や蔵人藤原清定もプレーに加わったことが記されている。ま

た、宰相中将藤原頼平もプレーの最中に参着し加わったらしい。

この間、鞠が懸の木の梢にとどまることが二度ほどあり、奉行の藤原光親が、弓で鞠を木から落とした。『順徳院御記』に、「鞠留梢事両度、光親卿持蔵人弓落之、一度高間頗飛上云々」と記されていて、一度は木の高い位置に鞠が引っ掛かったため、鞠を弓で落す時に、鞠が高く跳ねあがったという。

さて、一度、休息をとった後鳥羽上皇ではあったが、再びプレーを行い、二百の鞠数をあげた。『順徳院御記』に、次のようにある。


次朕聊為髪入内、上皇又有御鞠、二百員上、雅経無何落之、於鞠天下無双者也、落事なと不覚ならす、此儀自昔于今希代事也、

上皇の鞠数への熱意がうかがわれるとともに、順徳天皇が、飛鳥井雅経の名人ぶりを記している点も注目される。

次に、当日の鞠足の装束・韈についてみてみよう。少し長くなるが、『順徳院御記』の記事を引用する。


午時許、参御前、昨も二度参御前、皆直衣也、朕着小直衣、是依上皇仰着之也、（中略）小時人々参集、関白上指貫着沓韈参進、前太政大臣ハ指貫前ヲ綻テ押遣て上指貫、其躰神妙也、（中略）朕紫革菊文韈、沓結無文藍革、関白ハ錦革今日可着故自院被給、前太政大臣ふすへ革文菊同自院給、左衛門督忠信・別当有雅・宰相中将頼平・左中将雅経・右中将範茂・右少将親平皆藍革、刑部卿宗長錦革也、蔵人康光只韈也束帯、雅経赤帷衣冠下之也、

まず、鞠足の装束であるが、大半の鞠足は、直衣であったことがうかがわれる。ただし、飛鳥井雅経は、下着に赤帷を着した衣冠姿で威儀を正したものと思われる。また、関白近衛家実と前太政大臣大炊御門頼実に関しては、指貫を着用したことが明記されている。

一方、韈《しとうず》については、順徳天皇が菊文の紫革、関白近衛家実が錦革、難波宗長が錦革、前太政大臣大炊御門頼実が菊文の燻革、坊門忠信・源有雅・藤原頼平・飛鳥井雅経・藤原範茂・藤原親平らが藍革であったことが記されている。後鳥羽上皇の韈の色目（階梯）に関しては記事に明記されていないが、この蹴鞠会の二年前に制定された「韈の程品」において、最上格の階梯に位置付けられていた「無文紫革」や「無文燻革」が、この時点ではまだ、天皇を含めどの鞠足にも許されていないことが注目される。また、上鞠役を勤めた難波宗長に、他の鞠足より格の高い錦革が許されている点も注意されるところである。いずれにしても、「韈の程品」によって、晴の鞠会において明確化される韈の階梯には、鞠足の技量に加えて、公家社会における身分が多分に反映されているものと見なすことができる。そうした意味からも、この建暦三年の蹴鞠会における「上﨟」重視への傾きを認めることができるのである。

とはいうものの、一方で、例えば、譜代の家の人物が、天皇や上皇の足に、「御座」で、御具足（沓や韈）を履かせ、足を結い緒で調える儀式のような、後世の晴の蹴鞠会で必須の次第として行われた儀式が、この時点ではみられないのも事実である。また、解鞠が、当時は、鞠会における奉行の役と認識されており、晴の鞠会において譜代の家の者が勤める名誉な役と認識されるにはいたっていないと考えられ、後世（十四世紀以降）の晴の蹴鞠会との違いを明確化する。次節では、こうした、進行次第が晴の鞠会に必須な次第となっていく様子をうかがうとともに、晴の鞠会において、「解役」や「御具足役」（鞠会において天皇・上皇などに、「御座」で、沓・韈を履かせ、足を結い緒で調える役）などの諸役が、「鞠の家」の者が勤める名誉な役になっていく故実の蓄積過程をみていくことにしたい。

第三節　鎌倉後期〜南北朝期の晴会

(1)弘長二年の主上・上皇鞠会

鎌倉後期の後嵯峨院の時代になると、天皇と上皇が臨席してしばしば晴の鞠会が開かれるようになることが『二老革匊話』[30]などの記録によって知られる。『二老革匊話』が、弘長二年（一二六二）三月下旬に開かれたと伝える、後嵯峨上皇・後深草上皇・亀山天皇が臨席して行われた鞠会は、当時における、晴の鞠会の設営や進行次第などの故実の特徴をうかがわせる貴重な事例である。

『二老革匊話』によれば、「弘長二のとし、やよひの下旬甲未の日かめ山との、北の御所にて主上・上皇の御鞠の御会あれハ」とあり、この鞠会が、亀山殿の北御所で行われたことが記されている。しかし、小川剛生氏によれば、この時、亀山殿で鞠会が挙行されている記録はなく、『二禅記』に記されている鳥羽殿で催された鞠会を、亀山殿で行われたものと、『二老革匊話』の筆者が誤認しているらしいとされる。[31]いずれにしても、この弘長二年（一二六二）三月下旬の鞠会の記録は、鎌倉後期における七回分の晴の鞠会の様子を記した『二老革匊話』の最初に記されており、この時期に天皇や上皇がともに臨席して行われた晴の鞠会の様子をうかがい知るには、貴重なものであると考えられる。

では、『二老革匊話』によって、当日の鞠会の様子をみてみることにしよう。同記の記述によれば、まず、午刻に後嵯峨上皇が、「御車」で亀山殿北御所に臨幸したことが記されている。「御車」は、西面門より入って、寝殿の南面に寄せられた。その時、寝殿の御簾の外にかねてから待機していた新院（後深草上皇）が、直衣姿で蹲踞したようである。後嵯峨上皇は、「御車」を降り、簾中へ入御した。しばらくたって、亀山天皇の「御船」による行幸があった。天皇は、関白二条良実以下、供奉の公卿とともに、西釣殿から下御し、そこから寝殿まで敷かれた筵道の上を通って、寝殿の西面の妻戸より入御した。後嵯峨上皇の妃である大宮院は、天皇の行幸以前に、「内々御幸」し、大宮院の母にあたる北山准后は、上皇の「御車」の後に「御参」したらしい。

次いで、後嵯峨上皇・後深草上皇・亀山天皇が、鞠場へ出御した。このとき、用いられた懸の木は、木の根元の部分が切り取られている切立《きりたて》であった。次いで、天皇と両上皇は、鞠場に設えられた御座に着座した。その御座について、『二老革匊話』は次のように記している。

西御所の東面の御縁をかねて切下られて、その前に繧繝三枚を敷る、中央一帖南北行にしかる、唐錦茵を供て主上の御座とす、南北各一帖東西行敷之、東京茵を供て両上皇の御座とす、先北御座に上皇着御、次主上着御、次新院南座に着御、

この記事で注意したい点は、「西御所の東面の御縁をかねて切下られて、その前に繧繝三枚を敷る」という部分である。先に引用したように、十四世紀の蹴鞠書である『遊庭秘抄』に「天子上皇の公宴にも、御梃を切さげて御座をまうく」とみえるごとく、建物の縁側の一部を切り下げて天皇や上皇の御座を設ける設営が、鎌倉後期から室町期に行われた晴の鞠会では頻繁にみられるようになる。その始源は、明らかでないが、この弘長二年の場合は、その設営の早い事例に属するのではないかと思われる。いずれにしても、天皇・上皇の御座を、建物の一部を切り下げて特別に設けようとするこの設営の仕方は、主賓（天皇や上皇）の存在を際立たせる上で、大きな意味をもったものと考えられる。また、少し細かい点ではあるが、このときの事例では、縁側の一部を切り下げて、「その前に繧繝三枚を敷る」とあるが、後述するように、これ以降、室町中期の十五世紀中頃までにみられた、縁側の一部を切り下げて、天皇や上皇の御座を設営する事例では、切り下げた「板敷」の「上に」御座を設える設

営の仕方が多く用いられるようになることを付け加えておきたい。

次いで、侍臣等による露払の鞠へと移った。『二老革匊話』に「院上北面衣冠を帯て庭上に水灌、次侍臣等立、鞠を始、左衛門尉行持此衆にめしくはへられけるそ眉目なりける」とある。次いで、後嵯峨上皇と亀山天皇が、装束を改めるため寝殿へ入御した。新院（後深草上皇）は、御座に着座したままであった。しばらくして、亀山天皇と後嵯峨上皇が鞠場へ出御した。『二老革匊話』の記事を引用しよう。

主上出御、々引直衣引上られて、小口の御袴に御紐を結給、御韈着給、御片足替藍白地、宗平給之、是則建保御例と聞、めつらしき事也、隆行卿御沓を持参、御前におく、次　上皇出御、御紐を上られて御韈を着給、上北面重名御沓を持参、権中納言為氏卿参進、主上御沓を献、右兵衛督為教卿参上皇の御沓を進、建保に宗長卿・雅経卿主上・上皇の御沓を献、彼例をもて今日為氏卿・為教等両卿此役を兄弟勤仕、彼家の繁美とみえたり、

この記述によれば、最初に、亀山天皇が御引直衣に、小口の袴姿で出御し、藤原宗平が、天皇の韈を天皇の足にしたためた。藤原宗平は、『公卿補任』によれば、仁治四年（一二四三）正月九日に出家しているから、この時は法体であったはずである。そのためか、「是則建保御例と聞、めつらしき事也」と評されている。次に、権中納言四条隆行が、天皇の御前に御沓を持参した。

次いで、後嵯峨上皇が出御し、御韈を着用した。次に、上北面の重名が上皇の御沓を御前に持参した。そして、権中納言御子左為氏が、亀山天皇に御沓を献上し、弟の右兵衛督為教が後嵯峨上皇に御沓を献上した。引用部分の記述に「建保に宗長卿・雅経卿主上・上皇の御沓を献、彼例をもて今日為氏卿・為教等両卿此役を兄弟勤仕、彼家の繁美とみえたり」とあるが、この記述は、渡辺融氏も指摘されるように、建保の鞠会で難波宗長・飛鳥井

雅経兄弟が、後鳥羽上皇と順徳天皇に御沓を献上したのになぞらえ、御子左家の繁栄を伝えている。[32]

ここで注意したい点は、のちに述べるように、特に十四世紀に入ると、天皇や上皇の足に、「御座」で沓と韈を履かせる役が、「御具足役」として、晴の蹴鞠会の諸役のうち「鞠の家」の者が勤める名誉な役の一つとして明確化されるが、それに先行する類似の次第がここでみられている点である。ただし、この時の事例では、天皇の足に韈を履かせる人物（藤原宗平）と、天皇の沓を献上する人物（御子左為氏）が異なっている点など、後世の「御具足役」の一連の次第・所作とは異なっている点がみられる。とはいうものの、「御具足役」に類似する先行の次第が、建保年間にまでさかのぼれることがわかる点や、のちに「御具足役」が、晴の蹴鞠会で名誉ある諸役となることを裏付ける、故実の蓄積の一例となる点から、この引用部分の記述は、注目されるものである。

この鞠会に関する次第を直接伝える『二老革匊話』の記述は、続いて、「両皇降立しめ給時、新院庭より降御すふ可然のよしと　上皇頻申され給、御庇を御縁にかけさせ給て御見所」とあるのみで終わっている。この記述から、後嵯峨上皇が、後深草上皇に、鞠数を数える役を勤めることを命じたことや、その見証の座が、縁側に設けられていたことがわかる。しかし、当日の上鞠役や鞠足の装束などに関しては記されていない。『二老革匊話』に記されている他の鞠会の記録に、これらの記述が充実していることを念頭におけば、あるいは、小川剛生氏が指摘された「鳥羽殿」を「亀山殿」と誤認するような、[33]『二老革匊話』の筆者による、この鞠会に関する情報認識の不足を、上鞠役や鞠足の装束等の記述の欠落は伝えているのかも知れない。それだけに、この鞠会でみられた、天皇・上皇の御座や天皇・上皇の沓・韈をめぐる事例の記録は、貴重なものと言いうるのである。

(2) 弘安八年の北山准后九十御賀の鞠会

弘安八年（一二八五）二月三十日から三月二日にかけて、北山准后（西園寺実氏室・藤原貞子）の九十の賀宴が、西園寺家の北山山荘で開かれた。北山准后は、後嵯峨上皇の妃である大宮院の母にあたる人物であり、この賀宴は、後世にも語り継がれる大規模な賀宴であった。

この賀宴の記録には、『北山准后九十賀記実冬卿記』『実躬卿記』などがあり、『増鏡』や『とはずがたり』にも、この賀宴の様子は記されている。これらの記述によれば、北山准后を祝う饗宴がもたれるとともに、舞楽・管絃・和歌・蹴鞠といった行事が催されている。

このうち、晴の鞠会が、三月一日に開かれている。その会の設営や挙行形態を、主として『二老革匊話』(34)と『北山准后九十賀記実冬卿記』(35)の記述にもとづき、みてみることにしよう。

まず、当日の天皇（後宇多天皇）・上皇（後深草上皇）・新院（亀山上皇）・東宮（のちの伏見天皇）や鞠足・見証の人々の座について、『二老革匊話』は次のように記している。少し長くなるが引用する。

文永八年重儀にまかせて、権中納言藤原朝臣ならひに信輔朝臣両奉行として御座已下をそ設られける、南庭の一庭に猫掻を敷満られ、御縁の車寄の妻戸より東五ケ間の板敷を切下られて、繧繝の畳四枚を敷て、二帖にハ唐錦茵を敷て主上・春宮の御座とす、二帖にハ茵を敷て両上皇の御座とす、庭の坤角に小文高麗畳三帖を敷て、大臣の座とす、御所の東の中門の下に同畳三帖を敷て、見所の公卿の座とす、南立板に副ていさゝか引のけて東方に同高麗帖七枚敷わたされて鞠足の公卿の座とす、東方講溝敷辺織戸の内外に円座をあまた敷て殿上人の座とす、先規殿上人の座紫端の畳なり、しかるに今度便宜なきゆへか円座をもちゐらる、織戸のほかに新上皇の御随身ならひに北面の輩北東にこうす、この記述によれば、文永八年に大柳御所で開かれた晴の鞠会の先例を参考にしながら、権中納言花山院家教と藤原信輔朝臣を奉行として、鞠足等の座が設えられたことがわかる。庭には、猫掻《ねこがき》（厚手の筵）が敷き詰められ、縁側の五間の長さの縁の部分を切り下げて、その上に繧繝の畳四枚を敷き、さらに茵を敷いて、天皇・東宮と両上皇の御座とした。『北山准后九十賀記』によれば、「被落南面縁被付地。先落板被敷御茵」とあり、切り下げられた縁側の部分は、地面に付けられていたことがわかる。この弘安八年の会でも、建物の縁側の一部分を切り下げて、天皇・上皇等の御座が設えられていることが確認されよう。

『二老革匊話』の引用記事に戻って、大臣以下の座をみると、大臣・見証の公卿・鞠足の公卿がいずれも、小紋高麗畳を用いている。一方、殿上人の座は円座であった。引用記事にもみられるように、「先規殿上人の座紫端の畳なり、しかるに今度便宜なきゆへか円座をもちゐらる」とされている。

次に会の進行次第をみてみよう。『二老革匊話』によれば、まず、後宇多天皇・後深草上皇・亀山上皇・東宮が順に御座に着座した。続いて、関白鷹司兼平・左大臣二条師忠・右大臣九条忠教が、庭に設けられた座に着座した。次いで、亀山上皇が、忠世朝臣を通じて、関白鷹司兼平に、早く鞠のできるよう装束を改める旨を伝えた。そこで、関白が、一時、座から退出した。

次いで、見証公卿・鞠足公卿らが着座した。そして、亀山上皇が、御子左為氏を召して、下﨟・殿上人に露払の鞠を始めるべき旨を伝えた。為氏が復座して、この由を侍臣等に伝え、侍臣等が露払の鞠を開始した。この間、関白が装束を改めて復座した。

次いで、後宇多天皇・亀山上皇・東宮（のちの伏見天皇）に沓を献上する儀があった。『二老革匊話』には次のように記されている。

権中納言藤原朝臣家、主上御革韈囊紫織物如常、左紫白地文桐、右藍白地文竹、結緒無文紫革、又白結緒あり、但此ハ不被用、新上皇無文紫革御韈、御沓上北面重清持参献之、東宮紫革御韈縫物あり、教顕朝臣御沓を献之、為兼朝臣遅参の故也、新院・東宮東向の門内にて御沓を令着給、即本御座に帰着御、

まず、後宇多天皇については、「権中納言藤原朝臣家、主上御革韈囊紫織物如常、左紫白地文桐、右藍白地文竹、結緒無文紫革、又白結緒あり、但此ハ不被用、」とのみ記されていることがわかる。この記述から、権中納言花山院家教が天皇の韈を調えたものと思われるが、明記されてはいない。一方、『北山准后九十賀記』には、「次主上令着御沓給。花山中納言。持参献之」と記されていて、権中納言花山院家教が天皇に沓を献じたことが記されている。

また、『二老革匊話』によると、新院（亀山上皇）の沓は、上北面重清が献上し、東宮の沓は、藤原教顕朝臣が献上したことがわかる。新院と東宮が沓を着用したのは「東向の門内」で、御座でなかったこともわかる。『北山准后九十賀記』にも「新院春宮於閑所令着給」と記されており、「閑所」で沓を着用したことがわかる。

こうした記述から判断すると、のちの晴の蹴鞠会で定着する「御具足役」の原型はみられるものの、新院と東宮の沓の着用が御座でなく、「閑所」で行われていることがわかる。また、上北面の重清が、新院の沓を献上していることなどから、当時は、御沓を天皇・上皇等に献上する役が、「譜代」の家（鞠の家）の者が勤める名誉な「御具足役」として認識されているとは必ずしも言い切れない状況にあったことがうかがえよう。

そうした状況は、次の進行次第であったと考えられる解鞠についてもあてはまる。この時の鞠会の解鞠について『二老革匊話』には記述がないが、『北山准后九十賀記』には次のように記されている。

主上令立給。新院。春宮。関白。前藤大納言。右兵衛督。少将宗継立之。先是蔵人季邦置御鞠付松枝。於便所。

（中略）上皇御上鞠。先御鞠付松枝。蔵人季邦取之。於懸本解之。置四本中

この記述によれば、解鞠と鞠足の鞠場への進み立ちとの順序の前後関係もややわかりにくい記載となっている。しかし、蔵人の季邦が解鞠を勤めていることがこの記述からはっきりわかるのである。やはり、「御具足役」と同じように、当時にあっても、解鞠が「譜代」の家（鞠の家）の者が勤める役とは認識されていないことがうかがわれよう。

さて、上八人の鞠足の懸の木の下への参進について、『二老革匊話』は次のように記している。

　主上乾樹西、上皇巽樹東、太子同樹北南歟、関白坤樹南、内大臣艮樹北、前権大納言藤原朝臣為、乾樹北、右兵衛督藤原朝臣坤樹西、宗継朝臣艮樹東、おの々めしによりて樹下に参こう、

すなわち、後宇多天皇・亀山上皇・東宮・関白の鷹司兼平・内大臣の近衛家基・前権大納言の御子左為氏・右兵衛督の御子左為世・難波宗継の八名が上八人の鞠足であった。この八名のうち、亀山上皇が上鞠を勤めた。『二老革匊話』に、「新院進出御、令取鞠給一足、これをあそはさる、其後御作法、臣下の上鞠に異ならす」と記されている。

続いて、天皇・上皇・東宮が休憩をはさみながら、何回か鞠場へ出てプレーを楽しみ、鞠数三百をあげた。その後、メンバーを入れ替えながら鞠を楽しみ、鞠会は終わった。『二老革匊話』に次のように記されている。

　主上、上皇、東宮、替々入御、又出御、前のことし、このたひハ、乾巽艮三御所立替御、其間替々めしによりて立て、数三百を上られて、庭中におとされて、其後、猶上下有興、御名足等不勝計、希代の儀式及、晴て事畢、

ところで、当日の初座八人の装束と韈の色目は『北山准后九十賀記』によれば、次のようなものであった。なお、内大臣については記載がないため、『二老革匊話』の記述を援用する。

主上御直衣。紅御単。入御袷。令上御。御韈藍白地片方。紫革片方。
上皇御直衣。但令脱御出衣給。御韈無文紫革。
春宮御直衣。令脱御出衣給。御韈紫革縫菊。
関白直衣上袷。無文燻革韈。
内大臣縫物紫革韈。自上被下之。
前藤中納言直衣。無文燻革韈。
右兵衛督直衣。有文紫革韈。
少将宗継朝臣直衣。薄色衣紅単綾。無文燻革韈。

ここで、鞠足が着用した韈の色目に注目すると、亀山上皇が「無文紫革」の韈を着用している一方、関白の鷹司兼平と御子左為氏、難波宗継の三名が「無文燻革」の韈を着用していることがわかる。先に述べたように、十三世紀末の飛鳥井流の蹴鞠書である『内外三時抄』では、「無文紫革」を最上位とする「韈の程品」の階梯が記されている一方、十四世紀中頃から後半の御子左流の蹴鞠書である『遊庭秘抄』では、「無文燻革」を最上位とする階梯が記されている。

この弘安八年（一二八五）の鞠会で上鞠を勤めたのは先にも述べたように、亀山上皇であったが、三条実躬の日記によれば、少将である難波宗継が上鞠役に相応しい人物であると評されていた（『実躬卿記』弘安八年三月一日条）。このことと、『遊庭秘抄』に、「是（無文燻革――筆者註）より次の色は無文紫革。是はいたく臣下のはき侍事なきにや。燻革の色まで及ばせ給はぬ御所様の召さるべき色などにてや侍らん。後醍醐院建武御鞠にめされし也」とあることをあわせて考えると、この会においても「無文燻革」を最上位とする階梯が適用されていると見なすこともできる。しかし、熊倉功夫氏によれば、『内外三時抄』が成立したのは、この弘安八年（一二八五）の鞠会が行われた数年後の正応四年（一二九一）前後とされており、[36] この鞠会で実際に上鞠を勤めたのが、亀山上皇であることを考えれば、なお「無文紫革」を最上位とする『内外三時抄』に記される階梯も看過することはできない。あるいは、「無文紫革」を最上位とする階梯は、当時にあっては、飛鳥井家の立場からみた「程品」の位置付けであったのかも知れない。と同時に一方で、これよりのち十四世紀半ばにかけて、「無文熏革」を「韈の程品」の最上位に確定するに足る事例の積み重ねがあったことや、そうした事例を故実として拾いあげようとする御子左家の動きがあったことも推測することが可能なように思われる。

(3)正和四年の長講堂の鞠会

正和四年（一三一五）二月十一日、長講堂において、持明院統の花園天皇・後伏見上皇・伏見法皇が臨席して晴の蹴鞠会が行われた。この時の設営や進行の次第が、『二老革匊話』[37]に記されている。その記事によって、十四世紀初頭における晴の蹴鞠会の挙行形態の特徴をうかがい知ることにしよう。

まず、当日の天皇（花園天皇）・上皇（後伏見上皇）・法皇（伏見法皇）や鞠足・見証の人々の座について、『二老革匊話』は次のように記している。

頭中将伊家朝臣直衣に老懸をハかけすして、沓韈を着し、奉行として、西面の御壺に猫掻を敷満御厩進之、庇御所の南面落板敷に繧繝畳三帖供て、東第一帖東京茵を加て、法皇伏見御座とす、第二帖唐錦茵を加て、主上御座とす、第三帖又東京茵を加て、新院御座とす、西対南妻前より小文高麗畳三枚敷て西行、見所公卿の座とす、其に向て南中門より東屛下、ならひに御厩前より中門にいたりて西屛下、同小文高麗帖を敷て鞠足公卿座とす、

中門下二行に紫端畳を敷て殿上人の座とす北上東、西面其末に又二行に円座を敷て地下輩の座とす、

これによると、頭中将藤原伊家朝臣を奉行として、長講堂の西面の鞠壺（鞠庭）に猫掻を敷き詰め、庇御所の南面落板敷の上に繧繝畳を三帖敷いて、伏見法皇・花園天皇・後伏見上皇の座としたことが記されている。この鞠会においても、建物の縁の「落板敷」（切縁）を用いて、天皇・上皇などの座が設けられたことがわかる。また、見所（見証）公卿の座と鞠足公卿の座に、小紋高麗畳が使用されたことがわかり、殿上人の座は紫端の畳であったこともわかる。そして、地下輩の座は、円座であったことも確認される。

『二老革匊話』の記載によれば、蹴鞠が始まったのは、未刻（午後二時頃）であった。まず、花園天皇が庇御所より出御し、南面中央御座に着座した。次いで、伏見法皇・後伏見上皇が鞠庭に出御し着座した。法皇・上皇が出御したさい、天皇が「動座」し、法皇・上皇に礼を示した。

次いで、御子左流の冷泉為相・御子左俊言をはじめとする公卿の鞠足が着座した。この時、喜賀丸（京極教兼）は殿上人ではあったが、後述するように、鞠の達者であったためか、「参議座上に着」と記されている。続いて、御子左流の京極忠兼をはじめとする殿上人が着座し、地下輩も続いて着座した。地下輩には、前中務少輔宗尚、若狭前司知春、賀茂正禰宜忠久、片岡祝基久・仲久・定久、若宮禰宜教久、左兵衛尉紀行員、院庁の召次所右番の延方などがいた。続いて、京極為兼ら見所公卿が着座した。

次いで露払へ移った。『二老革匊話』に次のように記されている。

蔵人菅原仲嗣着青色袍、帯弓箭置鞠、左兵衛督以下進立之、露払を始、暫御覧せられて後、主上・上皇各入御、御装束を被直て庇御所西面より出御、先　主上上皇出御の時又主上御動座、此間に露払退入、延方鞠を取て入、

これによると、蔵人の菅原仲嗣が鞠を鞠庭に置き、左兵衛督綾小路有時らが露払の鞠を行った。花園天皇と後

伏見上皇は、しばらく露払の鞠を見た後、自らの装束を改めるため庇御所に入御し、装束を改めた後、再び鞠場に出御した。上皇が出御した時、また天皇が「動座」して礼を示した。この間に露払は終り、召次所の延方が鞠を取って退出した。

次いで、天皇と上皇の御具足（沓・韈）を鞠場で調える儀式が行われた。『二老革匊話』に次のように記されている。

次京極前宰相主上御具足を取て蔵人伝之、懸木の東を経て参進、奉装之、忠兼朝臣上皇の御具足を取て懸木の西北を経て参進、奉装之、

この記述から、花園天皇の御具足を御子左俊言（京極前宰相）が調え、後伏見上皇の御具足を京極忠兼が調えたことが明確に記されていることがわかるのである。この事例は、「御具足役」を御子左流の人物が勤めていることから、この役が、鞠の家の人物が勤める名誉な役と認識されるに足るはっきりした事例になっていると言いうる。また、少し細かい点ではあるが、「御具足」を「装し奉る」という記述は、天皇・上皇などの御足に韈・沓を履かせ、これを結い緒で固定するということを明確に記述した記載とみられ、従来の記録にみられた「沓を献じる」という記述より、「御具足役」の行為をよりはっきりと表現している意味からも注意されるものである。

十四世紀中頃から後半に成立した『遊庭秘抄』の異本の一種と目される史料に『二条家蹴鞠書』（大津平野神社所蔵）があるが、その中に「御具足役」について記した次のような記述がみられる。

（主上上皇親王が――筆者註）御出座之時、譜代の人雲客御沓韈を持参して、切縁に御足を奉結之、愚身常に此所役に参侍き、

渡辺融氏によると、ここに出てくる「愚身」とは、御子左為定の可能性が高いとされるが[38]、この記述からも、

遅くとも十四世紀中頃には、「切縁」に設けられた「御座」で、「譜代の人（殿上人）」が、天皇・上皇・親王の御足に沓・韈を履かせ、結い緒で御足を結い奉る「御具足役」が、晴の蹴鞠会の名誉ある諸役として確立していることがうかがわれるのである。

進行に話を戻すことにしよう。『二老革匊話』によれば、「此間左府道平令参給」とあって、御子左俊言と京極忠兼がそれぞれ、天皇と上皇の「御具足」を調えている間に、左大臣の二条道平が、参上したようである。

続く儀式は、解鞠であった。『二老革匊話』に次のようにある。

　忠兼朝臣参進、乾木下に跪て東面、御鞠を解て付下枝御鞠也、先枝を木下に倚立て後、所解の御鞠を中央に置て退時、枝を取て帰入て行員に賜之、

これによると、御子左流の京極忠兼が、乾の木の下にひざまずいて、まず、鞠が結びつけられた枝から鞠を解き、空枝《からえだ》を乾の木の下部に寄せ掛ける所作をした後、乾木のそばの地面に置いていた鞠をあらためて鞠場の中央に置いた。そして、空枝を紀行員へ渡したという次第であったことがわかる。ここで注意されるのは、鞠の家の人物である京極忠兼が、解鞠の役を勤めているという点である。先にも述べたように、十四世紀中頃から後半の蹴鞠書『遊庭秘抄』には、解鞠を勤めるべき人物の資格について、「是も当道譜代の人所役たるべし」と記されていた。十三世紀の晴の鞠会では、先述したように、奉行や蔵人などが解鞠を勤める例がみられたが、十四世紀に入ったこの事例では、「譜代の人」である京極忠兼が勤めている。これも、解鞠役が、鞠の家の人物が勤める名誉な役と認識されるに足るはっきりした事例になっているといえよう。

さて、鞠会は、上八人が、懸の木の下へと進み立つ次第へと進行していった。『二老革匊話』に次のように記されている。

次主上令進立給巽木北、次上皇令立給坤木北、次左府巽木西、花山院大納言家定坤木東、前右衛門督乾木南、京極前宰相艮木東、喜賀丸乾木東、忠兼朝臣艮木西等各上皇の御目に随て参進、

上八人の鞠足は、花園天皇・後伏見上皇・左大臣の二条道平・花山院家定・冷泉為相・御子左俊言・喜賀丸（京極教兼）・京極忠兼の八名であった。この八人が、上皇の指示によって鞠場に立った。

次いで、後伏見上皇が、上鞠を行い蹴鞠が始まった。『二老革匊話』に次のようにある。

次上皇進出給て御上鞠一足、須臾忠兼朝臣退入、主上又入御、其替に高三位・忠久等召立らる、二条前宰相為藤歟相員を申、三百一度三百六十一度上了、

上皇の上鞠の後、上八人で蹴鞠を行い、しばらくして、京極忠兼と花園天皇に代わって、高泰継と賀茂忠久が蹴鞠に加わった。御子左為藤が鞠数を数え、三百を超える鞠数を二度ほどあげて蹴鞠は終わった。

『二老革匊話』は、この日の鞠会を、「凡今日の儀式後代の美談なり」と称え、後伏見上皇と喜賀丸（京極教兼）の韈の色目について、次のように記している。

抑上皇此道に達ましさハ、誠通三の君と申ぬへし、古造字ハ三書て其中を連て王といふ、三ハ天地人なり、連中ことハ其道に通となり、されハ今日始て無文紫革御韈を着御、（中略）主上上皇令縮合給て、ともに御延ありて御鞠左右なく揚かたかりし所へ、左府又縮延給て、三所御延なから、小鞠にあなたこなたへ、あそはされて、猶あかりかねたる所へ喜賀丸縮て、膝を突てうしろの肩をかけて負て庭中へいて丶、蹴られし面白さ其膝の姿ハ、まめやかに揚柳の風になひくにことならす、柳ハ舞の腰に似と白氏文集に見えたるもいまさらおもひしられ、詞にも筆にも述尽かたくそ侍ける、か丶る達者なれハ舎兄忠兼朝臣を超て今日錦革の韈をそ聴されたる、

この記述によると、まず、当日上鞠を勤めた後伏見上皇はこの道に熟達しているので、この日、初めて、無文紫革御韈を着用したと記されている。この時期には、「無文熏革」が最上位の階梯の韈になっていたものと思われるが[39]、それに次ぐ上位の韈である「無文紫革」を着用した後伏見上皇の名足ぶりがうかがわれる記述となっている。

一方、当日の鞠会で、上皇・天皇・左大臣の三名が、延足[40]という技を用いて協力しても、うまく処理しきれない鞠を、膝を突いて、鞠を自分のうしろの肩にかけて背負うようにして転がし、振り向きざまに蹴ることで、うまく処理をした喜賀丸（京極教兼）が、鞠の「達者」であることから、兄である京極忠兼を超えて、「錦革」の韈を許されたことも記されている。当時にあっても、韈の階梯が、身分や年齢とともに、技量も勘案して許されるものであったことを、この事例は示唆している。

総じてみると、十四世紀に入った、正和四年（一三一五）二月に長講堂で行われた、この晴の蹴鞠会は、「御具足役」が儀式として整備され、「御具足役」や「解役」が、譜代の家（鞠の家）の者が勤める名誉な役とはっきり認識されるに足る事例となっているところに大きな特徴がある。この後、室町期の享徳年間まで行われた、天皇と室町殿がともに臨席する晴の蹴鞠会を含め、十五世紀半ばまで行われた晴の蹴鞠会において、「御具足役」と「解役」は、譜代の家の者が勤める名誉な役と認識されるにいたるのである。

（4）貞治二年の内裏鞠会

貞治二年（一三六三）五月十日、後光厳天皇の内裏で、晴の蹴鞠会が開かれた。この鞠会の記録は、『貞治二年御鞠記[41]』に詳しく記されている。『貞治二年御鞠記』は群書類従にも収められている史料で、一名『衣かづきの日記』とも言い、二条良基が記した比較的よく知られたものである。

　この時の鞠会の様子については、小川剛生氏が詳述されており、参照されたいが、(42)ここでは、前後の時代における晴の鞠会の設営や進行の次第と比較しながら、挙行形態の特徴を指摘していくことにしたい。

　まず、当日の天皇（後光厳天皇）や鞠足・見証の人々の座について、『貞治二年御鞠記』は次のように記している。

> 御殿の東西(ママ)議定所向御鞠懸五間に、御簾をかけわたしてこれをたる。南の三四間の前の簀子を切さげて、繧繝の帖一帖を供して、御座とす。東の庭の南の砌に、南北へ小文畳一帖を敷て、前関白の座とす。其末に東西へ同畳二帖しきて、見証の公卿の座とす。東の庭の北の砌に立蔀にそへて、小文畳を南北へしきて、関白の座とす。その末に東西へおなじき畳四五帖をしきて、鞠足の公卿の座とす。そのすゑに円座十枚ばかりをしきて、おなじき殿上人の座とす。東の渡殿の下の西砌に円座をしきて、賀茂の輩の座とす。

　まず、天皇（後光厳天皇）の御座は東面で、南側の第三第四間の前の簀子を切り下げて、その上に繧繝端《うんげんべり》の畳一帖を敷き御座としたことがわかる。この貞治度の会でも、天皇の御座に、建物の縁の板の一部を切り下げて用いたことが確認される。また、前関白（二条良基）の座が東庭の南の砌《みぎり》（庭や殿舎の境界）に、南北方向に敷かれ、その末に見証の人々の座が東西方向に設けられたことがわかる。いずれも使用した畳は、小紋の畳であった。一方、東庭の北の砌に、立蔀《たてじとみ》（垣）の内側にそえて、小紋の畳を南北方向に敷いて関白（近衛道嗣）の座とし、その末に、東西方向へ小紋の畳を四、五帖敷いて、鞠足公卿の座としたこともわかる。そして、その末に円座十枚を敷いて、殿上人の座とし、東の渡殿の下の西砌に円座を敷いて賀茂の輩の座としたことも確認される。〔補注〕十三世紀半ば以降における晴の鞠会の座の設営とおおよそ近い設営であることがうかがわれるとともに、先に、第二節（3）で引用した『遊庭秘抄』「座敷付見証座事」の記述に近い座の設営となっていることがわかる（二八頁参照）。

次に、進行次第をみてみることにしよう。『貞治二年御鞠記』によれば、人々が参集したのは未の刻頃のことであった。もっとも、前関白(二条良基)は、前日の夜から、直廬《じきろ》(内裏の宿直室)に詰めていたが、関白(近衛道嗣)もまた、未の刻すぎに内裏に参上した。

一同が集まると、まず天皇(後光厳天皇)が簾中に出御し、賀茂の輩、鞠足の公卿・殿上人等が着座した。『貞治二年御鞠記』によると、

こと具しぬれば、まづ簾中に出御あり。御韈ばかりをめさる。賀茂の輩参て渡殿の座につく。鞠足の公卿殿上人次第に参着す。

と記されていて、天皇は、簾中に出御していた時点で、すでに韈のみは着用していたようである。この点については、詳しくは後述したい。

次いで、鞠会は露払の鞠へと進行した。同じく次のように記されている。

まづ蔵人懐国露払の鞠をもて庭中にをく。やがて露はらひの人数めしたてらる。基清朝臣、懐国、敏久、音平、能隆、商久、重敏など次第にたつ。いく程なくて露払とゞまる。殿直廬にて沓韈はきて、庭上を経て座につかる。蔵人懐国露払のまりをとりてしりぞく。

これによると、まず、蔵人の藤原懐国が、露払で使用する鞠を庭の中央に置き、藤原基清・懐国以下、賀茂の社人が露払の鞠を行ったことがわかる。そして、露払の鞠が終わると、関白近衛道嗣が、直廬で沓・韈を履いて庭に出て着座し、その後、蔵人の懐国が、露払で使用した鞠を庭から撤したこともわかる。

続いて、蔵人が、解鞠で使用する、小枝に結び付けられた枝鞠を、立蔀に立てかける役を勤めた。『貞治二年御鞠記』に次のようにある。

此間蔵人また枝に二付たるまり白まり上、ふすべ鞠下をもちて、北の御所の木の下、北面の立蔀によせたつ。

枝に結び付けられた鞠は、上が白鞠で、下が燻鞠であったことがわかる。このように、従来の記録に比べ、露払の鞠を置鞠した人物や、枝鞠を便宜のところへ寄せ掛ける役を勤めた人物を明記し、その所作がはっきりと示されているのは、記録の著者である二条良基の記録態度にもよるものと思われるが、同時に、この時代において、晴の蹴鞠会の儀式的性格が増したことにも要因があるものと思われる。

進行次第に話を戻すことにしよう。枝鞠が、便宜のところに準備された後、次いで、後光厳天皇が簾中から庭に出御した。『貞治二年御鞠記』に、

其後出御あり。大殿南殿の方よりすゝみて、東西(ママ)の南の第四間の御簾をかゝげらる。出御あり。御直衣薄色の御指貫文くわ、あられ、常にはひの御大口にくゝりをさしてめさるゝにや。

とあり、天皇が簾中から出御する時、二条良基が御簾を掲げる役を勤めたことがわかる。天皇は、直衣に指貫姿であった。

次いで、天皇は、鞠庭に出御すると御座に着座し、見証の人々をはじめとする一同が庭上の座に着いた。『貞治二年御鞠記』に次のようにある。

出御の後しきの座につかせ給て御気色によりて各庭上の座につかる。

その後、二条良基が、天皇から、鞠場に立ってプレーするよう勧められたが、最初は、見証の役を勤めることを申して固辞した。しかし、天皇から再三の仰せがあったので、良基は、西の立蔀の内に入って沓・韈を着し、プレーのできるよう指貫を調えた後、再び座に着いた。

この間に、御子左為遠が解鞠の役を勤めた。『貞治二年御鞠記』は次のように記している。

この間、為遠朝臣先の御まりふすべまりをときて、す〻みて懸の内にをく。

御子左為遠は、この時、燻鞠を解いたことがわかる。続いて為遠が、「御具足役」を勤めた。やはり、『貞治二年御鞠記』に次のようにある。

又為遠朝臣めしによりて御具足を持てまいる蔵人御具足をもちてあひしたがひ、為遠がまへにをく。□（欠字）御あしをした〻む。

先にみたごとく、十四世紀中頃に成立したと考えられる『二条家蹴鞠書』（大津平野神社所蔵）の記述を引用した部分に「御出座之時、譜代の人雲客御沓韈を持参して、切緣に御足を奉結之」とある通り、十四世紀にあっては、「御具足役」は、切縁を用いた天皇等の御座の前で、天皇等に沓・韈を履かせ、結い緒で足を調えるのがその勤めであった。ただ、この貞治度の鞠会においては、天皇が簾中に出御した時点で、「御韈ばかりをめさる」と記録に記されているから、御子左為遠が、御座の前で行ったのは、天皇に沓を履かせ、天皇の足に結い緒を巻きつけて結ぶ所作のみであったものと思われる。

いずれにしても、鞠の家の御子左家の人物である為遠が、「解役」と「御具足役」を勤めていることは、この両役が、当時にあって、譜代の家の者が勤める名誉な役となっていたことの証左であろう。なお、『貞治二年御鞠記』によれば、この日の鞠会の進行次第でとられた、「解鞠」→「御具足役の儀式」という順序について、二条良基は、

なべては御沓の役はてて後こそ御鞠をばとき侍に、このたびの様いとめづらしきにや。家の人なれば、さだめておもふ所侍らんか。

と批評している。小川剛生氏によれば、御子左為遠が、このような批評があるのを承知で、「解鞠」→「御具足役の儀式」の順序で進行次第を進めた背後には、同時代の御子左流の蹴鞠書である『遊庭秘抄』の記述に依拠する

意図があったからだとされている。(43)『遊庭秘抄』「解鞠事」によれば、

是も当道譜代の人所役たるべし。（中略）其式は、露払の鞠はてて露払のまりをば、座へコロバスなり、当役勤仕の人、枝に付たる鞠立たる所へすゝみよりて、（下略）

とあるから、露払の後に、御具足役の儀式を行わずに、解鞠に移るという『遊庭秘抄』の次第に依拠している意味では、小川氏の見解は妥当なものだといえよう。

さて、鞠会の進行に目を移すと、次いで、上八人が懸の木の下に立った。『貞治二年御鞠記』によると次のように記されている。

まづ御立ありひつじさるの。鶏冠木の左 次に大殿めしにしたがひてすゝみたゝるたつみの。柳の左 次に殿すゝみたゝるうしとら。の桜の左。次に基隆卿立いぬゐの。松の左 次に為忠卿立いぬゐの。松の右 次に為遠朝臣立たつみの。柳の右 次に宗仲朝臣立ひつじさるの。鶏冠木の右 次に雅家朝臣うしとら。の桜の右

これによると、上八人として懸の木の下に立ったのは、後光厳天皇（南西の楓の左側）・二条良基（南東の柳の左側）・近衛道嗣（北東の桜の左側）・園基隆（北西の松の左側）・御子左為忠（北西の松の右側）・御子左為遠（南東の柳の右側）・難波宗仲（南西の楓の右側）・飛鳥井雅家（北東の桜の右側）の八名であった。

次いで、近衛道嗣による上鞠があった。『貞治二年御鞠記』は、

八人立をはりて、御気色によりて、殿庭中にすゝみて、鞠をとりて上鞠の役をつとめらる。一足なり。色々の説有事なれば、こまかにしるさず。

と記述している。

その後、園基隆が、鞠を蹴りあげて蹴鞠のプレーが開始され、メンバーを適宜入れ替えながら、プレーは日暮

れ近くまでおよんだ。『貞治二年御鞠記』に次のように記されている。

其後園中納言まりをとりてあぐ。いくほどなくて、殿座に帰らる。大殿又一両足にて座にかへられぬれば、時光、忠光の卿をめしたてらる。しばしありて御所かへり入らせ給。又殿めしたてらる。賀茂の輩も次第にまじはりまいる。御鞠かずありて、いとおもしろし。（中略）其後又御所御立たび々々にをよぶ。大殿は御気色あれども、そののちはたゝれず。思ふところ有べし。（中略）暮近せめて、殿、忠光、為忠、行時、宗仲、雅家、敏久、音平など、思ひ々々にみだれあふ足もと共いはむかたなし。殿やがてすぐに早出させられぬれば、御鞠はとどまる。

この記述によれば、上八人の鞠足に加えて、日野時光・柳原忠光・西洞院行時や賀茂の社人がメンバーに適宜加わり、メンバーを入れ替えながら、日暮れ近くまでプレーが続けられたことがわかる。また、『貞治二年御鞠記』の記述によれば、

殿しきりにめしたてらる。得たる上足にてましませば、のべあしかへりあしなど、さま々々目をおどろかす。

との評がある。この記述は、当日、上鞠役を勤め、後述するように、韈の階梯も最高位の「無文燻革」であった関白の近衛道嗣が、延足・帰足などの技で人々の目を驚かすほどにプレーする名足であったことを伝えている。[44]

次いで、蹴鞠のプレーが終り、後光厳天皇が簾中に入り鞠会は終了した。『貞治二年御鞠記』に、

簾中にいらせ給。大殿もとのごとく御簾にまいらる。

とあり、二条良基が再び、御簾を掲げる役を勤めたことがわかる。

なお、当日の鞠足の装束と韈の階梯は、『貞治二年御鞠記』の記述によれば、次のようなものであった。なお〔　〕内は筆者註である。

今日御所御韈有文紫革結文菊ヲ縫。

参仕人々

公卿

前関白〔二条〕良基公。直衣。有文紫革韈。今日自御所被下。

関白〔近衛〕道嗣公。直衣。無文燻革。

園中納言基隆卿。直衣。無文燻革。

藤中納言〔日野〕時光卿。直衣。錦革。

新藤中納言〔柳原〕忠光卿。直衣。錦革。

侍従三位〔御子左〕為忠卿。直衣。燻革。

平三位〔西洞院〕行時卿。衣冠。錦革。

殿上人

為遠朝臣〔御子左〕直衣。紅帷。錦革。今日奉行。

信兼朝臣〔平〕束帯。錦革。

難波少将宗仲朝臣衣冠。錦革。

基清朝臣〔藤原〕直衣。藍革。

飛鳥井少将雅家朝臣衣冠。錦革。

宗音朝臣衣冠。錦革。

蔵人藤原懐国束帯。藍革。

賀茂

員平有文紫革、敏平有文紫革、音平錦革、能隆藍革、脩久藍革、音久藍革、商久藍革、重敏藍革、員久藍革、

下社

祐泰

ここに記載されている韈の色目（階梯）からうかがわれる特徴は次の二点である。

まず、第一に、上鞠を勤めた近衛道嗣と園基隆が、「無文燻革」の韈を着用している点である。先にみたように十四世紀中頃から後半に成立した『遊庭秘抄』に、最上位の階梯の韈が「無文燻革」であることが記されているから、この二名は蹴鞠の奥義に達していたものとみてよいであろう。後光厳天皇の韈が、上位から二番目の階梯であったと考えられる「無文紫革」でなく、三番目の「有文紫革」であったことからも、そのことがよくうかがわれる。因みにのちに述べる通り(45)、十四世紀末から十五世紀半ばにかけて、天皇と室町殿がともに臨席して行われた五例の晴の蹴鞠会においても、「無文紫革」の韈を着用している鞠足がみられないため、十四世紀後半から十五世紀半ばにかけての時期においては、「無文燻革」を最上位とする韈の階梯がはっきりと認知されていたものとみてよいように思われる。

第二の点は、賀茂の社人である員平や敏平が、二条良基と同じ階梯の「有文紫革」の韈を着用している点である。後光厳天皇の韈も、「結文菊ヲ縫」とあるように特別の菊文様であったけれども、格としては同階梯の「有文紫革」の韈である。このことは、賀茂員平・敏平の技量の巧みさをあらわす証左となるであろう。

第四節　小　括

以上、平安末期から南北朝期にかけて、天皇・上皇などが臨席して行われた、八例の晴の蹴鞠会について、会の設営や進行の作法、装束などの挙行形態を、先学の研究に学びながら、当該期の記録を主な史料としてみてきた。それによって、明らかになった点は、以下に述べる通りである。

まず、平安末期の十一世紀後半における、白河天皇の時代には、白河天皇が、蹴鞠のプレーは行わないものの、天皇が簾中から、上鞠役を勤める人物を指示するなど、積極的に鞠会に関わっている、承暦四年（一〇八〇）に行われた内裏鞠会の事例がみられる。この事例は、もともと下﨟の芸能であった鞠会に、晴意識を強くもたせる契機となった点で特質される事例といえる。

次いで、十二世紀後半における後白河院の時代は、後白河上皇自らが鞠場に立ってプレーし、また安元二年（一一七六）に、後白河院の五十歳を祝う賀宴において、歴史上はじめて賀宴で鞠会が催されるなど、晴の鞠会意識を急速に強めた時代であった。

これらの点は、従来の研究でも明らかにされてきた点である(46)。しかし、例えば、後白河院の五十歳を祝う賀宴において行われた鞠会では、晴の場で行われたものであったにもかかわらず、後世、晴の蹴鞠会で必須となる解鞠が行われないなど、会の進行次第が後世ほど整っていない面がみられる。

十三世紀初頭の後鳥羽院の時代は、これまでの研究でも明らかにされているように(47)、蹴鞠故実の形成期であった。晴の鞠会で用いられる重要な故実もこの時期に形成されたものが多い。

まず、後鳥羽院時代における蹴鞠の特質される事績に、『承元御鞠記』に記される、承元二年（一二〇八）、大炊御門頼実邸で行われた晴の鞠会がある。これは、会の記録が残されるだけでなく、その様子を記した絵画が残されるほど大規模な会であった。しかし、『承元御鞠記』に「かみ上皇をはじめたてまつり、しも諸人に及ぶまで、貴賤を論ぜず、をのをの上中下の三品をわかつ」と記されているように、貴賤の別なく、技芸の実力によって鞠足を各々八人の上足・中足・下足の三グループに分けて行われた鞠会であった。そのため、鞠足等の座も、技量を重視して分けられた上足・中足・下足それぞれの建物に設えられ、建物の堂の上に座が敷かれるという、後世の晴の鞠会ではみられない設置の仕方をしている。その中で、技芸の実力がある院の下北面等の「下﨟」の座が後世の事例に比べ、比較的優遇されていることも特筆される特徴の一つである。また、鞠足のプレーの順序も、下足→中足→上足という、これまた、後世の晴の鞠会ではみられない順序がとられているが、これも、技量による上足・中足・下足の組み分けが影響を与えているものとみることができる。

後鳥羽院の時代において、後世の晴の鞠会で用いられる故実や挙行形態に影響を与えたのは、むしろ、承元二年の鞠会の三年後にあたる、承元五年（一二一一）に制定された「韈の程品」と、そのさらに二年後に行われた建暦三年（一二一三）の高陽院行幸鞠会であったと思われる。「韈の程品」の制定は、それ以降に開催された晴の鞠会において、鞠足が当日着用した韈の階梯によって、蹴鞠界における地位を公認する意味合いをもった点から、晴の鞠会の歴史においても重要な出来事であった。また、建暦三年四月に、順徳天皇が、後鳥羽院の御所である高陽院に行幸して行われた鞠会のうち、十一日の会は、先学も指摘される通り[48]、上皇・天皇がともにプレーを行い、関白や前太政大臣もプレーに加わった「前代未聞」の会であり、鞠会における「上﨟」の進出を端的に示す画期的なものであった。この鞠会では、そうした「上﨟」を含めた「上八人」が初座を勤めるなど、挙行形態が、後世の晴の鞠会のように整備され、また、各々の鞠足が、この二年前に制定された、「韈の程品」によって明示される韈の階梯を披露する場にもなっている。このような意味で、後鳥羽院の時代は、晴の鞠会における進行次第や故実の大きな形成期にあたっていたものとみることができる。

しかし、一方で、例えば、譜代の家の人物が、天皇や上皇の足に、「御座」で御具足（沓や韈）を履かせ、足を結い緒で調える儀式のような、類似する先行の次第は後鳥羽院時代の建保年間までさかのぼれるものの、十四世紀に入ってから晴の蹴鞠会の儀式として確立し、十五世紀半ばまで必須の次第として行われた儀式が、この時点では明確な次第として記録されないのも事実である。また、解鞠が、当時は奉行の役と認識されており、晴の鞠会において譜代の家の者が勤める名誉な役と認識されるにはいたっていないと考えられ、後世（十四世紀以降）の晴の蹴鞠会との違いを明確化する。

こうした、晴の鞠会における、進行次第や故実が徐々に整備されていくのは、十三世紀後半の後嵯峨院の時代以降のことであった。後嵯峨院の時代になると、天皇と上皇が臨席してしばしば晴の鞠会が開かれるようになることが『二老革匊話』などの記録によって知られる。そうした、十三世紀中頃以降の記録類に多く登場する、晴の鞠会の設営として注目されるのが、建物の縁側の一部を切り下げてそこに天皇・上皇の御座を設ける「切縁」の御座である。この設営の始源は明らかでないが、本論の事例では、弘長二年（一二六二）三月に、後嵯峨上皇・後深草上皇・亀山天皇が臨席して行われた晴の鞠会までさかのぼれた。なお、この設営の下限は、おそらく享徳二年（一四五三）の後花園天皇・足利義政が臨席して行われた『享徳二年晴之御鞠記』に記される内裏の晴の蹴鞠会だと思われる。

さて、十四世紀に入り、晴の蹴鞠会で、「御具足役」（天皇・上皇などに「御座」で沓・韈を履かせ、足を結い緒でしたためる役）が確立し、それが、「譜代の家」の者が勤める名誉な役となること、また、解鞠を勤める「解役」も

「譜代の家」の者が勤める名誉な役になることについて第三節で述べた。その契機となる鞠会として、正和四年（一三一五）二月に、長講堂で持明院統の花園天皇・後伏見上皇・伏見法皇が臨席して行われた事例をあげた。「解役」は、平安末期から行われている故実であり、「御具足役」についても、それに類似する先行の役については、建保年間（一二一三〜一九）にまでさかのぼれることは既述した通りである。十三世紀の晴の鞠会の事例では、「解役」は奉行や蔵人が勤めている例がみられ、「御具足役」についても、それに先行する類似の役とみられる、天皇や上皇に「沓を献ずる」役があり、その役は、時に「譜代の家」の者が勤めることもあった。しかし、それは、天皇や上皇の足に、「切緒」の御座で、御具足（沓や韈）を履かせ足を結い緒でしたためるという一連の所作が儀式化した「御具足役」とは、詳細をみると異なる所作の次第であったのである。

では、十四世紀初頭の時期に、「御具足役」が儀式として整備され、「御具足役」や「解役」が、「譜代の家」の者が勤める名誉な役と認知されるにいたった要因はどのあたりにあるのであろうか。ここでは、長講堂で行われた晴の蹴鞠会の十数年前にあたる、正安四年（一三〇二）二月に、持明院統・大覚寺統で相次いで鞠会が開かれ、特に、二度にわたって両統の法皇・上皇がともに臨席して鞠会が開かれたことに注目したい[49]。このうち、同年二月二十三日に、持明院統の後深草法皇・伏見上皇・後伏見上皇、大覚寺統の亀山法皇・後宇多上皇の五名の院が臨席して、亀山殿で開かれた鞠会について、『実躬卿記』[50]の記事を引用することにする。なお〔 〕内は筆者註である。

即有露払、〔後宇多上皇〕院出御御烏帽子直衣、藤円織物御奴袴、被著御韈御、紫革、有縫物、文菊、即被召教定朝臣被召御沓令立入、便所御、〔伏見上皇〕次院出御富小路殿、御烏帽子直衣、藤円織物御奴袴、無文紫革御、韈、於便所、兼被召御沓為雄卿献之、自庭上有出御、次〔亀山〕法皇同出御綾御裘袋、同御奴袴、無文熕革、御韈、兼被召御沓、為雄卿献之、次〔後伏見上皇〕新院出御桜萌木御衣、款冬御衣、紫御奴袴、紫革御韈、有縫物、文菊、兼被召御沓、為雄卿献之、東面落板敷、御方々御座大文高麗四枚敷之中上有御座〔亀山〕、南、第二法皇〔後深草〕有御座、南端〔後伏見〕新院御座、北第二〔後宇多〕院御座、北端中院〔伏見〕御座、（中略）抑御随身秦久重萌木鴈衣、紫御綾衣持参御鞠付柳枝、二付之重経卿取之、進寄巽木下解之上ニ付御鞠解了、紙捻入懐中、枝今一御鞠有之寄立巽木、取御鞠、進懸中、突左膝置之退入、取枝進御所自御座南、寄懸御縁退出、後聞　此作法大略御諷諫〔亀山〕法皇云々、且又示合宗緒歟、上鞠作法并　法皇令請取御間事、今朝兼内々被仰談云々、

記事から、露払の鞠が行われた後、法皇・上皇に対して「御沓が献上」されていることがわかるが、これが行われた場所が、「落板敷」の御座ではなく、いずれの院に対しても「便所（便宜の場所）」で行われたことがわかる。沓を献上した人物をみてみると、亀山法皇・伏見上皇・後伏見上皇に対しては、御子左家の御子左為雄がこれを行っているが、後宇多上皇に対しては藤原教定朝臣がこれを勤めている。記事に、「院出御、即被召教定朝臣被召御沓」とあることも含めて考察すると、「御具足役」が確立する「前夜」の状況を、この次第は伝えていると考えられる。

一方、解鞠に関しても、これを勤めた人物は、当日の奉行であった高三位重経であり、「鞠の家」の人物ではなかった。やはり、解役が、この時点でも「譜代」の者が勤める名誉な役と認識されているとは言い切れない。しかし、解鞠の所作の流れが、かなり詳細に記されており、さらに、この作法が、亀山法皇の「御諷諫」によって整備された次第であると記事に記述されていることは注目される点である。『実躬卿記』のこの日の記事をみると、

新院〔後伏見上皇〕御方御鞠事、一向可被申合法皇〔亀山〕之由、先日有御契約之間、為御弟子之儀、且今日御作法可被諷諫申云々、

とも記されていて、大覚寺統の亀山法皇が、持明院統の後伏見上皇を蹴鞠の門弟とし、当日、作法等を「諷諫」したことが記されている。

政治的にみると、十四世紀初頭のこの時期は、大覚寺統・持明院統両統の対立も和らぎ、一時的に融和に向

かっていた時期である。先に述べた、正和四年（一三一五）の長講堂における鞠会が行われた二年後の文保元年（一三一七）四月には、両統迭立の議が定められ、文保の和談が成立している。このような機運の中で、亀山法皇が、両統の五名の院が臨席する鞠会の場において、作法等について、「諷諫」した背後には、当時の公家社会において、蹴鞠を「公」の芸の一つとして整備しようとした意図が働いていたのではないかと思われる。

そして、その方向性の延長線上に、十四世紀の初頭において、「御具足役」が儀式として整備され、また「御具足役」や「解役」が、晴の蹴鞠会における「譜代」の役回りとして認識されるような事例の蓄積があったものと推測される。

南北朝期に入っても、『貞治二年御鞠記』に記される貞治二年（一三六三）五月の内裏鞠会の事例でみたように、次第等が儀式的に整備されている方向性は変わらないように思われる。ほぼ同時期に成立した御子左流の蹴鞠書『遊庭秘抄』が、比較的古くから、「鞠を蹴る技よりも、作法に重点を置いている」と評されるのも(51)、そうした晴の蹴鞠会の動向と軌を一にするものであろう。

ただし、本論でみた、十四世紀の正和四年（一三一五）二月に長講堂で行われた鞠会、貞治二年五月に行われた内裏鞠会のいずれの事例をみても、「上﨟」も含めた鞠足が、延足・帰足などの曲足を交えた比較的自由な技で、おおらかに蹴鞠を楽しんでいる。これを、第二章で述べる、十四世紀末から十五世紀半ばにかけて、天皇と室町殿がともに臨席して行われた晴の蹴鞠会と比較すると、室町殿が臨席して行われた事例の方が、より「儀式的」な性格が強まることがうかがわれる。この後、京都では、儀礼的性格の強い足利義満をはじめとする室町殿が、天皇の臨席する晴の蹴鞠会に参会することによって、より儀式的な性格の強い蹴鞠会が挙行されるようになるのである。

(1) 渡辺融・桑山浩然『蹴鞠の研究――公家鞠の成立――』（東京大学出版会、一九九四年）の「事項索引」一一頁参照。
(2) 秋山喜代子「後鳥羽院と蹴鞠」（五味文彦編『芸能の中世』所収、吉川弘文館、二〇〇〇年）一七一頁。
(3) 同右一七五頁参照。
(4) 第二章の鞠会の事例とも比較参照されたい。
(5) 前掲『蹴鞠の研究』、村戸弥生『遊戯から芸道へ――日本中世における芸能の変容――』（玉川大学出版部、二〇〇二年）等参照。
(6) 渡辺融「院政期の蹴鞠」（前掲『蹴鞠の研究』所収）四二頁参照。
(7) 『蹴鞠口伝集』については、渡辺融・渡辺正男「（翻刻）蹴鞠口伝集下巻　付、蹴鞠口伝集上巻」（平成三年度科学研究費補助金研究成果報告書『蹴鞠技術変遷の研究』所収、研究代表者：桑山浩然、一九九二年）を参照。
(8) 前掲『蹴鞠の研究』の「事項索引」三頁参照。
(9) 村戸弥生「蹴鞠の変容」（前掲『遊戯から芸道へ』所収）七三頁参照。
(10) 渡辺融「初期の蹴鞠」（前掲『蹴鞠の研究』所収）三九頁参照。
(11) 桜井秀「本邦蹴鞠史考（第二回）」（『史学雑誌』三五巻四号、一九二四年）は、十三世紀の蹴鞠書『一巻書口伝』の記載を典拠とし、意図的な懸の設営を、延久年間（一〇六九年）頃とする。
(12) 前掲、渡辺論文「院政期の蹴鞠」五一頁参照。
(13) 前掲、村戸論文「蹴鞠の変容」一一五頁参照。
(14) 前掲、渡辺論文「院政期の蹴鞠」五四頁、村戸弥生「蹴鞠の変容」一一六頁参照。
(15) 前掲『蹴鞠の研究』の「事項索引」一〇頁参照。
(16) 前掲、村戸論文「蹴鞠の変容」一一六頁参照。
(17) 第二章・第三章参照。
(18) 前掲、秋山論文「後鳥羽院と蹴鞠」参照。
(19) 同右一七一頁参照。
(20) 例えば、渡辺融「院政期の蹴鞠」六七～六九頁など。

(21) 前掲、秋山論文「後鳥羽院と蹴鞠」一七三頁参照。
(22) 同右一七二〜一七三頁参照。
(23) 先に引用した『遊庭秘抄』「解鞠事」の記述参照。また、本章第三節で後述する。
(24) 本章の後述する晴の鞠会の挙行形態および第二章参照。なお、「＊座」については、京都蹴鞠保存会で用いられている言葉を援用。同じ八人の鞠足が、たとえ鞠が途中で落ちてしまったとしても、何度か蹴鞠を行い続け、ほどよい頃合いを見計らって蹴り納めるのを一座とする（中西定典編『蹴鞠』、蹴鞠保存会、一九九三年、九頁参照）。
(25) 前掲、渡辺論文「院政期の蹴鞠」六九〜七二頁参照。
(26) 同右七〇頁参照。
(27) 本章第三節および第二章参照。
(28) 『順徳院御記』は、西尾市立図書館岩瀬文庫所蔵『蹴鞠部類記』所収の当該記事を引用した。なお、国立公文書館内閣文庫所蔵『蹴鞠記』所収の当該記事も同文である。
(29) 秋山喜代子「順徳天皇と蹴鞠」（『明月記研究——記録と文学——』七、二〇〇二年）一七一頁参照。
(30) 『二老革匊話』については、桑山浩然「蹴鞠書の研究」（前掲『蹴鞠の研究』所収）一五四頁参照。なお、ここでは、大津平野神社所蔵『二老革匊話』を参照した。
(31) 小川剛生「二条良基と蹴鞠——『衣かづきの日記』を中心に——」（『室町時代研究』一、二〇〇二年）一七五頁参照。
(32) 渡辺融「鎌倉時代の蹴鞠界の動向」（前掲『蹴鞠の研究』所収）八四頁参照。
(33) 前掲、小川論文「二条良基と蹴鞠」一七五頁参照。
(34) 大津平野神社所蔵『二老革匊話』参照。
(35) 『北山准后九十賀記實冬卿記』は『続群書類従　雑部（第三十三輯下）』（続群書類従完成会、一九二八年）参照。
(36) 熊倉功夫「『内外三時抄』解題」（『天理図書館善本叢書・古道集二』、八木書店、一九八六年）参照。
(37) 大津平野神社所蔵『二老革匊話』参照。
(38) 渡辺融「遊庭秘抄の研究」（『放送大学研究年報』第十四号、一九九六年）二一〜二二頁参照。
(39) これより先、正安四年（一三〇二）二月二十三日に、亀山殿で、持明院統・大覚寺統両統の法皇・上皇が臨席して行われた鞠会において作法等を主導している亀山法皇が、「無文燻革」の韈を着用している一方、伏見上皇が、「無文紫革」の韈を着用している事例が『実躬卿記』にみえる。この事例は、「無文燻革」が、「無文紫革」より上位にあったことをうかがわせる事例といえる。

(40) 延足《のびあし》は、帰足《かえりあし》・傍身鞠《みにそうまり》とともに三曲《さんきょく》と総称される難易度の高い技。遠くに落ちる鞠を追いかけて、左の膝を地面につき右足を前に出して、地上すれすれで鞠を蹴上げる技を延足という。なお、前掲『蹴鞠の研究』の「事項索引」一〇頁参照。

(41)『貞治二年御鞠記』は『群書類従　蹴鞠部（第十九輯）』（続群書類従完成会、一九三三年）参照。

(42) 前掲、小川論文「二条良基と蹴鞠」一八二～一八六頁参照。

(43) 同右一八四頁参照。

(44) 帰足《かえりあし》は、三曲の一つ。すぐ背後に低くあがった鞠を肩に懸けて身体にそって落としながら、素早く振り返って蹴る技をいう。なお、前掲『蹴鞠の研究』の「事項索引」四頁参照。

(45) 第二章参照。

(46) 前掲『蹴鞠の研究』および前掲、村戸著書『遊戯から芸道へ』等参照。

(47) 前掲『蹴鞠の研究』および前掲、秋山論文「後鳥羽院と蹴鞠」等参照。

(48) 前掲、秋山論文「順徳天皇と蹴鞠」参照。

(49) これらの鞠会については、前掲、小川論文「二条良基と蹴鞠」でも言及されている。

(50)『実躬卿記』は、『大日本古記録』（東京大学史料編纂所編、岩波書店発行、二〇〇一年）参照。

(51) 岩橋小弥太「遊庭秘抄」（『群書解題』第十五、続群書類従完成会、一九六二年）四〇～四一頁参照。

〔補注〕前掲、小川論文「二条良基と蹴鞠」一八三頁に、福井久蔵『二条良基』（青梧堂、一九四三年）三〇頁の図を参照した鞠場配置図が掲出されておりわかりやすいが、『貞治二年御鞠記』の記事によれば、「前関白座」「関白座」は天皇の「御座」に近い上座、「殿上人の座」は「賀茂輩座」に近い下座にあるべきで、小川論文の配置図に記される「前関白座」「関白座」と「殿上人の座」の位置は、上座と下座が逆であるように思われる。

第二章　室町期の蹴鞠——天皇・室町殿臨席の晴会——

第一節　小　序

第一章でもみた通り、天皇や上皇といった貴人が臨席して挙行された晴の蹴鞠会の成立過程には、次の四つの段階がある（1）。

①上皇が上鞠役《あげまりやく》を指名するなど、より積極的な立場で蹴鞠会に臨席した白河院の時代。
②上皇自らが蹴鞠を行うようになった後白河院の時代。
③承元二年（一二〇八）三月に、長者の御鞠会を開き、その数年後に「韈《しとうず》の程品《ていひん》」を制定した後鳥羽院の時代。
④天皇や上皇がともにプレーすることがしばしばとなり、晴の蹴鞠会に相応しい設え等が次第に整備された後嵯峨院以降の時代。

とりわけ、「韈の程品」の制定は、それ以降に開催された晴の鞠会に、鞠足（鞠の蹴り手）が当日着用した韈の階梯によって、蹴鞠界における地位を公認する意味合いを持たせるきっかけとなった点で、大きな画期となったということができよう。第二章では、こうした、晴の鞠会の性格を継承しつつ、十四世紀末〜十五世紀半ばに、室町殿（2）と天皇がともに臨席して開催された晴の蹴鞠会の挙行形態について比較検討を加えたい。そしてそのさい、上皇に代わって、室町殿が天皇の臨席する蹴鞠会に参会するようになったことで、会の進行次第や鞠場の設え等が一層整備され、また、晴の場に相応しい所作が工夫されるなど、蹴鞠会が「儀礼的」な性格をより強めた点に注目したい。あわせて、室町幕府・朝廷の信任を得、その意向をうけつつ、これらの蹴鞠会において中心的役割を果たすことで蹴鞠界の指導的立場に立った、飛鳥井家の人物の動向についてもみていきたいと思う。

ところで、享徳二年（一四五三）三月二十七日、内裏で開かれた晴の蹴鞠会の様子を、一条兼良が記した『享徳二年晴之御鞠記』(3)にみえる次の記述は、十四世紀末ないし十五世紀半ばの蹴鞠界の動向に関する、示唆的な叙述である。

あげまりは此道の先途に申侍り、上皇の御あげまり、関白大臣などのこのやくをつとめ給事も、その例たび々々にをよび侍、此度は応永二年にまさちかの卿の祖父中納言入道いまだ殿上人にてあげまりをうけたまはりし例とかや、永享九年花の御所へ行幸ありしには、父贈大納言上鞠をつとめ侍り、今は此道かの一家にとどまりて、かたをならぶる人も侍らねば、たかきもひきゝもその庭訓をうけずといふことなし、神明の御はからひしかるべきことにこそ有けめ、何よりも大納言殿のこの道にたつし給へるこそいよ々々さかり成べきぜんべうとはおぼえ侍れ、ちかき世には鹿苑院殿こそ永徳の行幸に右大将にてはじめて御まりにたゝせ給て、其後禁裏仙洞にてもたび々々けさせ給などして、あげまりやうの事までもつとめたまひし御ことぞかし、さればみちにふける御心ざしは代々の御こととも申べきにや、一とせぐそくの御まり有しに、関白大臣いし々々けんそうの座にまいり給などして、おほやけごとにもいたくをとらぬほどのことにて侍し、それをこそめでたきためしにも申侍りしに、今またかやうに雲のうへにてげに々々しく申をこなわせたまへる事こそいと有がたくおぼえ侍れ、この記述から、主に、次の四点を読み取ることができよう。

第一に、天皇が室町殿に行幸して行う晴の蹴鞠会、及び室町殿が公家の一員として参会した禁裏の晴の蹴鞠会が開かれた事例を記していくなかで、それらを「おほやけごと（公事＝朝廷の政務・儀式）」に匹敵するような存在として記述している点である。同記に記されている晴の蹴鞠会を、諸記録によりつつ、順に示していくと次の通りである。

①永徳元年（一三八一）三月、後円融天皇による足利義満の室町第への行幸。十四日に晴の蹴鞠会（『愚管記』『雅氏朝臣記』[4]）。

②応永二年（一三九五）三月二十九日、禁裏晴の蹴鞠始。天皇は後小松天皇。足利義満の参会（『迎陽記』[5]）。

③応永十五年（一四〇八）三月、後小松天皇による足利義満の北山第への行幸。十七日に晴の蹴鞠会（『北山殿行幸記』『教言卿記』『北山殿蹴鞠記　飛鳥井祐雅記』[6]）。

④永享九年（一四三七）十月、後花園天皇による足利義教の室町第への行幸。二十五日に晴の蹴鞠会（『永享九年十月廿一日行幸記』『薩戒記』『永享九年十月廿五日行幸御鞠日記』[7]）。

⑤享徳二年（一四五三）三月二十七日、禁裏晴の蹴鞠会。天皇は後花園天皇。足利義政の参会（『享徳二年晴之御鞠記』『綱光公記』[8]）。（以下、①の蹴鞠会・②の蹴鞠会などと略称する）

①③④の蹴鞠会が、天皇が室町殿へ行幸したさいに行われた晴の蹴鞠会、②⑤が、室町殿が公家の一員として参会した禁裏の晴の蹴鞠会であり、室町殿と天皇の蹴鞠会への参会の仕方に相違はみられる。しかし、室町幕府にとってみれば、天皇の権威を被光しつつ、その権威の確立をはかる意味で、一方、朝廷にとってみれば、幕府の政治的・経済的な支援を受け、「朝廷行事」を執行する意味で、ともに、その「公」性を顕示するための恰好

の場であった。これらの蹴鞠会には、室町殿が、鞠場に設えられた参会者の控えの座の、いかなる位置に座るかということなどに、その時々における室町殿の、天皇及び公家社会に対する権力の大きさが如実に映し出されるという性格があるが、それは一連の蹴鞠会が、室町殿と天皇がともに臨席して行われる場であることに起因している（後述）。①～⑤の蹴鞠会は、当時の国家においても、「公」的な性格を帯びた行事の一つであったと言いうる。(9)

第二の点は、一連の晴の蹴鞠会が、「具足の鞠」であったという点である。「具足の鞠」とは、「はだかあし（裸足）」に対する言葉で、沓と韈を足に履き、それを結緒《ゆいお》（沓と韈を足に結い止める紐）で足に固定させて行う正式な蹴鞠会のことである。(10)「韈の程品」の制定以降、天皇や上皇といった貴人が臨席して行われる晴の蹴鞠会は、参会者が「程品」によって着用を許可された韈を披露したり、あるいは、天皇や上皇から新たな階梯の韈の着用を許可される蹴鞠界の公の場であった。①～⑤の蹴鞠会には、上皇に代わって、室町殿が、天皇の臨席する晴の蹴鞠会に参会することとなったが、「具足の鞠」であるという観点からみれば、むしろ、前代からの継承という性格が強い。「韈の程品」が、「公家鞠」の制式化の進行を示す重要な指標であるとすれば、(11)これらの蹴鞠会は「公家鞠」を継承した会であるといえよう。

第三の点は、一連の蹴鞠会を実施するなかで、先例が蓄積され、次第に、蹴鞠会が「儀礼的」に整備されたことがうかがえる点である。これらの蹴鞠会が、「おほやけごとにもいたくをとらぬほどのことにて侍し」と評されるにいたる過程において、「鹿苑院殿（足利義満）」の意向が強く反映されていることは、先に引用した部分の記述からも推察しうるが、とりわけ、③の蹴鞠会は、晴の蹴鞠会の「儀礼的」性格を強める契機となった。上皇に代わって、室町殿が、天皇の臨席する晴の蹴鞠会に参会することで、「公家鞠」は、より「儀礼的」な性格を強めたということができるのである。

第四の点は、一連の蹴鞠会において、飛鳥井家の人物が、「此道（蹴鞠の道）の先途（最高）」の役であった上鞠役を勤めていくなかで、蹴鞠界の指導的な立場に立った様子が記されていることである。この上鞠役をはじめ、天皇の御具足（沓と韈）を足に調える役や解役（小枝に紐で結び付けられた枝鞠を、鞠場で解き放つ解鞠を勤める役）を、晴の蹴鞠会で勤めることは、大変名誉なことであり、とりわけ、鞠を家芸として伝えてきた家の人物にとっては、蹴鞠界における自家の権威をあらわす証ともなっていた。十四世紀初頭以降、これらの諸役を多く勤めてきたのは、御子左家の人物であったが[12]、④や⑤の蹴鞠会では、飛鳥井家の人物がそれらを独占するにいたる（後述）。このことは、蹴鞠界における同家の権威の上昇を端的にうかがわせよう。

ところで、これら室町殿と天皇がともに臨席して行われる晴の蹴鞠会を、「公宴」と表現した記述が、飛鳥井家の当主から、その門弟へ伝授された蹴鞠伝授書のうち、特に十五世紀に成立した書にしばしばみえる[13]。例えば、応永十六年（一四〇九）二月十七日に、飛鳥井宋雅（俗名雅縁）から斯波義将へ与えられた蹴鞠伝授書には[14]、「公方様」が臨席した「公宴」における振る舞いの注意事項が、次のように記されている。

公宴にも上首次第に心よせの所へすゝみより侍らハ、最末の人ハ公方様の御そはハかりあきたる所にてハ、左右なく参こと其恐あるによりて、先御辺ちかき上首の人に礼をいたして立かへんと気色する時、其人下臈の所望にしたかひて立替侍らハ申に及ハす、無其儀ハ聊御目御気色を伺て、たゝ参へきのよし仰ある時、御そはにすゝみ立へき也、

一般的にいって、公宴とは、宮中で行われる詩歌・管絃、宴会などを指し示す呼称であるが（『日本国語大辞典』）、ここに記されている「公宴」は、室町殿と天皇がともに臨席して行われる晴の蹴鞠会の呼称として、限定的に用いられているといってよい。本論では、この記述に鑑み、十四世紀末から十五世紀半ばにかけて行われた、これ

ら①〜⑤の、天皇が室町殿に行幸して行う晴の蹴鞠会、及び室町殿が公家の一員として参会した禁裏の晴の蹴鞠会を、便宜的に「公宴」蹴鞠会と総称し、以下、表記していくことにしたい。

第二節　天皇・室町殿臨席晴会の基準型

前節で紹介した、「公宴」蹴鞠会の様子を記した諸記録において、重点的に叙述されているのは、鞠を蹴ることよりも、むしろ、蹴鞠会の参会者の座の配置、参会者の装束、蹴鞠会の進行次第といった点である。このことは、記録者の関心が、それらに向けられていたことだけではなく、「公宴」蹴鞠会が、そうした要素を重視した蹴鞠会であったことをも示唆している。(15) これらの要素のうち、参会者の座の配置、参会者の装束については、のちに、①〜⑤の蹴鞠会の挙行形態をそれぞれ比較検討していくなかで、適宜触れることとし、まず、蹴鞠会の進行次第について、おおよそ把握しておくことにしよう。ここでは、①〜⑤の蹴鞠会の記録のなかで、進行次第が最も明確に記されている『北山殿行幸記』（③の蹴鞠会）によって、その次第を掲出し、概略をみてみる（なお、便宜的に、次第の進行順に番号を付して示した）。

『北山殿行幸記』にみえる晴御鞠儀

晴御鞠儀

（中略）

一、刻限人々参集、

二、次主上出御簾中、

御直衣　薄色御指貫

三、次賀茂輩着座、

四、先有露払、

次露払人立懸下、

六位蔵人置鞠不付枝、

不経時剋止之、

五、次鞠足公卿着座、

六、次殿上人着座、

七、次主人被調御具足御着座、御裘帯、

八、次若公同着座、小葵御直衣、二倍織物御指貫、

九、次見証公卿着座、

一〇、次六位蔵人取露払鞠退下、

此間蔵人又持枝鞠、寄立便宜所、

一一、次主上出御、

関白参進候御簾、

一二、次着御切板敷御座、

関白復座、

一三、次若公被調申御具足、御復座、

可然殿上人持御具足奉従之、於御前伝進之、

一四、次譜代殿上人解鞠置懸中、
一五、上八人立懸下、
先主上、次主人、次若公、次々人随召次第進立、
一六、次主人御上鞠、
一七、次可然公卿上鞠、次第蹴之、上八人復座、又立替如常、
一八、次賀茂輩次第参進、
一九、次事畢、
二〇、次若公令撤主上御具足給、御復座、如初殿上人奉従之、取御具足退下、
二一、次主上入御、
御簾役如初、
二二、次主人入御、
若公同入御、
二三、次公卿以下退下、

この記録をもとに、③の蹴鞠会の様子を記した他の記録（前節参照）を援用して、会の進行次第の概略をみていくことにしたい（図表2―1も適宜参照されたい）。この日の蹴鞠会は、四本の柳の懸が植えられた、小御所（『北山殿行幸記』には御殿とある）南側の庭で行われた（図表2―1参照）。

まず、参会者が参集した後〔一の次第〕、後小松天皇が御殿の屋内に、鞠庭の側からみて御簾越しに姿を現した〔二の次第〕。続いて、露払（懸の木に掛かった露を振り落とすという名目で行われる前座の鞠）の役を勤める賀茂社の社

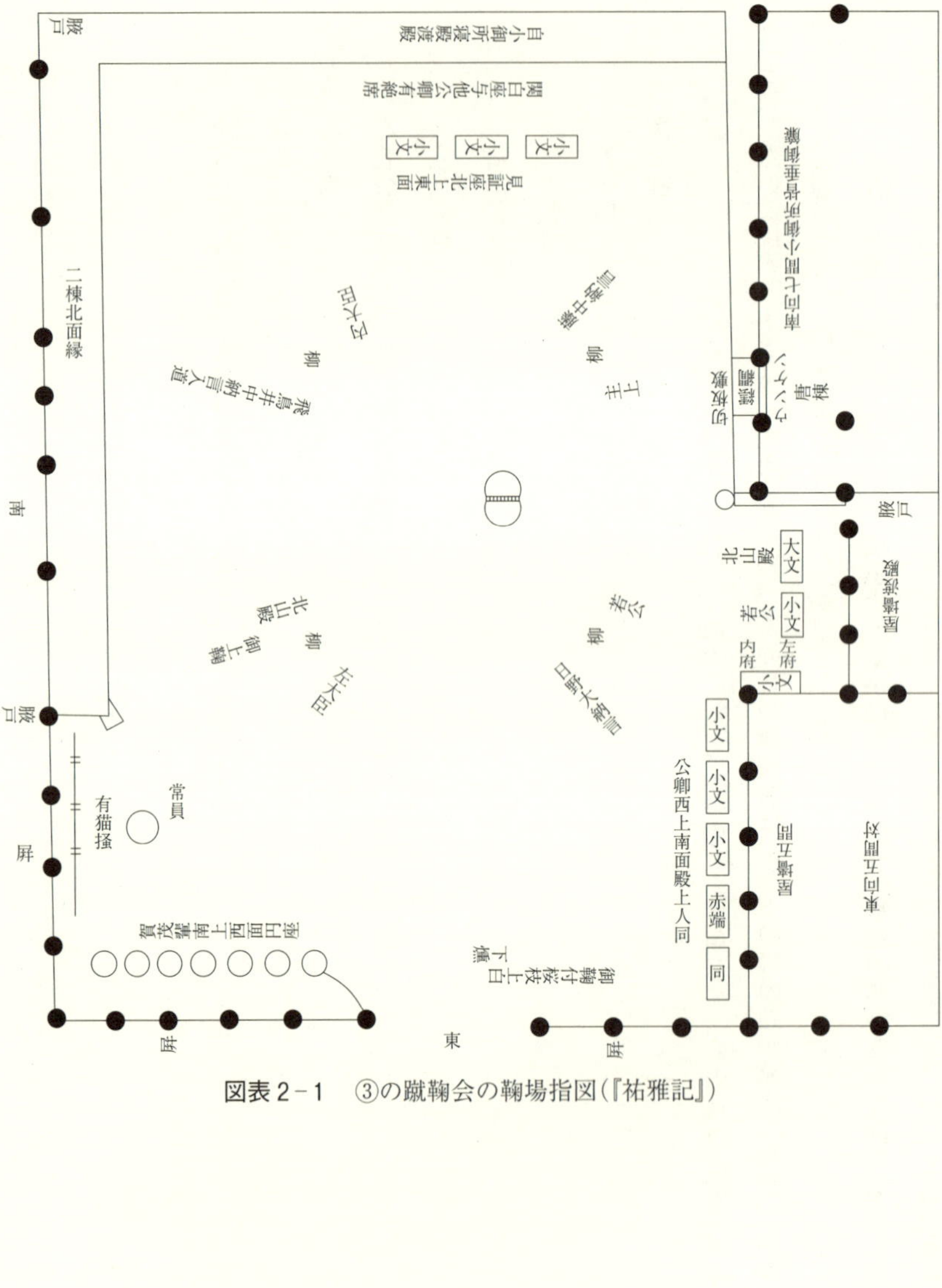

図表2－1　③の蹴鞠会の鞠場指図（『祐雅記』）

人が、鞠場へ入場し、懸の回りに設えられた控えの座に着いた〔三の次第〕。『教言卿記』によれば、この時、極﨟（六位蔵人のうち一番年功を積んだ人）である東坊城長政も露払に加わったという。次いで、露払が行われた。露払の次第は、次の通りである。最初に、六位蔵人[16]が露払で使用する鞠を鞠場に持参し、懸の中央に置いた。次いで、露払を行う八人の鞠足が懸の木の下へ立ち、これを行った。ほどなく、これを止めた〔四の次第〕。

露払が終わると、公卿の鞠足、殿上人の鞠足、主人（足利義満）、若公（足利義嗣）、そして見証《けんぞ》の公卿が、鞠場へ入場し、座に着いた〔五～九の次第〕。鞠足がどの位置から鞠場へ入場したのかについては記録にみえない。

次に、六位蔵人（藤原永基、『祐雅記』による）が、露払で使用した鞠を、鞠場から持ち出して退出し、あらためて、小枝に結び付けられた鞠を、便宜のところへ寄せ立てかけ、解鞠にそなえた〔一〇の次第〕。この時の枝鞠は、図表2―1にみえる記載によれば、桜の小枝に白鞠と燻鞠を一つずつ結び付けたものであったことがわかる。

次いで、天皇が、御殿のなかから鞠場に出御し、切板敷御座（『北山殿行幸記』に「御殿南面七ヶ間御簾を垂らす、妻戸間簀子一間これを切り下げ、繧繝畳を敷きて御座と為す」とみえる）に着いた[17]。天皇の出御にさいし、御簾を上に掲げる役を勤めたのは関白（一条経嗣）であった〔一一・一二の次第〕[18]。

次に、若公（足利義嗣）が、天皇の御具足（沓と韈）を足に調える役を勤めた[19]。この時、しかるべき殿上人（烏丸豊光、『祐雅記』による）が、義嗣の後に従って御具足を持参し、天皇の御前で、それを義嗣に取り次いだ〔一三の次第〕。『祐雅記』に、「次左大弁御沓韈を持参す、柳筥に居ゆ」とみえるから、豊光は、柳筥《やないばこ》の蓋を台として用い、その上に沓と韈を据え、天皇の御前まで持参したのであろう[20]。

次いで、譜代の殿上人（飛鳥井雅清）が、便宜のところへ寄せ立てかけてあった枝鞠を取り、それを、巽の方角に植えられた柳の木の下まで持参しながら参進し、その位置で、解鞠の作法を行い、さらに、枝から解いた鞠を、懸の中央に置いた〔一四の次第および『祐雅記』〕[21]。『祐雅記』の記事によると、枝から解いた鞠は、燻鞠であった。

次に、上八人の鞠足（天皇・義満・義嗣・近衛忠嗣・二条満基・裏松重光・飛鳥井宋雅・土御門資家）が懸の木の下に立った〔一五の次第〕。この時、上八人の鞠足が、控えの座から懸の木の下に参進する順序は、官位が上位の者から順番に行ったが（ただし義嗣のみは例外で、従五位下にもかかわらず、義満の次に参進している）、懸の木の下における八人の配置は、図表2―1の通り、天皇を軒（建物の側）に立たせるなど、貴人への配慮を示しつつも、鞠が上手く繋がるような配置が工夫された。従って、当時は、懸の木の下における八人の鞠足の配置が、鞠足の技量や身分・年齢を考慮して勘案されており、立つ位置に一～八の明確な序列があったわけではなかった[22]。

八人の鞠足が懸の木の下に立った後、足利義満が上鞠の作法を行った〔一六の次第〕[23]。続いて、しかるべき公卿（未詳）が鞠を蹴りあげ[24]、上八人の鞠足が、交互にこれを蹴った（演技の開始）。また、上八人以外の鞠足も、上八人の鞠足と入れ替わって懸の木の下に立ち、鞠を蹴った〔一七の次第〕。その後、賀茂社の社人も順に蹴鞠に参加した〔一八の次第〕。この〔一七・一八の次第〕の記載は、記事が簡略に記されていて、その次第が明確にはわかりにくいが、これに相当する次第を『教言卿記』は次のように記している。すなわち、まず、前掲の上八人、次いで中八人（花山院忠定・中山満親・烏丸豊光・持明院基親・東坊城長遠・難波宗敦・武者小路隆光・飛鳥井雅清）の懸における配置図を記した後、

次又上八人御立、此度者若公御方、左府御両所者無御立、而賀茂人緒平入道常員、重家朝臣等被召之、毎度不被移刻、次又中八人被召之、今度者露払御人数、重久、仲久等加立、総而六ケ度在之、御数二三十許歟、

と記述しているのである。これによると、上八人（一座）→中八人（二座）→上八人（三座）→中八人（四座）→上八人（五座）→中八人（六座）と繰り返し、六座（同じ八人の鞠足が、たとえ鞠が途中で落ちてしまったとしても、何度か蹴鞠を

行い続け、ほどよい頃合いを見計らって蹴り納めるのを一座とする）蹴鞠を行ったことがわかり、そのうち、〔三座〕以降に、適宜、〔一座〕〔二座〕のメンバーの数人を賀茂輩等と入れ替えたことがわかる。「御数二三十」とあるのは、おそらく、六座行ったうちの最高の回数であると思われるが、「許」と書かれてあるように、いかにも少ない数であった[26]。こうした鞠数の少なさも、「公宴」蹴鞠会の性格の一面をあらわしている。[25]

なお、六座終わった後、蹴鞠は終わった〔一九の次第〕。

蹴鞠が終わった後、足利義嗣が、天皇の御具足を脱がせる役を勤めた。この時、〔一三の次第〕のさいに義嗣の後に従った殿上人（烏丸豊光）が、天皇の御前から御具足を持ち運び退出した〔二〇の次第〕。そして、天皇が御殿のなかへ入った〔二一の次第〕。次いで、義満・義嗣父子が退出した〔二二の次第〕。最後に、公卿以下が鞠場から退出し、蹴鞠会は終わった〔二三の次第〕。

いささか煩瑣な記述となったが、会の進行次第は、おおむね以上の通りである。①〜⑤の他の蹴鞠会においても、おおかた会の流れは、これに準ずるが、例えば①の蹴鞠会について記した記録においては、進行次第の一部が記されていなかったり、明らかに、諸儀が同時進行したと認められる記述がみえ、この③の蹴鞠会の時のようには、「御鞠儀」が整然と整備されていなかったことがはっきりうかがわれる。また、『北山殿行幸記』にみえる晴御鞠儀の〔八の次第〕で、足利義嗣が、父義満のすぐ直後に、他の公卿とは別に、その存在を際立たせるかのように入場しているのは、他の蹴鞠会ではみられない、③の蹴鞠会の特徴を明示した特別の次第である。

このような蹴鞠会の進行次第をめぐる若干の相違が、いかなる意味を有したのか、また、『北山殿行幸記』にみえる晴御鞠儀に示された諸役を誰が勤め、また、その所作にどのような意味があったのか、さらに、鞠場に設えられた座の配置や鞠足が着用した韈にいかなる特徴や意味があったのか、①〜⑤の蹴鞠会が行われた各時点における朝幕関係、また、鞠を家芸として伝えてきた家の人物の動向などの背後状況を踏まえながら、この③の蹴鞠会の挙行形態を基準として、以下、各々の蹴鞠会のそれを比較検討していくなかで明らかにしたい。

第三節　天皇・室町殿臨席晴会の比較検討

まず、永徳元年（一三八一）三月十四日、後円融天皇による足利義満の室町第行幸にさいして行われた晴の蹴鞠会について検討していくことにしよう。

(1)永徳元年の鞠会

この永徳行幸は、当時、二十四歳であった足利義満が、公家社会に深く入り込むきっかけとなった出来事であると考えられている。[27] 義満のその後の事蹟をみると、数ヵ月後の六月二十六日に任内大臣。翌年正月二十六日には左大臣に任じられ、翌々年にあたる永徳三年（一三八三）六月二十六日には任准三宮の宣下をうけた。摂関家の人物、及び天皇の外祖を除いて、左大臣で准后となった先例はなく、異例のことであった。また、公家様の花押を用いはじめたのも、この時期からで、次第に公家様のみを使用するようになった。こうした義満の公卿生活の「扶持者」は、当年六十二歳になる廷臣の長老で、公家文化の権威でもある二条良基であった。義満は、永和年間（一三七五〜七九）頃から、良基の二条第をしばしば訪れ、朝廷の儀式や和歌・連歌・管絃をはじめとする公家社会のさまざまな教養を得た。この永徳行幸も良基により計画されたもので、十一日の行幸から十六日の還御にいたるまでさまざまな行事が連日行われた。具体的には、十二日に舞御覧、十三日に三席御会（雨で延引）、十四日に晴の蹴鞠会と夜の和歌御会、十五日天明に和歌披講、朝に内々の蹴鞠、次いで舟遊、夕に後宴の蹴鞠会、夜に三船御会（舟遊を兼ねた詩歌管絃の会）、十六日に酒宴・家賞といった行事が行われている。このような種々の行事が連日行われていることからみれば、[28]公卿としての義満が、良基を介して身につけた教養を披露する、晴れの場としての意味を持ち合わせたものとみることができる。

ところで、鞠を家芸として伝えてきた御子左家（二条家）・飛鳥井家は、当時、いかなる立場にあったのであろうか。御子左家の当主は、当年四十歳になる為遠であった（『公卿補任』）。第一章でも述べた通り（五五～五七頁参照）、為遠は、貞治二年（一三六三）五月十日、禁裏で開かれた晴の蹴鞠会において、解役や天皇の御具足を調える役を勤めており（この日、上鞠役は関白の近衛道嗣であった）、[29]永和元年（一三七五）には、勅撰集（『新後拾遺集』）の撰者に指名されるなど、「公」の歌鞠活動の中心的役割を果たしていた。しかし、性格粗放にして怠惰、しかも大酒飲みが重なり、勅撰集撰集の命を受けてから四年を経ても、一向にその作業が進まず、同四年、義満の不興をかって閉門を命ぜられたことは著名な話である。[30]翌年、閉門を解かれ、この永徳行幸にさいして行われた和歌御会においては題者、和歌披講では天皇の御製講師を勤め、また十四日の晴の蹴鞠会では上鞠役を勤めるなど、一応は、歌鞠会における中心的な役割を果たしている。しかし、この年七月二十三日に室町第で行われた大饗のさい、遅参して再び義満の怒りに触れ、八月二十七日に頓死した。為遠死去の後を承けて、『新後拾遺集』の撰集に当たった為重も、至徳元年（一三八四）同集を撰進し、その任は終えたが、翌年二月十五日、夜討に遭い殺害された（『公卿補任』）。

このように、御子左家の人々が相次ぐ不幸に見舞われたのに対し、飛鳥井家では、雅氏（のちの雅縁）が、この永徳行幸における和歌御会で講師を勤め、また、晴の蹴鞠会では解役を勤めるなど、歌鞠の「公」の場に登場してきた。[31]雅氏は、義満と同年齢ということもあって、以後、その寵を受けつつ、歌鞠の世界で華々しい活躍をみせた。しかし、この行幸をきっかけとして、義満が、公家社会の中に一体化を一層深めていったのと同様に、未だ二十四歳であり、殿上人であった雅氏にしてみれば、永徳行幸にさいして行われた歌鞠会を一つの契機として、義満の庇護を受けつつ「公」の歌鞠活動で活躍する道が開かれたものとみるのがよいだろう。

こうした、足利義満・二条良基、そして御子左為遠・為重、飛鳥井雅氏らのそれぞれの置かれた状況・立場を踏まえつつ、①の蹴鞠会の挙行形態について、次にみていくことにしよう。

当日、蹴鞠会が行われたのは、御所東向の御庭であった。懸の木に何が使用されたのかについてはわからない。鞠足や見証の人々が参集したのは午の一点（午前十一時半頃）であった。ところが、上鞠役を勤めることになっていた御子左為遠が遅参したため、参会者一同は為遠が到着するのを待たねばならなかった。『雅氏朝臣記』は、こう記している。

午一点人数悉参之内御子左大納言一身遅参、為上鞠之間令相待給、奉行数反催之、頗事之違乱之由公私申之、仍准后可有御上鞠之由武家被申之、然而御辞退之後彼卿参内、仍歎申之間無子細、

奉行職事である柳原資衡が再三、為遠に、当日、上鞠役であることを触れたにもかかわらず、為遠が遅刻したため、一同は、「事の違乱」であると話していた。そこで、足利義満が、見証の役を勤める二条良基に、上鞠役を勤めるよう勧めたところ、良基は、これを辞退した。そうこうするうち、為遠が遅れて参内してきたというのである。結果的には、良基は上鞠役を辞退したけれども、義満が良基に上鞠役を勧めるという配慮をみせた点は、先に触れた、良基と義満との関係を物語るエピソードの一つとして注意したい。また、晴の蹴鞠会において、最も重要な上鞠役を勤める為遠が、こともあろうに遅刻したことは、暗雲漂う御子左家の将来を暗示する失態であったといえよう。

為遠の遅参により、蹴鞠会が開始されたのは、結局、酉一点（午後五時半頃）のことであった。まず、近衛道嗣

以下、公卿・殿上人の鞠足が、屛戸（屛中門のことか）の外の「便宜の所」で具足（沓と韈）を履いて鞠を蹴る準備を調え、次いで鞠場に入場して、懸の回りに設えられた控えの座に着いた。この時の座の配置は、略図ではあるが、『雅氏朝臣記』に記されている鞠場の施設と上八人の鞠足の立様を示した図（図表2―2）および『愚管記』にみえる以下の記事が参考になる。

主上御座西向縁敷御座、有出御砌下座、余右大将等座一列西上北面、敷小文畳二帖、其外南ニ引退テ一列、又敷小文畳三帖、御子左大納言、按察、別当、二条宰相、園前宰相、持明院三位、冷泉三位等着座、殿上人各皆円座也、

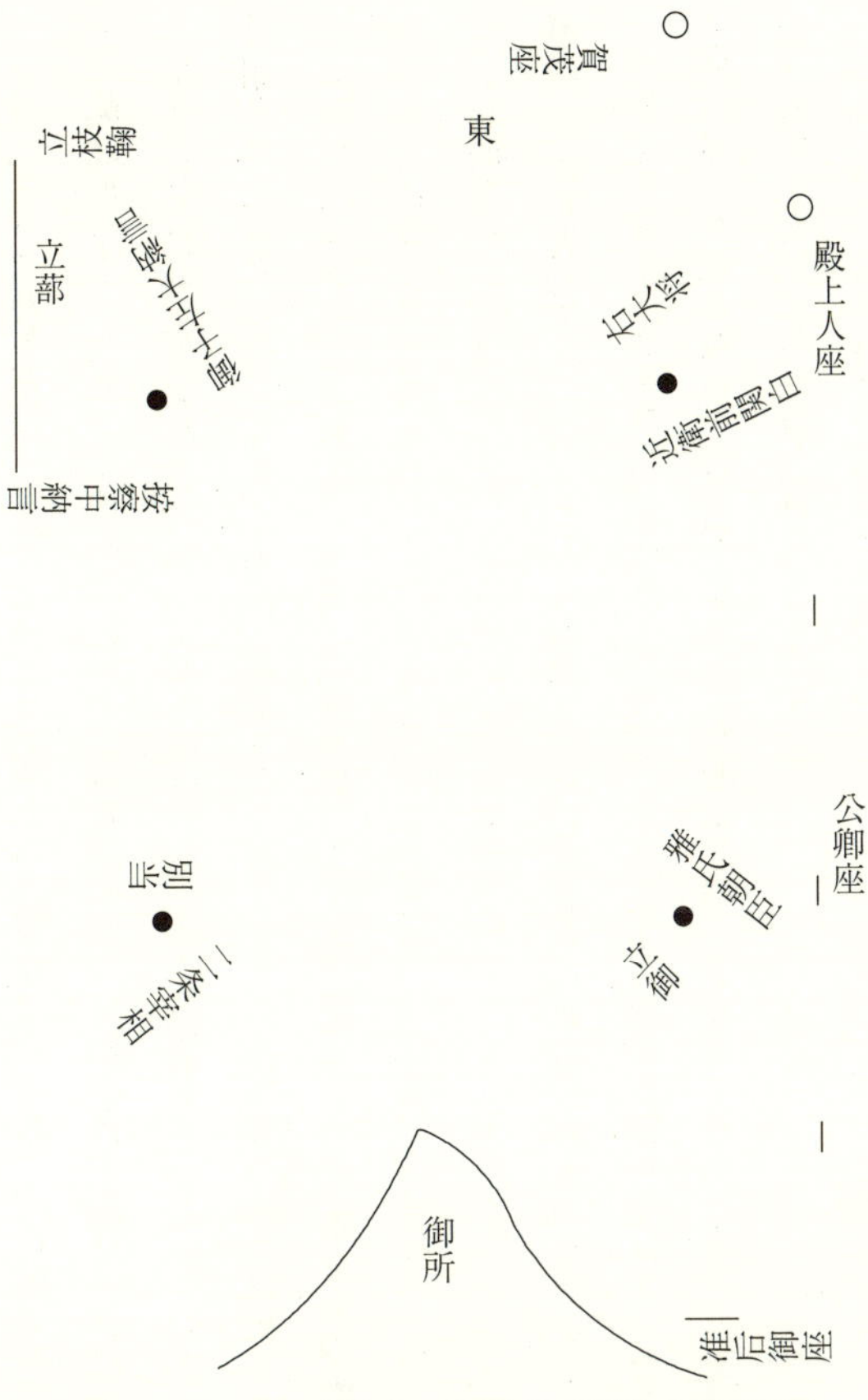

図表2-2　①の蹴鞠会の鞠場指図（『雅氏朝臣記』）

雅氏朝臣、為衡朝臣、資衡等也、賀茂輩七八人被召之、（中略）今日見証座砌下敷畳一帖東西南北行准后被候、又同帖北面東上一列敷之、前右大臣以下公卿数輩着座、見物余以下鞠足座之後也、

『愚管記』に「主上御座西向縁に御座を敷く、砌下座に出御有り」とみえ、③④⑤の蹴鞠会の時に切板敷御座が使用されたのとは異なって、「西向（図表2―2によれば「東向」カ）縁」に御座が敷かれ、鞠庭にも「砌下座」が設えられたように記されている点。見証を勤める人の座のうち、二条良基の座が、砌の下に南北行（割注に「東西」とあるのは「東面（東の方角を向いて座る）」と思われる）に特別に設けられている点（他の見証の人の座は、『愚管記』に、「北面東上（この見証の座の部分については東が上座）」で、「余以下鞠足座の後なり」と記されている）。『愚管記』の記事に、「余右大将等座一列」とみえる通り、足利義満が近衛道嗣の次の座次をとっている点が、この時の座の配置の特徴である。この配置は、蹴鞠会の場で、二条良基に強い影響を受けていた公卿としての義満が、公家社会の序列に従った振る舞いを行っていることを明示していよう。また、この時の天皇の御座として、切板敷御座が明記されていない点も注意されるところである。

ところで、公卿以下が鞠場に入場し、控えの座に着座したこととの前後関係が、今一つはっきりしないが、懸では、賀茂輩（賀茂社の社人）によって露払が行われた。

先公卿着座小文畳、此間御所出御御直衣、御指貫之以前、北立蔀ニ置鞠了、蔵人修理権亮藤原永行置之、此間賀茂露払如常、（『雅氏朝臣記』）

この記事は、『北山殿行幸記』にみえる晴御鞠儀の次第に置き換えてみると、〔二の次第〕～〔一二の次第〕に相当する。しかし、記事が簡略に記されているため、その進行次第は明白でない。後述するように、『雅氏朝臣記』に「解鞠忩さる」と記されており、会の進行を急いでいる様子が察せられることからみれば、あるいは、諸儀が

同時進行したのかも知れない。

一同の鞠足が着座した後、御子左為遠が、後円融天皇の御具足を調えた。『雅氏朝臣記』に「御子左大納言御具足参勤す」とあり、割注に、「役送資衡、奉行職事、紫革縫菊八葉、御柳筥に居ゆ」とある。この記載に従えば、奉行職事である柳原資衡が、菊八葉の紋を縫い付けた紫革の韈を柳筥の上に据えて（おそらく沓も同様に柳筥の上に据えられていたのであろう）、天皇の御座の前まで持参する役送を勤め、その韈と沓で、為遠が天皇の足を調えたことがわかる。

続いて解鞠が行われた。解役を勤めたのは、飛鳥井雅氏である。

予ニハ御具足事訖ニ後、解鞠被忩之間、則可解之由右大将殿有御気色、非先規之間、暫猶予之所、重承之間、以別儀解之了、此間ニ御所立御アリ、予北立蔀ニ進於御眼路蹲踞了、御懸ノ中央也、解様如常、不及注之、（『雅氏朝臣記』）

ここに、「先規に非ず」と記されているのは、十四世紀に成立した御子左家の蹴鞠書『遊庭秘抄』[32]の解鞠事の項に、

是も当道譜代の人所役たるべし、上鞠の役よりは次の人の勤仕すべき也、

との記述がみえ、解鞠は、当道譜代の諸役であり、上鞠役に次ぐ名誉な役であるとされていたこと。そして、貞治二年（一三六三）五月十日に行われた禁裏の晴の蹴鞠会で、解役を勤めたのが、御子左為遠であることからも推察されるように、当時の晴の場における「当道譜代」といえば、まず最初に、御子左家をあげなければならぬ状況にあったことによる。つまり、飛鳥井家は、その祖雅経（一一七〇～一二二一）以来、鞠を家芸として伝えてきた一家であったことには相違ないが、当時、蹴鞠界の「公」の場にあって、必ずしも、「譜代の家」と主張しうるほどの立場にはなかったものと見なすことができる。それだけに、雅氏にしてみれば、この時、義満の命に

よって解役を勤めたことは、大変名誉なことであったであろう。飛鳥井家にとっては、このことが、十五世紀以降における、同家の蹴鞠師範家としての発展を築く端緒となる出来事になるのであった。

なお、『愚管記』によれば、「次いで、雅氏朝臣進みて、鞠を解き、懸中央に置く、御子左大納言参進候、主上御具足御沓韈以下資衡これを伝ふおわんぬ、退きて本座に復す」とあり、解鞠と天皇の御具足を調えることとの順序が、『雅氏朝臣記』が記す順序と逆に記されている。これより先、貞治二年（一三六三）五月十日に開かれた禁裏の晴の蹴鞠会では、『愚管記』に記載された順序と同様の、解鞠が終わった後に、天皇の御具足を調えるという順序で会が進行しており、その様子を記した『貞治二年御鞠記』に、

なべては御沓の役はて、後こそ御鞠をばとき侍に、このたびの様いとめずらしきにや、

とある。道嗣が、解鞠→天皇の御具足勤仕という順序で当日の様子を記した理由として考えられるのは、自らが参会して上鞠役を勤めた、この貞治二年の御鞠との次第の一致ぐらいである。しかし当日、解役を勤めた雅氏自身が、「予ニハ御具足事訖ニ後、解鞠忩さる」と記していること、「此間ニ御所立御アリ」とあり、雅氏の解鞠と、天皇の懸の木の下への立御が同時進行しているように記されていることからみれば、『雅氏朝臣記』が記すように、天皇の御具足が調えられた後に、解鞠が行われた可能性の方が高いとみてよいだろう。いずれにしても、為遠の遅参により、時間が押し詰まっていたこともあってか、『北山殿行幸記』にみえる晴御鞠儀の次第などと比べれば、会の進行が、次第にそって整然と進められていないことが看取できる。

次いで、上八人の鞠足が、上位の者から順番に懸の木の下に立った。その立様は、図表2―2に示した通りで、後円融天皇・近衛道嗣・足利義満・御子左為遠・裏松資康・日野資教・二条為重・飛鳥井雅氏の八人が懸に立っている。やはり、天皇が軒（御所の側）に立つなどの配慮はなされているものの、天皇が最も鞠を蹴り渡しやすい

正面の位置（両分図に示される正分の位置。これを向詰《むかいづめ》——向縮と表記することもある——とも呼ぶ）(33)に御子左為遠が立つなど、麗しい鞠が繋がるように鞠足の配置が工夫されている点が注意される。

八人の鞠足が懸の木の下に立つと、御子左為遠が上鞠役を勤めた。この為遠の上鞠に関して、『愚管記』は「御子左大納言上鞠一足、其作法常の如し」と記すのみであるが、『雅氏朝臣記』にみえる、為遠の上鞠に対する批判は辛辣である。

為遠卿上鞠アリ燸鞠、事之儀頗未練、奉向御所進出、取鞠上之、其躰無見所云々、結句鞠ヲ後へ蹴遣了、其後帰本座了、

近衛道嗣が、「其作法常の如し」と記しているにもかかわらず、雅氏が、「事之儀頗未練」「其躰見所無し」と記しているところに、雅氏による御子左家の当主為遠への対抗意識があらわにうかがわれる。しかし、「結句鞠ヲ後へ蹴遣わしおわんぬ」とあることをみれば、これを、為遠に対する、批判のための批判とみる必要はないだろう。というのは、後述する②の蹴鞠会の記録から、雅氏が晴の蹴鞠会に相応しい振る舞いを志向し、とりわけ上鞠の作法に意を注いでいたことが、明らかにわかるからである。とするならば、この記事は、為遠の「失態」をいわば反面教師として、以後、義満の意向をくみ取りつつ、「公」の場に適った作法を工夫することで、自家が発展していくための礎を築きあげた雅氏（後の雅縁）のしたたかさと、鞠足としての繊細さを示唆する記述として、解することができるのではあるまいか。ここでは、こう解釈しておきたい。

次いで、為遠が上鞠役を勤め、「御所に向かい奉り進出」した位置から、自分が本来立つべき位置に戻ると、あらためて、雅氏が鞠を蹴りあげ蹴鞠が開始された。

而今度之上鞠、予可沙汰之由陽明有御気色、仍上之了、（『雅氏朝臣記』）

『遊庭秘抄』の記述に従うならば、この時、雅氏が行ったのは、為遠が作法を伴う上鞠役を勤めた後に鞠を蹴りあげる「達者の後の上鞠」[34]にすぎなかった。にもかかわらず、「今度の上鞠」を近衛殿の気色により私が勤めたのだと日記に書き付けるあたり、雅氏の御子左家に対する威信のほどが察せられる[35]。

ところで、雅氏が鞠を蹴りあげ、蹴鞠が始まると、為遠がまたしても失態を起こした。

為遠卿一二足蹴テ後、沓結緒解、仍則着座了、頗比興之至極也、結緒いたく引さる故歟、二条宰相為重卿踏鞠之為口遊歟、（『雅氏朝臣記』）

すなわち、為遠が一、二度鞠を蹴った後、足に巻き付けて結い止めてあった結緒が解けてしまったため、蹴鞠が行われている最中にもかかわらず、座に帰って、それを結い直したというのである。雅氏は「まったく興ざめだ」と、その振る舞いを批判した上で、その理由を、為遠が結緒をあまり強く締めて結わなかったからか、あるいは、一族の為重が鞠を踏んでしまったため、その批判の矛先を、自らに向けさせるように仕向けた為遠による「口遊（うわさ話作り）」のためかと憶測している。やはり、為遠の晴の場における失態を伝える逸話の一つとして、雅氏による為遠への対抗意識がうかがわれる史料の一つとして、注意したい記事である。

その他には、特別なこともなく、上八人による蹴鞠は終わり、八人の鞠足は控えの座に帰座した。『雅氏朝臣記』の記事によると、「其後相触る公卿雲客次第ニこれに立つ、賀茂人同前なり」とみえ、残りの公卿・殿上人及び賀茂輩が、次第に蹴鞠を行ったことがわかる。だが、この記事だけでは、②③④の蹴鞠会のように、「中八人」の鞠足がはっきりと定められていたのかどうかは判然としない。いずれにしても、為遠の遅刻が災いして、上八人の鞠足が蹴鞠を終えた時点で、すでに秉燭《へいしょく》（夕暮れ時）におよんでいたことから（『雅氏朝臣記』）、蹴鞠はほどなく終わったものと思われる。

その後、『北山殿行幸記』にみえる晴御鞠儀の〔二〇の次第〕～〔二三の次第〕に相当する記録が『雅氏朝臣記』にはみえず、『愚管記』に「事おわんぬ、入御、余以下退出す」との記述がみえるのみである。やはり、『北山殿行幸記』に記される③の蹴鞠会などよりは、崩れた進行で、会は終わったのかもしれない。

なお当日、鞠足および見証の公卿が着用した装束は、『雅氏朝臣記』にみえる散状《さんじょう》（列記した名前の書付）の写しによれば次の通りであった（後円融天皇の装束が、御直衣・御指貫、紫革縫菊八葉韈であったことは、先に八六・八七頁で引用した、『雅氏朝臣記』の記述にみえる）。

【①の蹴鞠会の参会者と装束】

近衛前関白（道嗣）……直衣・無文燻革韈（四九歳）
右大将（足利義満）……老懸・直衣・紫革有文、伏組、御所より被下（権大納言・二四歳）
御子左大納言（為遠）……直衣・無文燻革・花田指貫（四〇歳）
按察中納言（裏松資康）……直衣・錦革（三四歳）（拙）
別当（日野資教）……直衣・錦革・老懸（権中納言・二六歳）
二条宰相（為重）……衣冠・有文紫革（五七歳）（纂）
園前宰相（基光）……直衣・錦革
持明院三位（保冬）……直衣・錦革（五五歳）（纂）
冷泉三位（業家）……衣冠・藍白地
　殿上人
雅氏朝臣（飛鳥井）……老懸・直衣・錦革（二四歳）（拙）

為衡朝臣（御子左）……老懸・練貫直衣・藍白地
資衡（柳原）……老懸・束帯・藍白地（一八歳）（拙）
橘知季……老懸・練貫韈・結緒白革
賀茂
高久……衣冠・錦革
豊久……衣冠・藍白地、嗣久、量久、男平、重直、家久（嗣久以下、装束、衣冠・藍白地）
鴨
裕里…衣冠・有文紫革
見証
准后（二条良基）……香直衣・花田指貫（前関白・准三宮・六二歳）
前右大臣（西園寺実俊）……直衣（四七歳）（拙）
帥（三条実音）……直衣（権大納言・六〇歳）
洞院大納言（公定）……直衣（四二歳）
花山院中納言（通定）……直衣（一六歳）（纂）
侍従中納言（三条西公時）……直衣（四三歳）
万里小路中納言（嗣房）……直衣（四一歳）
藤中納言（四辻季顕）……直衣

［注］ 年齢の典拠は、原則として『公卿補任』による。『公卿補任』で不詳の場合は、『諸家知譜拙記』（拙）・『系図纂要』

（纂）の没年年齢から逆算して示した。なお、未詳の人物もいる。以下、②〜⑤の蹴鞠会についても同様に示す。

この散状の記載から、鞠足の装束が直衣・衣冠・束帯のいずれかであること（これは、以下②〜⑤の蹴鞠会においても同じである）、足利義満・飛鳥井雅氏をはじめ、若年の鞠足のうちの数名が、老懸《おいかけ》をつけて蹴鞠を行っていること、また、この日参会した鞠足は、無文燻革・有文紫革・錦革・藍白地等の韈のいずれかを着用していることなどがわかる。このうち、韈に関しては、十四世紀に成立した『遊庭秘抄』に、韈の階梯とその着用資格について、次のように記されているから、それと比較すれば、各々の鞠足の蹴鞠界における地位を、おおよそうかがうことができる。

『遊庭秘抄』にみえる韈の階梯とその着用資格

㋑無文燻革……抑奥義の色は無文の燻革也、以之長者色といふ、当道譜代の人、或御年たけさせ給ふ仙洞、又は上足の摂籙臣、さりぬべき大臣ならでは不可着用之、（中略）四十以後預勅定はく韈也、御所々々の此長者色めさるゝも、道の宗匠に仰合されて被召之、

㋺無文紫革……是より次の色は無文紫革也、是はいたく臣下のはき侍事なきにや、燻革の色までをよばせたまはぬ御所様のめさる色などにてや侍らむ、

㋩有文紫革……是は殊勝の色にて綸旨院宣を下されてはく色なり、随分の韈也、おぼろげにて不可着之、

㋥紫白地……又紫白地も常事也、ゑのぐにて絵にかく、是又子細なし、

㋭錦　革……禁色と号してはなやかにうつくしくめでたき色也、同勅裁を給て用之、

㋬有文燻革……これは勅裁まではなし、一流の宗匠のはからひにて、我門弟のさりぬべき器用ならん人に是をゆるす韈也、武家の輩或童形以下僧法師など、公宴にいたくのぞみならん人には、師匠の命にて着用し侍ら

ん、尤可然事也、

ⓣ藍　革……藍革韈と云色あり、師匠にしたがふしたうづのかたを申請てはくべき也、白革か花色に絵をかきても用也、はじぞめ小桜などをも藍革の内也、

この『遊庭秘抄』にみえる韈の階梯とその着用資格を参照しつつ、①の蹴鞠会で鞠足が着用した韈からうかがえる、蹴鞠界における地位についてその特徴を示せば、以下の二点が留意されよう。「奥儀の色」である無文熕革は、「上足の摂籙臣」である近衛道嗣、「当道譜代」の御子左為遠が着用し、足利義満はそれに準ずる有文紫革を着用しており、義満が公家社会のみならず、蹴鞠の世界においても、未だ最高位に準ずる地位にあったこと。飛鳥井雅氏が、殿上人でただ一人、錦革の韈を着用しており、蹴鞠界における地位を次第に高めてきたことがうかがわれることの二点である。とりもなおさず、義満や雅氏の、この後の蹴鞠界における活躍と、当時、蹴鞠界における中心勢力であった御子左家の衰退を暗示するような蹴鞠会であった。と同時に、御子左為遠の遅刻、そして、義満・雅氏がともに二十四歳であり、未だ二人が蹴鞠会の演出を行いうるような立場になかったこともあって、挙行形態からみれば、やや崩れている観の否めない蹴鞠会であったということができよう。

(2)応永二年の鞠会

次に、応永二年（一三九五）三月二十九日に開かれた禁裏晴の蹴鞠始の挙行形態の特徴をみていくことにしたい。この時の天皇は後小松天皇であり、足利義満が参会している。その義満は、この時三十八歳、太政大臣である。永徳行幸のさい、義満の上位にあった近衛道嗣が嘉慶元年（一三八七）三月に薨じて、義満は公家社会における最上位に立った。またすでに、前年の十二月十七日、征夷大将軍を辞しており、この年正月七日に行われた任太政

大臣に伴う拝賀の儀では、儀式に参列する廷臣の進退を「院拝礼」に倣わせ、以後、自身の礼遇を上皇に準えさせた。そして、六月二十日には出家を遂げ、自らを法皇に擬すべく歩み始める[36]。この晴の蹴鞠始をはじめ、明徳三年（一三九二）十一月三日に催された御笙始、同四年二月二十七日に行われた詩歌御会始、応永二年（一三九五）六月十八日に開かれた舞御覧といった一連の禁裏の行事は、いずれも、義満によって「申沙汰」された行事であり[37]、この時点において、義満が公武の権力を広範に掌握していたことをうかがわせる。

飛鳥井家の人物で、この蹴鞠会に参会したのは、雅縁（もとの雅氏）であった。『公卿補任』によれば、

応永四年十二月十九日、任参議。右衛門督如元。

とあるから、雅縁は、この蹴鞠会が行われた二年後に、公卿に列したことがわかる。義満との関係は、例えば、明徳二年（一三九一）に春日社詣の供をするなど、ますます親密の度を深めているようである。

一方、御子左（二条）家からは、為重の子である為右がこの会に参仕している。井上宗雄氏によれば、為右は、応永六年頃までは、歌会に参仕し時に題者となったが、それ以降の事蹟が不明になるという。そして、『蔗軒日録』文明十八年（一四八六）五月八日条に、

二条家人為右、詣石山推《ママ》故鹿苑相公誅之、至此二条家断絶矣、

とみえることから、「恐らく七年頃に為右は、義満の忌避にあって誅殺され、二条家は断絶したのであろう。（二条家は）為右の死によって歌道師範家としての存在に終止符を打ったものとみてよい」とされる[38]。とすれば、蹴鞠界においても、この蹴鞠会への為右参仕が、二条家の人物が「公」の場で光芒を放った最後の機会であったとみて差し支えないであろう。

こうした背後状況を踏まえつつ、次に、蹴鞠会の挙行形態について『迎陽記』によってみていくことにしたい。

蹴鞠会は、東向小御所前の庭で行われた。鞠場には、松四本の切立《きりたて》（根を切って幹から上の部分のみを植えた懸の木。根の付いた本木に対する用語[39]）が植えられ、一面に猫掻（天子土踏まずとして禁裏の鞠場に敷かれた筵）が敷き詰められた。「賀茂より同じくこれを調進す、一昨日皆掃除す、切立等沙汰せられ其場を調えおわんぬ」（『迎陽記』）との記事がみえるから、切立や猫掻は、賀茂社から調進されたものであり、かねて、鞠場の準備が調えられていたことがわかる。

　この日は、蹴鞠会に先立ち一献があった。足利義満が、「早参」したからである。しばらくすると、人々も参集し、定刻に、義満、鞠足の公卿・殿上人、見証の公卿が、それぞれ懸の回りに設えられた座に着座して、蹴鞠会は開始された。続いて、天皇も、鞠場に出御した。

　剋限人々着座、室町殿泉殿北方ヨリ御出有、御着座、見証公卿等自南方着座、主上出御御直衣、薄色御指貫、窠霰、御韈有文紫皮、二条太閤令候御簾給、（『迎陽記』）

　この記事から、公家社会の最上位に立った足利義満の鞠場への登場が、①の蹴鞠会の時とは異なって、「御出有、御着座」と記されており、蹴鞠会の場における、義満の貴人としての性格が強くなったこと。また、『北山殿行幸記』にみえる晴御鞠儀の次第とは異なり、露払が行われる前に、見証の公卿を含めて、参会者一同が着座をすませており、天皇も出御していることなどがわかる。一同の入場→露払というこの進行次第は、参会者一同が鞠場で露払をみることになるから、会の中における露払の重要性が、③④の蹴鞠会よりは、大きかったとみることができよう（③④の蹴鞠会では、露払→一同の入場という順序）。

　露払は、賀茂輩八人によって行われた。露払の開始に先立ち、懸の中央に鞠を置く役を勤めたのは、蔵人橘知典であった。この後、記事は、知典が、松の枝に白鞠と燻鞠をそれぞれ上下に結び付けた枝鞠を、門前の立蔀に寄せ立てかけ、解鞠にそなえる内容へと続くから、露払の鞠はほどなく終わったものと思われる。

次に、会は、解鞠へ移った。この時、解役を勤めたのは、御子左（二条）為右である。

次為右朝臣取鞠枝、進懸奉向御所方、解鞠白、倚立枝於巽角懸、取鞠、進懸中置之、退取枝倚立々部、復座、（『迎陽記』）

①〜⑤の他の蹴鞠会では、解役が枝鞠から解いたのは、いずれも燻鞠であったのに対し、この会では、白鞠を解いたこと（従って、蹴鞠では白鞠を使用した）。為右は、巽角の懸の木の下で白鞠を解いた後に、巽の懸の木に、枝鞠（依然として、燻鞠が枝に付いている）を寄せ立てかける所作をし、あらためて、地面に置いてあった白鞠を持って、それを懸の中央に置いたこと。そして、その後、（巽の懸の木に寄せ立てかけてあった）燻鞠の付いた枝鞠を持参して、もとの立蔀の所まで参進し、そこに寄せ立てかけた後、控えの座に帰ったことなどがわかる。[40]

ところが、同じ為右が、後小松天皇の召しによって、天皇の御前に韈と沓を持参し[41]、天皇の足を調える役を勤めた時に問題が生じた。この時の作法を、飛鳥井雅縁が論難したのである。

㋑調御足之時於御座上可調之所、有御起、於切下板乍立調申之云々、無先規之由雅縁朝臣難之歟、如何、（『迎陽記』）

㋺御所調御沓之時、猫搔之上令起給調之、此条又雅縁朝臣申様、於御座上、被懸御尻可調申也、道失之由難申、為右朝臣陳曰、其子細雖申入、無御座之間、乍御起調申之由申之云々、（同右）

史料㋑㋺によれば、雅縁による論難は、為右が天皇の御具足を調える時、天皇が「切下板」から降り、猫搔の上に立ちあがった姿勢で、これを行った点に向けられていたことがわかる。雅縁は、天皇の御具足を調える時には、「天皇が御座に御尻を懸けて、座ったままの姿勢で行うべきだ」と主張したのである。これに対して、為右は、

「座ったままの姿勢で足を調えるのが慣例であることは、(天皇へ)申し入れましたが、「御座が無」かったので、お立ちになられた状態で御足を調え申しあげたのです」と返答したという。ここにいう、「御座無し」とは、㋑の史料に「切下板」とのみ記されていることから想像逞しく推測すると、簀子を切り下げて使用した板の上に、正規の畳(繧繝端あるいは高麗端)が敷かれていなかったことを示しているのかもしれない。いずれにしても、沓・韈を天皇が立ったままの姿勢で調えることは、晴の場に相応しい振る舞いを志向する雅縁の目には、「道を失う」作法と映じたのであろう。㋑の史料にみえる「先規無し」という記述の真偽は未だ確認できないが、雅縁の批判の意図するところは、明白に伝わってこよう。(42)

続いて、鞠場では、上八人の鞠足が上位者から順に、懸の木の下へ向かった。この時の鞠足は、後小松天皇・足利義満・日野資教・園基光・柳原資衡・裏松重光・飛鳥井雅縁・御子左為右の八人である。しかし、懸の木の下における八人の配置は、『迎陽記』に図が示されていないので、不明である。

次いで、鞠足が懸の木の下に立つと、飛鳥井雅縁が上鞠役を勤めた。

雅縁朝臣依天気上鞠、進出膝行取鞠起、引退進一足揚、其高身ノタケヨリヒキシ、目ノタケヨリシタ也、無続、(『迎陽記』)

この記述によると、雅縁が、懸中央に置かれた鞠に歩みよる時、膝行《しっこう》(足を曲げ、膝を地面——この場合は猫掻——にこすりつけながら進むこと)したとある。これに対して、今度は為右が、

上鞠之時、雅縁朝臣膝行取鞠、此条為右朝臣更無膝行之儀之間難之、(『迎陽記』)

と批判した。為右がこうした作法の相違をとりあげ、あくまで、自家の流儀の正当性を主張しようとしているところに両者の対抗意識がはっきりうかがえるが、同時に注意されるのは、雅縁の蹴りあげた上鞠の高さが、割注に「身ノタケヨリヒキシ、目ノタケヨリシタ也」と厳密に記されている点である。このことは、上鞠を蹴りあげ

る高さが、「公宴」蹴鞠会において、重大な関心事となっていたことを示しているのみならず、雅縁の上鞠が、緊張感あふれるものであったことをも示唆しているのであろう。永徳行幸のさいに行われた晴の蹴鞠会（①の蹴鞠会）で、御子左為遠が行った上鞠を「其躰見所無し」と辛辣に批判した雅縁であってみれば、膝行にしても、上鞠を蹴りあげる高さにしても、晴の場に相応しい振る舞いを志向していたことは想像に難くないだろう。(43) 義満による厚遇を背景に、天皇の意向によって上鞠を勤めた雅縁の面目躍如をうかがわせる事例であるとともに、雅縁の鞠足としてのきめ細かさを伝える上鞠の作法であった。

雅縁が上鞠役を勤めた後、柳原資衡が鞠を蹴りあげ、上八人の鞠足が蹴鞠を行った。ほどなく、上八人が蹴鞠を終え帰座すると、次の八人の鞠足が懸の木の下に立った（二座）。柳原資衡・日野西資国・中山満親・持明院基親・二条為右・土御門資家・烏丸豊光・東坊城長頼の八人である。このうち、柳原資衡と二条為右は、上八人の鞠足としてすでに、一座で蹴った人物である。しかし当日、蹴鞠会に参会した公卿・殿上人の鞠足が、合わせて十三人であり、天皇を含めて十四人となるから、二座執り行うために必要な十六人には二人足りない。その分の埋め合わせをこの二人の鞠足がしたのであろう。

ところが、この八人の鞠足で蹴鞠を行おうとしたところ、最初に鞠を蹴りあげた人物の鞠が、次に処理しにくい鞠であったからであろうか、なかなか続かなかった。

此時上鞠長頼也、不続之、満親朝臣上之、又不続、藤中納言上之、又不続、三度如此、希代事也、（『迎陽記』）

「希代事」とあるから、このようなことは、よほど珍しい出来事であったのであろう。

次いで、この八人の鞠足が復座した後、またメンバーを入れ替えて蹴鞠を行った。

及両度了、賀茂輩堪能者、豊久・重家・男平被召了、（『迎陽記』）

と記事がみえ、その後、もう二座蹴鞠が行われ、適宜、それに賀茂輩も加わったことがわかる。計四座行った後、蹴鞠は終わった。以下、『北山殿行幸記』にみえる晴御鞠儀の〔一〇の次第〕~〔一三の次第〕に相当するものは『迎陽記』にはみえない。

以上、②の蹴鞠会の挙行形態についてみてきた。とりわけ、飛鳥井雅縁と御子左為右による、相手の作法に対する論難が際立つ蹴鞠会であったが、両家が、蹴鞠界における覇権をめぐって強い対抗意識をもっていたことは、次の記事からも推察することができる。

此御人数資家・豊光両人者雅縁朝臣門弟分云々、自余御子左方也、（『迎陽記』）

当日の参会者の内の大半は、御子左家の門弟であり、飛鳥井家の門弟はごく僅かにすぎなかったことが、この記述からわかるのである。「天気」によって、上鞠役に指名され、それを勤仕した雅縁ではあったが、この段階では、御子左家と蹴鞠界における覇権をめぐって激しいライバル関係にあったとみてよいだろう。

以下、当日の参会者の装束を、『迎陽記』によって示すが、他の殿上人は、藍白地の韈を着用しているにもかかわらず、殿上人の中で、雅縁と為右の二人のみが、突出した階梯の有文紫革の韈を着用していることからも（『遊庭秘抄』にみえる韈の階梯とその着用資格を参照）、両者の関係がうかがわれるのである。

【②の蹴鞠会の参会者と装束】

公卿

室町殿（足利義満）……御直衣・燻皮（三八歳）

日野大納言（資教）……直衣・有文紫皮（四〇歳）

園前中納言（基光）……直衣・錦皮・琵琶冠懸

藤中納言（柳原資衡）……直衣・錦皮・青組冠懸不二条様、聊相替、（三二歳）（拙）
左衛門督（裏松重光）……直衣・青鈍指貫・組冠懸・錦皮（二六歳）
右大弁宰相（日野西資国）……直衣・青鈍指貫・組冠懸・錦皮（三一歳）
　殿上人
雅縁朝臣（飛鳥井）……直衣・有文紫皮・組冠懸（三八歳）（拙）
満親朝臣（中山）……直衣・藍白地・組冠懸（二五歳）
基親朝臣（持明院）……衣冠・藍白地・紙捻冠懸
為右朝臣（御子左）……直衣・有文紫皮
資家（土御門）……束帯・藍白地韈・紙捻冠懸（二五歳）
豊光（烏丸）……直衣・藍白地韈・組冠懸（一八歳）
菅原長頼（東坊城）……束帯・藍白地韈・紙捻冠懸
　賀茂輩
豊久…十骨扇、嗣久、員久、家久、重久、重家、音平、兼久、重基（皆衣冠）
　見証座
二条太閤（師嗣）……直衣下結（四〇歳）
万里小路大納言（嗣房）……直衣下結（五五歳）
勘解由小路大納言（広橋仲光）……記載なし
尹大納言……記載なし

総じていえば、朝幕の信任を得、晴の場に相応しい振る舞いへの志向を明示した、飛鳥井雅縁の蹴鞠界における躍進と、それに対抗すべく、「公」の場で、最後の光芒を放った御子左為右の威信がうかがわれる蹴鞠会であったということができよう。

(3)応永十五年の鞠会

次に、応永十五年(一四〇八)三月十七日、後小松天皇による足利義満の北山第行幸にさいして行われた晴の蹴鞠会の挙行形態についてみていくことにしよう。

足利義満が、応永二年(一三九五)六月、出家を遂げた後に、自らを法皇に擬すべく諸儀振舞ったことは、よく知られるところである。[44] 翌三年九月に挙行された延暦寺大講堂供養、応永六年三月に催された興福寺金堂供養、同年九月に行われた相国寺七重大塔供養は、義満の私的な法会でありながら、いずれも、朝廷の御斎会(正月八日から七日間、禁裏に衆僧を召して斎食を設け、国家安寧・五穀豊穣の祈願をした法会)に準ぜられ、それらの法会に臨む義満の出所進退は、歴代の法皇を擬したものであった。例えば、応永六年九月の相国寺大塔供養における義満の出仕は、「室町殿御出仕、亀山法皇御跡を模さると云々、」と『寺門事条々聞書』に記されており、亀山法皇の跡を模したものであったことがわかる。[45]

こうした、自らを法皇化しようとする義満の意向を最も端的に示しているのが、北山第を造営し、そこを仙洞御所に擬すことであった。北山第造営にかかる立柱上棟は、応永四年(一三九七)四月十六日に行われ、翌年四月には一応の竣工をみ、義満は、応永六年二月~三月頃から北山第に常住した。そして、従来、室町第で催されていた五壇法をはじめとする諸種の修法を、北山第で行うようになり、応永八年二月十七日には、前年から将軍義持が、幕府の評定始を施行するようになったのをうけて、北山第で沙汰始を実施し、実質上の政務を、室町第から北山第へ移した。また、応永十三年（一四〇六）十二月二十七日に後小松天皇の生母である通陽門院が崩ずると、自らの妻である日野康子を天皇の准母とし、翌十四年三月には、義満の意向により、准后康子に北山院の院号が宣下された。

このように、応永十五年（一四〇八）三月八日の後小松天皇による足利義満の北山第行幸は、当年五十一歳になる足利義満に、国家を動かしうる権力が集中した時期に行われた催しであった。この時、後小松天皇の北山第における滞在は、後円融天皇の永徳行幸を大きく上回る二十日間におよび、その間、以下のような、さまざまな行事が行われた(46)。

八　日　行幸
九　日　雨のため舞御覧延引、内々御遊、御破籠風流
十　日　前日の雨が残り舞御覧延引、東西二所の座敷に献上物が置かれ、義満よりの贈物が女房たちや公卿殿上人へ贈られる、奥会所で猿楽道阿弥の舞、義嗣が御前で太平楽を奏し、天皇の所望により青海波・千秋楽を奏す
十一日　雨が続き和歌御会延引、内々連歌
十二日　なお晴れず御遊、御破籠風流、夕方にいたり天皇が北山第内の北山院、崇賢門院に行幸
十三日　悪日にて内々一献
十四日　快晴となり舞御覧（興福寺一乗院大乗院より舞童を召し、大衆五百人が参向、主上が笙、伏見宮栄仁親王が琵琶、義満と義嗣が笙の演奏）

十五日　夜に入って崇賢門院へ行幸、猿楽を御覧
十六日　内々御宴
十七日　晴の蹴鞠会
十八日　内々蹴鞠
十九日　内々御楽
廿　日　三船御会
廿一日　連歌会
廿二日　崇賢門院に行幸、終夜猿楽
廿三日　和歌御会
廿四日　御乗船、西馬場逍遥、夜に入り早歌
廿五日　内々蹴鞠
廿六日　内々御宴
廿七日　夜に入り白拍子舞を御覧
廿八日　還御

これら一連の行事を通じて、最も顕著な特徴は、義満の計らいによる愛子義嗣（十五歳）の活躍ぶりであった。これを機会に、義嗣は、行幸中の三月二十四日に、左馬頭・正五位に任じられ、天皇還御の二十八日に、任従四位下、翌日、義満に伴われて参内した折りには、任左近衛中将と累進を重ねている。そして四月二十五日には、内裏において、親王の儀に準じて元服し、義満の後継者であることを世に明示した。しかし翌五月六日、義満が

北山第で急逝したことは周知の通りである。

こうした背景の下、義満の死の二ヵ月前に開かれた、この北山第行幸にさいした晴の蹴鞠会に、いかにその権力が反映されているかという点を中心に、以下、その特質についてみていきたい。

この③の蹴鞠会の進行次第は、先に第二節で述べたので繰り返さない（七五頁以下参照）。ここでは、第二節で示した、『北山殿行幸記』にみえる晴御鞠儀の次第や、鞠場に設えられた座の配置、参会者の装束などからうかがわれる、この蹴鞠会の特徴について言及しておきたい。

まず、『北山殿行幸記』にみえる晴御鞠儀の次第で注意されるのは、〔七・八の次第〕や〔二二の次第〕など、義満・義嗣父子の鞠場への入場や鞠場からの退出が、他の公卿とは別の、特別の次第として行われている点である。このことは、図表2―1（七八頁）にみられる座の配置、及び『北山殿行幸記』に次のように記されていることから明らかなように、

其儀御殿南面七ヶ間垂御簾、妻戸間簀子一間切下之、敷繧繝畳為御座、南面南庭東砌敷繧繝端畳東西行、為主人御座、其東敷大文畳東西行、為若公御座、其東折南敷小文畳南北行、為大臣座、対立蔀前敷小文畳数帖西上南面、為公卿座、其末座敷紫端畳為殿上人座、東屏中門南腋敷円座南上西面、為賀茂輩座、南庭西砌敷小文畳数帖北上東面、為見証座、

義満・義嗣の座が、大臣の座より上座に、しかも、天皇の御座と同様、東西行に設けられていることと対応する（なお、『北山殿行幸記』の記載によれば、この時、義満は、天皇と同じ繧繝畳に座ったと記されているが、図表2―1には大文――大紋高麗縁の畳のことと思われる――と記されている）。とりわけ、未だ十五歳にすぎず、この晴の蹴鞠会が行われる直前の三月四日に、従五位下に任じられたばかりの義嗣が、大臣の座より上位に座していることは、公家社会の序列を超越した、義満―義嗣父子の権力を端的に示しているといえよう。

図表2―比較図として示した図は、『実躬卿記』正安四年（一三〇二）二月十一日、大覚寺統の亀山法皇・後宇多上皇・後二条天皇がともに臨席して仙洞で行われた蹴鞠会の様子を記した配置図である[47]。これをみると、亀山法皇を中央に、右に後宇多上皇、左に後二条天皇が座っている。図表2―1をみてみると、なるほど、義満を中央に、右に後小松天皇、左に義嗣が座っているとみなすこともでき、先に述べた、相国寺大塔供養における出仕など、義満が、亀山法皇の跡を模した振る舞いを他にも行っていることを想起するならば、あるいは、自らを法

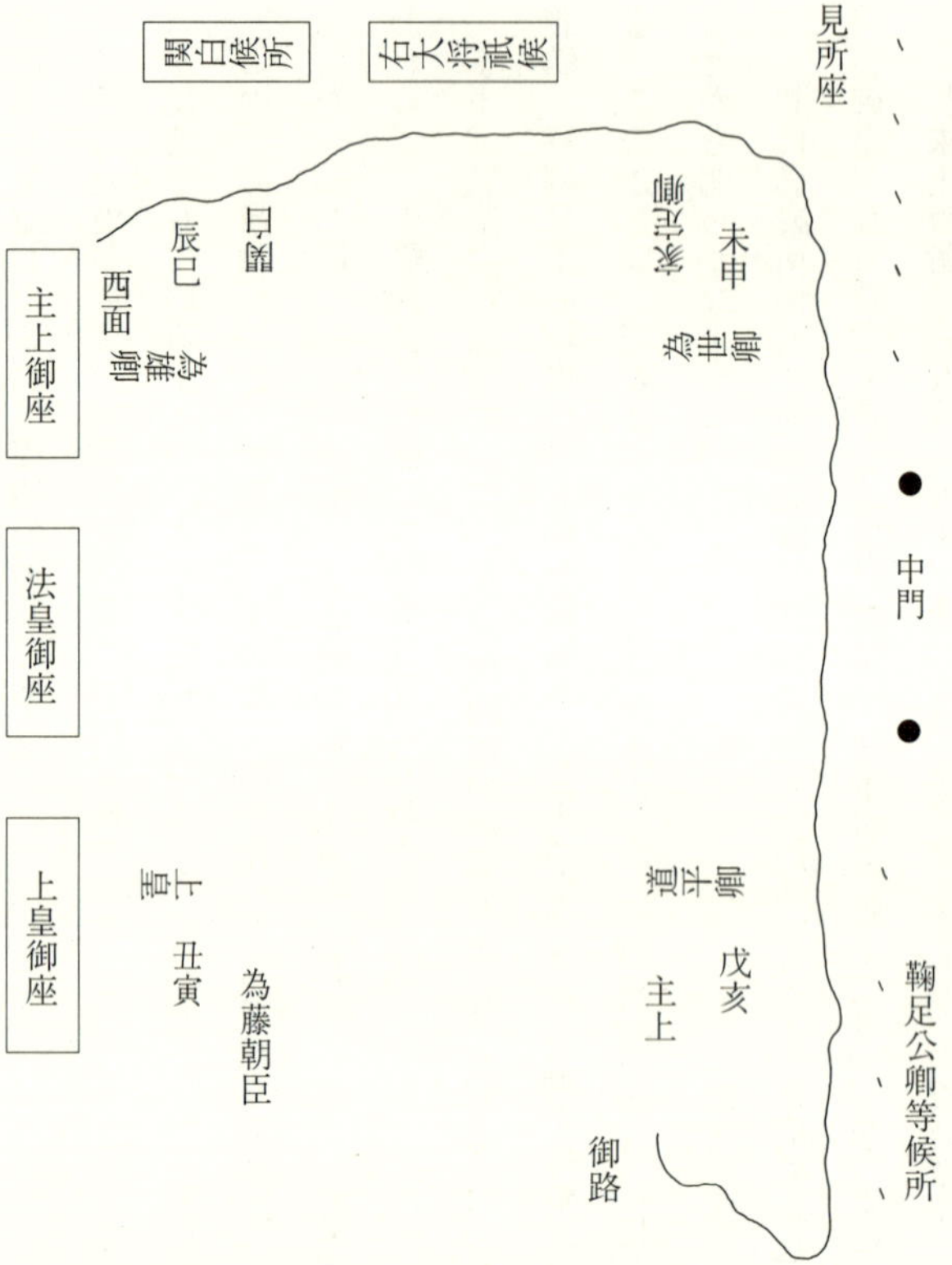

図表2-比較図　御宇多院仙洞御所蹴鞠会の鞠場指図（『実躬卿記』正安4年2月11日条）

皇と擬した義満が、義満→後小松天皇→義嗣と皇位が継承されていくことを、[48]暗にほのめかそうとしたことをこの座の配置は示しているのかも知れない。

しかし、図表2―1にみる通り、義満・義嗣の座は、天皇の御座の真横に並べて設えられているのではなく、「東砌」に敷かれていること、天皇の御座のみが切板敷御座であったということからみれば、少なくとも、この場で、あからさまにそれを示しているのではない、ということも同時に留意されよう。いずれにしても、義満の権力が、こうした場にも反映されていることは、注意される点である。

同様に、そのことは、『北山殿行幸記』にみえる晴御鞠儀の次第から明らかなように、義満が上鞠役〔一六の次第〕、義嗣が天皇の御具足を足に調える役〔一三の次第〕を勤めたことからもうかがえる。再三にわたって触れてきたように、これらの諸役は、晴の蹴鞠会で、鞠を家芸として伝えてきた家の人物が、それを勤仕することによって、当代の蹴鞠界における自家の権威をあらわす重要な役回りとなっていた。そのため、自家の流儀の正当性を主張する必要から、役を勤仕するときの作法が、しばしば議論の的となり、①の蹴鞠会で、飛鳥井雅氏（雅縁）が御子左為遠の上鞠の作法について論難し、②の蹴鞠会で、雅縁と御子左為右とが、互いに相手の作法を論難しあったことについては、既述した通りである（八九・九七～九九頁参照）。このように、いわば、蹴鞠界における、権威の最高峰ともいうべき諸役を、義満・義嗣父子が勤めたことは、彼らこそが、蹴鞠という技芸の場にあっても、最高の権威であるということを明示する意味合いをもった。無論、これは、彼らの技量と年功に対して与えられた権威の披露というよりも、義満が行った演出であったといった方がよい。とりわけ、義嗣が天皇の御具足役を勤めたことは、義満の演出とみて相違ないであろう。[49]しかし、いかなる経緯があるにせよ、義満が自らの権力を、技芸の世界にまでおよぼし、その最高峰の権威を獲得するにおよんでいる点は、あらためて注意されてよい点である。

以下、『祐雅記』によって、当日の参会者の装束等を掲出するが、これをみても、義満が、「奥儀の色」である無文熏革の韈を着用していること、また十五歳の義嗣が、摂関家の近衛忠嗣や二条満基らと同様の有文紫革の韈を着用していることから、やはり、蹴鞠界における彼らの地位の高さが、端的にうかがえるのである（なお、後小松天皇が着用した装束は、御直衣・薄色指貫であったが、韈に関しては諸記録にその記載がみえない）。

【③の蹴鞠会の参会者と装束】

公卿

北山殿（足利義満）……御袈帯・無文熏革・御上鞠（五一歳）

若公（足利義嗣）……御直衣・有文紫革・御具足御勤仕（一五歳）（纂）

左大臣（近衛忠嗣）……有文紫革（二六歳）

内大臣（二条満基）……直衣・有文紫革（二六歳）

日野大納言（裏松重光）……有文紫革（三九歳）

花山院大納言（忠定）……錦革（三〇歳）

飛鳥井中納言入道（宋雅）……青鈍色指貫・無文熏革（五一歳）（拙）

藤中納言（土御門資家）……直衣・錦革（三八歳）

中山宰相（満親）……錦革（三八歳）

殿上人

豊光朝臣（烏丸）……衣冠・青鈍指貫織色・錦革（三一歳）

基親朝臣（持明院）……衣冠・懸緌老懸・藍白地
長遠朝臣（東坊城）……衣冠・藍白地（四四歳）
宗敦朝臣（難波）……衣冠・懸緌老懸・藍白地
隆光朝臣（武者小路）……青鈍織色指貫・藍白地（二二歳）
雅清朝臣（飛鳥井）……直衣・懸緌老懸・錦革（一九歳）
菅原長政（東坊城）……束帯・藍白地
　賀茂輩
重家縣主……衣冠・錦革・結緒紫革
夏平縣主……藍白地、兼久、重基、助久、重久、仲久（兼久以下、皆衣冠・藍白地）
常員……白鈍色指貫・有文紫革・着別座
　見証座
関白（一条経嗣）……直衣下結・御簾役（五一歳）
西園寺大納言（実永）……直衣下結（三二歳）
洞院大納言（実信）……直衣下結
帥中納言（広橋兼宣）……直衣下結（四三歳）
別当（万里小路豊房）……直衣下結

このように、応永行幸における蹴鞠会は、義満・義嗣の存在がひときわ目立つ会ではあった。しかし、同時に、『北山殿行幸記』にみえる晴御鞠儀の〔一四の次第〕に「譜代殿上人」と記されていることは、注意を喚起したい点である。ここにいう「譜代殿上人」とは、当年、十九歳になる飛鳥井中将雅清（後の雅世）のこと。義満の死後、その死を悼んで、

宋雅としひさしくつかへたてまつる事、をろかなる身ながらも、和歌のみちにしたがひ、蹴鞠の場にともなひたてまつるのみならず、あるひハ宸宴公務の時にしたがひ、あるひハ神事法会のおりにふれて、過ごしかたの事どもかず〳〵にしるしのべんとすれバ、涙のみすゝみて筆をそむるにをよびがたし、

と『鹿苑院殿をいためる辞』[50]に書き記した飛鳥井宋雅（俗名雅氏・雅縁）の息子にあたる。ここで特に留意されるのは、解役を勤める人物の資格が、先に引用した『遊庭秘抄』の解鞠の項では、「上鞠の役よりは次の人の勤仕すべき也」と記されていたのが、この蹴鞠会では、「譜代殿上人」の役へと変化している点である。おそらく、こうした資格の変化の典拠は、①の蹴鞠会で飛鳥井雅氏が、②の蹴鞠会で御子左為右がそれぞれ解役を勤め、彼らがともに殿上人であったことなどの先例にあったものと推測されるが、飛鳥井家にしてみれば、これは大変大きな意味を有する変化であった。というのは、これ以降、④と⑤の蹴鞠会で、「譜代殿上人」である飛鳥井雅親（④の蹴鞠会）、そして飛鳥井雅康（⑤の蹴鞠会）がそれぞれ解役を勤め、上鞠役・天皇の御具足を調える「御具足役」とともに、飛鳥井家の人物がこれらの諸役を独占するにいたる契機となったからである。

この応永十五年の行幸にさいした晴の蹴鞠会では、上鞠役を義満が、天皇の御具足を調える役を義嗣がそれぞれ勤めたため、雅清が解役を勤めたことは、宋雅が無文熏革の韈を着用していることと同様、蹴鞠界における飛鳥井家の権威をあらわす証となった。上鞠役・御具足役を義満・義嗣父子が勤めただけに、残る解役を、「譜代殿上人」の役として雅清が勤めたことは、飛鳥井家にとって、まさに、眉目の至りであったに相違ないだろう。飛鳥井家にしてみれば、「雅経卿の一流のみ、いやましにさかえ侍る」[51]という状況に、また一歩近づいた観の強い

蹴鞠会であったといえよう。

③の蹴鞠会は、①②の蹴鞠会に比べ、進行次第が整然と整備されて行われ、天皇の御座に「切板敷御座」が使用されるなど、「儀礼的」性格が強まった蹴鞠会であった。先に註(43)で引用した、『鹿苑院殿をいためる辞』の中の「おほかた此たび、みちの厳儀をつくされ」という記述に従えば、③の蹴鞠会にみられる演出は、足利義満の意向によるものであったことがわかる。義満は、「厳儀」を尽くし、蹴鞠会をより「儀礼的」に行うことで、義満―義嗣父子が、公家社会の序列を超越した存在であることを、座の設え方や鞠場への登場の仕方で示し、そして、彼らが、蹴鞠という技芸の世界においても、最高峰の権威であることを、上鞠役・天皇の御具足役を勤仕することで、際立たせて表現したのであろう。「厳儀」を尽くして行われた、この蹴鞠会の挙行形態は、「公宴」蹴鞠会の「おほやけごとにもいたくおとらぬ」(『享徳二年晴之御鞠記』)という性格をより強める契機となったのである。

なお、難波少将宗敦なる人物が、この蹴鞠会に参会しており、翌十八日の内々の蹴鞠会では、上鞠役を勤めている。付記しておきたい点である。(52)

(4)永享九年の鞠会

次に、永享九年(一四三七)十月二十五日に開かれた、後花園天皇による足利義教の室町第への行幸にさいして行われた晴の蹴鞠会の挙行形態について述べていくことにしよう。

足利義教といえば、公家・武家に武力的な弾圧を加え、「万人恐怖」の世を現出した将軍としてのイメージが付きまといがちである。しかし、川嶋將生氏が作成された「足利義教にみる先例一覧」によると、義教が義持の後継者に定められた正長元年（一四二八）正月から、赤松満祐によって暗殺された嘉吉元年（一四四一）六月まで、永享七・八年を除く毎年、義満の先例に従う行事が設定されており、それが、当時室町幕府の年中行事であった、連歌会や和歌会など文芸の場にもおよんでいることがわかる。[53] このことから、幕府に反抗的な態度をとる者に対して、徹底的な弾圧を加える一方、既成の権威に依存し、そうした権威的諸要素を自らに取り込むことによって、幕府の権力基盤の確立を図ろうとした、義教の政治的手法や性向がはっきりうかがわれよう。

④の蹴鞠会が行われた、永享九年十月の後花園天皇による室町第行幸も、そうした義教による、義満の先例に依拠した行事の一つであり、永徳元年の後円融天皇による義満の室町第行幸を先例とし、これに倣って、義教が幕府の「公」的性格を顕示しようとした催しであったものと推測される。というのは、二十一日の行幸から二十六日の還御にいたるまで、永徳行幸と同じ六日間の日程で行われており、また、その間催された、二十二日の舞御覧幷和歌御会、二十三日の舞御覧、二十四日の常の御所における御破籠、二十五日の晴の蹴鞠会、夜に入り三船御会、二十六日の御会所及び新しき会所における一献、夜に入り送物之儀、御家の賞といった諸行事も、[54] 永徳度のそれと、ほぼ同様の行事だからである。後述するように、二十五日に行われた晴の蹴鞠会においても、鞠場に敷かれた座の設えなどに、永徳度の先例を用いていることなどからみれば、永享行幸が、永徳行幸における先例を少なからず模倣して挙行された行事であったとみることは差し支えないだろう。

ところで、この永享行幸が行われた永享九年といえば、足利義教の発意によって編纂事業が計画され、飛鳥井雅世が撰者となって、最後の勅撰和歌集となった『新続古今集』が撰集されていた時期にあたる。父雅縁が足利義満に厚遇をうけたことを背景として、雅世が、義教に、時に叱責を受けつつも、概して、厚遇をうけたのは周知のことであるが、[55] 永享三年二月、翌年三月の伊勢参宮と九月の駿河富士下向などの、義教の遠行にさいする雅世の供奉、永享三年六月二十五日の雅世邸当座会における義教の来臨は、雅世の義教への追従ぶりと、義教による雅世への扶持を端的に伝える事例といえよう。永享五年八月、義教が、『新続古今集』の撰者として、和歌所の宗匠である冷泉為之を措いて、雅世を単独で指名したのも、そうした両者の緊密な関係を背景とする出来事であった。この永享九年の行幸にさいして開催された和歌御会においても、雅世が、天皇の御製講師を勤め（御製読師は足利義教であった）、後述するように、晴の蹴鞠会において、上鞠役、天皇の御具足を調える役を行っていることからみれば、彼が「公」の歌鞠活動の指導的立場にあったことは、疑いのないところである。

以下、こうした背後状況が、④の蹴鞠会に、いかに反映されているかという点を中心に、『永享九年十月廿一日行幸記』によりながら、『薩戒記』及び『永享九年十月廿五日行幸御鞠日記』（以下『行幸御鞠日記』と略称）を参照して、その挙行形態について具体的にみていくことにしたい。

この日の蹴鞠会は、四本松の懸の木が植えられた西向の御懸で行われた。会は、申の刻（午後四時頃）に開始され、まず義教が後花園天皇の御座する簾中に参じ、そこで酒が一献振る舞われた。この時、伏見殿の南御方（貞成親王の夫人、後花園天皇の母、庭田経有の女）および関白二条持基も簾中に参じた。

この間、懸では露払が行われた。露払を勤めたのは賀茂輩のみであり、露払で使用する鞠を鞠場に持参し、懸の中央に置いたのは蔵人源為治であった。

露払が終わり賀茂輩が退出すると、鞠足の公卿・殿上人が、西の屏中門から鞠場へ入場し、鞠場に設えられた控えの座に着座した。この時の座の設えは、図表2—3に示した通り、北方の対の屋の前に、小紋畳の座を東上南面に数枚敷いて（『薩戒記』には五枚と記されているが、図表2—3では四枚描かれている）鞠足公卿の座とし、その末に、円座を五六枚敷いて（『薩戒記』による、図表2—3では五枚）鞠足殿上人の座とした。殿上人の座に、円座を用いたのは「永徳例」であった（『薩戒記』）。また、賀茂輩の座は、西の壁の下に、北上東面に設えられた。
公卿・殿上人以下の鞠足が着座したのち、見証の公卿による鞠場への参進と控えの座への着座があった。まず、見証の座に着座する公卿のうち、官位が最高位である関白二条持基が西の屏中門から鞠場に入場し、その後、左大臣足利義教が中門南の上戸から出御して見証の座に着いた〔補注〕。その様子が、『薩戒記』に次のように記されている。なお、〔 〕は筆者註である。

次見証公卿着座、関白入西屏中門着□□（欠字）、〔主脱カ〕人自東方土戸令出御於土戸内永豊朝臣献御沓、着関白以下給此間令動座、次前

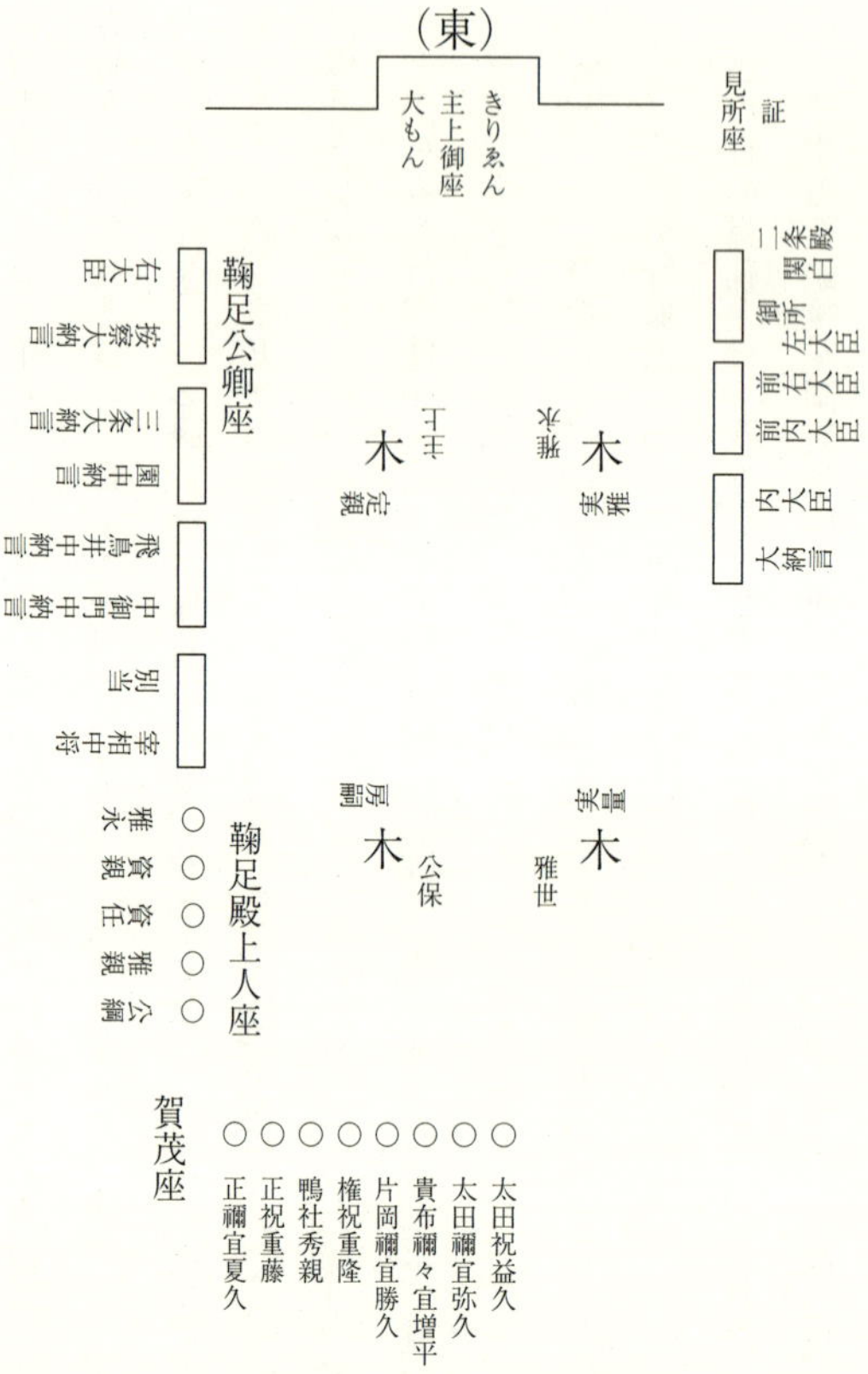

図表2－3　④の蹴鞠会の鞠場指図（『永享九年十月廿五日行幸御鞠日記』）

右府・大炊御門前内府・殿大納言以上直衣下結、浅沓、等入中門着座、

義教が、持基の後に鞠場に登場した点では、公家社会の序列に従った参進といえるが、義教の鞠場への参進は西の屏中門から行われず（『永享九年十月廿一日行幸記』では「中門南の上戸より」、『薩戒記』では「自東方土戸」とそれぞれ記されている）、他の参会者とは異なる「出御」であったこと。また、持基を含めて、すでに鞠場に入場していた人々が、一同座から離れて義教に礼容を示し、義教が着座した後に、一同が座に座るという振る舞いをとったことから[56]、やはり、義教の室町殿としての特別な立場が、蹴鞠会の場に反映されているとみるべきであろう。

なお、『薩戒記』には、「西屏中門を開き、見証幷鞠足参入路と為す、此所に於いて武家輩等見物す」との記述がみえ、武家輩が、直接的には、会に参会せず、屏中門を開いて、鞠足・見証の鞠場への参入路とした場所で見物していたことがわかる。「公宴」蹴鞠会が、「公家」の会であったことを示す具体的な記述の一つとして注意したい。

次いで、三条公冬以下、見証を勤める残りの公卿が着座すると、五辻重仲が、二足の鞠を結び付けた紅葉の小枝を持参し、鞠足公卿の座の前を通って、北の対の屋垣に寄せかけ、解鞠にそなえた。これに関連して、例えば、②の蹴鞠会と比較してみると、②の蹴鞠会では、露払のさいに、最初に鞠を鞠場に持参し、懸の中央に置く役と、解鞠に備えるため、小枝に結び付けられた鞠を門前の立蔀に寄せ立てかける役をいずれも橘知典が行っているが、この永享の蹴鞠会では、前者に相当する役を源為治が、後者に相当する役を五辻重仲が勤めており、別々の人物が行っていることがわかる。

重仲が退出すると、後花園天皇が切板敷御座に出御した。『薩戒記』によれば、この時の切板敷御座について、「御座須らく繧繝か、然而永徳例に任せ、高礼を用いおわんぬ」と割注に記されており、永徳行幸において、天皇

の御座に使用した、高麗縁《べり》の畳を使用したことがわかる。なお天皇出御にさいし、御簾を上に掲げる役を勤めたのは、関白二条持基であった。そして、この時やはり、室町殿の出御の時と同様、公卿以下、鞠場に着座していた人々一同が、座から離れ、天皇へ礼容を示した。

次に、飛鳥井雅世が、天皇の御具足を調える役を勤めた。この時、御具足を柳筥の上に据え、天皇の御前まで持参したのは烏丸資任であった。『薩戒記』によれば、割注に「此間雅永朝臣雅親朝臣等動座す」とあり、弟の雅永と息子の雅親が、雅世に対して、礼容を示したことがわかる。

本論からは、いささかそれるが、具足を足に調えることに関連して、『行幸御鞠日記』に次のような記述がみえる。

ゆいおにてあしをゆうやう、沓のしたよりとりてあしのこうにて一むすひして、左ねちに三ねちして、なかき方をそとのつふゝしの方へまわして、うちのつふゝしの方へまわして、うちのつふゝしにて一むすひして、又かたわなにむすひて、すえをとりあわせて、うらとうらとをあわせて下より上へかう也、(中略)今度行幸御鞠の人数、かのゆいおの次第一人も存ちの人なし、乍去夏久存ちの間これを面々におすゆる也、

この記述によれば、当日の参会者の中で、韈と沓を履いた上に、結緒を足に巻き付けて結い止める方法を知っていたのは、記者の賀茂夏久のみだったという。とするならば、飛鳥井雅世は、天皇の御具足を調える時、夏久に習ったやり方で行ったのであろうか。雅世といえば、③の蹴鞠会で、「譜代殿上人」として解役を勤めたほどの人物であり、飛鳥井家の当主として、必ずや蹴鞠の故実についても熟知していたはずである。にもかかわらず、「かのゆいおの次第一人も存ちの人なし」と夏久が記していることに、その表現を直接受け取ってよいのか否か疑念は残る。しかし、のちに述べる通り、雅世が、当年四十八歳であったにもかかわらず、「奥儀の色」である無

文燻革の韈に達せず、当日、有文紫革の韈を着用していること、また、雅世の上鞠の作法を、やはり夏久が批判していることを併せて考えるならば、故実の存知という面も含め、雅世の蹴鞠界の指導者としての力量に、そうした批判を許しうるような不足があったことを、この記述は暗に示唆しているのかもしれない。少なくとも、賀茂社の社家の人々が、永享期において、晴の場で故実を「面々におすゆる」ことができるほどの、有力な蹴鞠故実の保有者であったことは、この史料からはっきりうかがえよう。

雅世が天皇の御具足を調えた後、息子の雅親が解鞠を行った。この時の作法を、『行幸御鞠日記』は次のように記している。

次ニ彼枝付たる鞠を雅親とりて、御かゝりのもとへよる、西ひつしさるの方にて内裏御所へむきまいらせて、下なるふすへ鞠をとく、二そく付、上はしろし、かのときたる鞠を御かゝりの中におく也、其間かの枝おは御かゝりの松によせたてかけておく也、其後彼枝をとりてもとのさい所□（欠字）屋かきによせかけておく也、

雅親が、燻鞠を解いた後、白鞠が付いたままの枝鞠を、坤の松の木に寄せ立てかけ、その後に改めて、燻鞠を懸の中央に置く所作など、より詳細な解鞠の作法がこの記述からわかる。なお、理由は不明ながら、『行幸御鞠日記』が、他の記録とは異なり、解鞠→天皇の御具足勤仕という順序で進行の次第を記していることを付記しておきたい。

解鞠が終わると、天皇が、蹴鞠を行うため、切板敷御座を立ち、懸の木の下へ向かって参進した。この時、参会者一同が、再び座を離れ、天皇に礼容を示した。天皇は、図表2—3にみえるように、艮の内側（『永享九年十月廿一日行幸記』では、軒に近い方を内側、軒から遠い方を外側と記している。以下、これに従って叙述していく）に立った。天皇が、懸の木の下に立つと、天皇に礼容を示していた参会者一同は着座した。次いで、右大臣近衛房嗣が参進

し、乾の木の内側に立った。以下、図表2―3の通り、按察大納言三条西公保が乾の木の外側に、三条大納言実量が坤の木の内側に、飛鳥井中納言雅世が坤の外側に、正親町三条実雅（中納言）が巽の木の外側に、中山宰相中将定親が艮の木の外側に、飛鳥井朝臣雅永が巽の木の内側にそれぞれ立った。『薩戒記』によれば、この時の次第について、「依召次第立懸本（但実非召、兼所被■(ママ)定仰也、）」とあり、天皇の意向により、兼ねて八人の鞠足が選定され、鞠足が立つ配置が定められていたことがうかがえる。先に註(22)で引用した蹴鞠伝授書の「公宴などにハ、勅定として御さだめあらん事、沙汰に及ばず」という記述に対応する実例として注意したい点である。いずれにしても、懸の木の下への参進は、原則として、官位による公家社会の序列によって行われるが、懸の木の下における鞠足八人の配置は、技量と身分・年齢を勘案しつつ、鞠が繋がるような配置が工夫されている点を再確認しておきたい。

上八人の鞠足が懸の木の下に立つと、次いで、飛鳥井雅世が上鞠役を勤めた。『行幸御鞠日記』は、その作法について、

雅世上鞠□□(欠字)次第もろひさをつき、鞠を取てあがり、五足しりそき、又三足すゝみて一そくけておとす、

と記している。また同記には、無論、表沙汰にした相論ではないが、

今度中納言雅世上鞠時、座よりもまへゐ下て、扇を左の袖よりくわいちうして、ふところにさすやうに見ゆ、其後かゝりに立也、又上鞠こしたけまてもあからすおつ、あまりに少鞠也、これふしんか、又五足しりそく、ふしん、

という賀茂夏久による批判が記されている。上鞠を蹴りあげる高さやその作法が、「公宴」蹴鞠会における重大な関心事になっていることは先に述べた。それだけに、「上鞠こしたけまでもあがらずおつ、あまりに少鞠也」と記された雅世の上鞠は、参会者の目に、おそらく蹴り損じと映ったことであろう。足利義教によって、いかに厚

遇をうけていた雅世にしても、こうした晴の場にあって、絶えず、それに相応しい振る舞いを行うことが要求されていたのである。やはり、この上鞠の事例からみても、四八歳にして、無文燻革に到達していない雅世の技量が気にかかる。

雅世によって、上鞠の作法が行われた後、あらためて、正親町三条実雅が鞠を蹴りあげ蹴鞠が行われた。しばらくして、天皇が切板敷御座に帰座し、他の七人の鞠足も控えの座に戻った。次いで、二度目の蹴鞠（二座）が、園基秀・中御門宗継・日野資親・烏丸資任・飛鳥井雅親・三条公綱・賀茂夏久・賀茂重藤らによって行われた。二度目は、天皇による御立はなかった。三度目の蹴鞠（三座）には、また御立があった。飛鳥井雅世・正親町三条実雅・中山定親・飛鳥井雅永・飛鳥井雅親・鴨秀親・賀茂重隆らが蹴鞠を行った。

日没後、蹴鞠は終わり、天皇は簾中へ入御した。この時、御簾役を勤めたのは、出御の時と同様、関白二条持基であった。また、参会者一同が座を離れ、天皇へ礼容を示したのも、出御の時と同様であった。

天皇が入御した後、鞠足、見証の人々が退出して蹴鞠会は終わった。

以上、④の蹴鞠会の挙行形態について、具体的にみてきた。天皇の御座に使用した畳や鞠足殿上人の座に「永徳度」の先例が用いられるなど、①の蹴鞠会で使用された要素を適宜用いて、会は執り行われたが、蹴鞠会の進行次第に注目してみると、むしろ、③の蹴鞠会と同様、より整った次第で、整然と会が進められていることがわかる。これに関連して、④の蹴鞠会の様子を記した諸記録に特徴的なのが、足利義教や天皇が鞠場へ出御した時に、一同が「動座」して礼容を示したこと、天皇が懸の木の下に立った時に、一同が礼容を示したこと、飛鳥井雅世が御具足役を勤める時に、弟の雅永と息子の雅親が礼容を示したことなど、貴人の所作に対して参会者の示した礼容が、はっきり記されている点である。①〜③の蹴鞠会の様子を記した諸記録に、これらの記述がみられない理由は判然としないが（註56参照）、④の蹴鞠会の様子を記した諸記録に、再三にわたって、貴人の所作に対する礼容について記載されていることは、④の蹴鞠会において、そうした作法が重視されていたことを示しているとみて差し支えないだろう。こうした点からみれば、この永享段階においても、蓄積された先例の取捨選択を行いつつ、「公家鞠」の「儀礼的」性格は、より強まっているとみることもできよう。

なお、当日の参会者の装束は、以下の通りであった（後花園天皇の装束は、『永享九年十月廿一日行幸記』によれば、御直衣・紅の御うち衣・窠霰の紋が付いた紫の御指貫・菊八葉の縫物の紋がある紫皮の御韈であった）。

【④の蹴鞠会の参会者と装束】

鞠足之公卿

右大臣（近衛房嗣）……紫組冠懸・有文紫革韈（三六歳）
按察大納言（三条西公保）……錦革韈（四〇歳）
三条大納言（実量）……藍白地韈（二三歳）
園中納言（基秀）……藍白地韈（六九歳）
飛鳥井中納言（雅世）……紫組冠懸・有文紫革韈（四八歳）
中御門中納言（松木宗継）……藍白地韈（三八歳）
別当（正親町三条実雅）……青鈍冠懸・錦革韈（二九歳）
中山宰相中将（定親）……藍白地韈（三七歳）

殿上人

雅永朝臣（飛鳥井）……紫組冠懸・錦革韈

資親朝臣（日野）……紫組冠懸・藍白地韈
資任（烏丸）……藍白地韈（二一歳）
雅親（飛鳥井）……紫組冠懸・錦革韈（二二歳）
公綱（三条）……藍白地韈
　賀茂輩
夏久縣主、重藤縣主、重隆、増平、勝久、弥久、益久、
　鴨
秀親、
　　韈皆藍白地也
　見証公卿
関白（二条持基）……（四八歳）
室町殿（足利義教）……御直衣黄紅葉の二重織物の御衣御紋紅葉・薄色の指貫御紋立湧雲（四四歳）
前右大臣（三条公冬）……（四七歳）
大炊御門前内大臣（信宗）……（四七歳）
内大臣（鷹司房平）……（二六歳）
殿大納言（二条持通）……（二六歳）

鞠足が着用している韈の階梯からうかがわれる特徴について言及しておくと、以下の二点が留意されよう。まず、有文紫革の韈を着用しているのが、摂関家の人物である近衛房嗣とともに飛鳥井雅世のみであること、また、

公卿である三条実量・園基秀・松木宗継・中山定親らが、藍白地を着用しているにもかかわらず、飛鳥井雅永と飛鳥井雅親が、殿上人でありながら、それより格上の錦革を着用していることである。このことは、蹴鞠界における飛鳥井家の権威の向上を、はっきりうかがわせる事例といえよう。

にもかかわらず、四八歳になる雅世が、未だ、無文熏革の韈まで到達していない点が、第二に注意したいことである。先に述べた通り、「韈の程品」は、鞠足の技量・身分・年齢を勘案して着用すべき韈を定めた階梯であった。とすれば、雅世がこの段階で「奥儀の色」である無文熏革に達していない理由として考えられるのは、技量の不足である。雅世は鞠の名手雅縁の子として、また飛鳥井家の当主として、相応の力量は身につけていたであろうが、「蹴鞠界の権威」にふさわしい技量には到達していなかったのではないだろうか。それだけに、父雅縁の時代における御子左家のような強力な競争相手が、公家社会にいなかったという蹴鞠界の状況や、何より、義教による厚遇をうけて、『新続古今集』の撰者に単独で指名されるなど、歌壇におけるその顕著な活躍が、「歌鞠」双方の技芸活動の指導的立場にあった飛鳥井家の家門繁栄に寄与したところ大であったものと思われる。こうした点からみれば、この段階の、蹴鞠界における飛鳥井家の地位は、義教による保護によって支えられていた面が大きかったということができよう。

(5)享徳二年の鞠会

次に、享徳二年(一四五三)三月二十七日に開かれた禁裏晴の蹴鞠会の挙行形態についてみていくことにしたい。この蹴鞠会に参会した天皇は後花園天皇であり、室町将軍は足利義政が参会している。

ところで、嘉吉元年(一四四一)六月、足利義教が赤松満祐に暗殺されると、八歳の義勝がその家督を継ぎ、同三年七月、その義勝もわずか十歳にして病死すると、同じく八歳の義成（後の義政）が、その跡を継ぐこととなった。従って、嘉吉の乱後十数年間は、幼少の室町殿が続くこととなり、公家社会に対する幕府の干渉なり発言権は、相対的に弱まることとなった。

この⑤の蹴鞠会が開催された享徳二年三月においても、足利義政は権大納言・十八歳（『公卿補任』は十九歳と記す）。数ヵ月後の六月に、ようやく、その名を、後花園天皇から与えられた義成から、義政へと改めた時期にあたっている。ここで、あらためて、「公宴」蹴鞠会が開催された各時点における、室町殿と天皇との年齢の関係について注目してみると以下の通りである。

①（永徳元年）　足利義満・二十四歳
　　　　　　　後円融天皇・二十四歳
②（応永二年）　足利義満・三十八歳
　　　　　　　後小松天皇・十　九歳
③（応永十五年）　足利義満・五十一歳
　　　　　　　後小松天皇・三十二歳
④（永享九年）　足利義教・四十四歳
　　　　　　　後花園天皇・十　九歳
⑤（享徳二年）　足利義政・十　八歳
　　　　　　　後花園天皇・三十五歳

①の蹴鞠会の時点においてこそ、室町殿と天皇は同年齢であったが、その後、長年にわたって、室町殿が年長

である時期が続き、⑤の蹴鞠会の時点において、その立場が初めて逆転していることがわかる。[57] こうした、年齢からみた、両者の立場の逆転が、蹴鞠会の場にいかに反映されているのか注意したい点である。

ところで、第一節で引用した『享徳二年晴之御鞠記』の記述にみえる通り、この享徳の時点において、蹴鞠界における飛鳥井雅親の名声、並びに飛鳥井家の権威は定着している観がある。それは、この享徳二年の蹴鞠会で、雅親が上鞠役・天皇の御具足を調える役を勤め、また弟の雅康が解役を行っており、④の蹴鞠会に引き続き、これらの諸役を飛鳥井家の人物が独占していることからも端的にうかがわれる。さらに、この年十月に行われた仙洞御会始にさいし、雅親が、老練の下冷泉持為を措いて、題者・御製講師を勤めていることからみれば、[58] 幕府・朝廷による信任を背景に、飛鳥井家の人物が「公」の歌鞠活動の中心的役割を果たしていたことは明白であろう。「今はかの一家にとどまりて、かたをならぶる人も侍らねば、たかきもひききもその庭訓をうけずといふことなし」（『享徳二年晴之御鞠記』）と一条兼良の目に映じた状況の出現も、この段階では、朝幕の信任を背景に、「公」の場において示される同家の権威によるところが大きかったのではなかろうか。[59] このような、「公」の歌鞠活動における活躍は、公家社会における飛鳥井家の地位の向上にもつながり、雅親は、寛正七年（一四六六）二月、同家の人物として、初めて大納言に任じられている。[60]

こうした背後状況を踏まえ、次に、『享徳二年晴之御鞠記』によりながら、適宜、『綱光公記』の記述を援用しつつ、この蹴鞠会の挙行形態についてみていくことにしよう。

蹴鞠会は、乾の方角に楓、艮・巽・坤の方角に松が植えられた（図表2―4参照）、「にしのへい中門のうち、議定所のまへ」の鞠庭で行われた。当日、参会者が参集したのは、「ひつじくだるほど（午後三時前）」のことであった（『享徳二年晴之御鞠記』）。しばらくして、足利義政が西の御門（『綱光公記』には唐門とある）より参内し、直ちに、勾当内侍の局（図表2―4によれば、勾当御局は直廬――内裏の大臣・納言や摂関の詰所――であった）に立ち寄った。次いで、義政は天皇の御前に参内した。『綱光公記』に、

　頃之室町殿御参常御所、有一献、親王御方同御参、良久室町殿御退出、渡御直廬、

とみえることから、常御所で、伏見宮貞常親王（後花園天皇の弟）を交えて一献があり、その後、義政は御前から退出し、再び直廬に渡御したことがわかる。

やがて、蹴鞠を行うため、鞠足の人々が沓・韈を履き、結緒を足に巻き付けて結い止め、鞠を蹴る準備を調えた。『綱光公記』によれば、

　鞠足公卿殿上人、殿上西方停立、此間主上簾中出御云々、

とみえ、鞠足の公卿・殿上人が具足を調え、殿上西方に佇《たたず》んで会の進行を待っている間に、天皇が簾中に姿をあらわしたようである。

次いで、賀茂輩九人が鞠場に入場して円座に着し（『綱光公記』）、続いて、鞠足の公卿・殿上人が鞠場へ入場して、控えの座に着座した。座の設えは、図表2―4に明らかであり、また『享徳二年晴之御鞠記』には、次のように記されている。

　みぎわの北のかた、南上西面に小紋の畳二でふをしきて、親王大臣の座とす、東上南面におなじきたゝみをしきならべて、納言以下のまり足の座とす、そのすゑ北上に紫端畳をしきて、殿上人の座とす、又南のかたに東を上に小文《ママ》をしきてけんそう公卿の座とす、そのすゑに円座九まいをしきてかも人の座とす、

この時、義政は、伏見宮貞常親王・関白近衛房嗣・内大臣一条教房が着座した南上西面の親王・大臣座ではなく、東上南面に設えられた、納言以下の鞠足の座の最上位に座った。図表2―4の座の配置によってみると、義

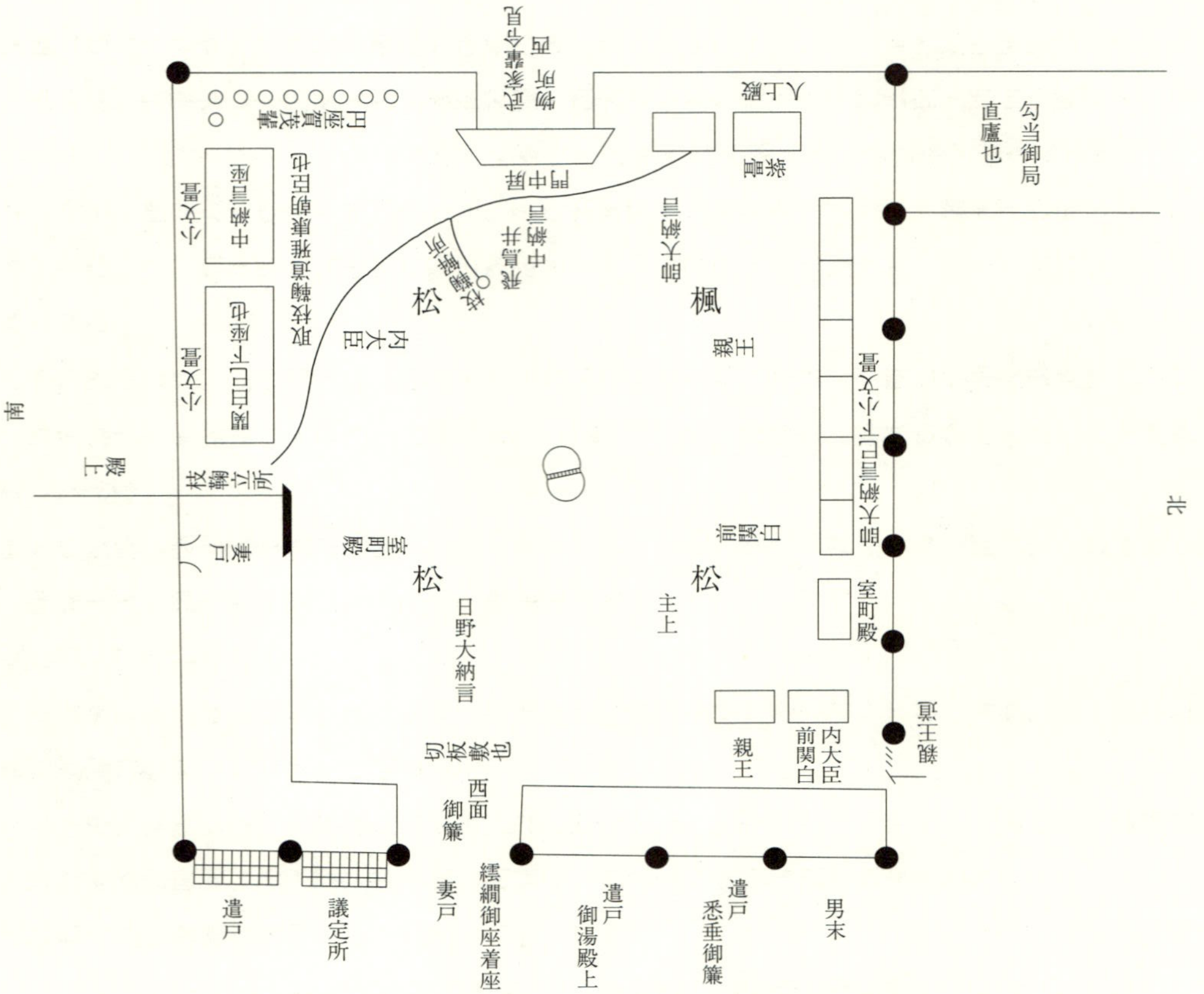

図表2－4　⑤の蹴鞠会の鞠場指図（『綱光公記』）

政の座は、正親町三条実雅以下の座とは、少し間隔をあけて設えられており、一応は、納言以下の鞠足の座の中で、その独立性をあらわしていると言いうる。しかし、義政が、近衛房嗣・一条教房に続く納言以下の鞠足の座に座っているということは、公家社会の官位の序列に従った座次をとっていることを示しているものとみてよい。

『綱光公記』が、

> 次親王御方自北方御着座南上西面、次前関白内大臣等入屛中門着座給南上西面、親王次畳、次室町殿御着座東上南面、次帥大納言以下次第着座東上南面、帥大納言、大納言殿次畳着也、次教国朝臣、永継朝臣、雅康朝臣等着紫畳北上、東面

と記しており、貞常親王の鞠場への登場が、「北方より」特別に行われているのに対して（図表2―4の傍らに「親王道」と記されていることも注意したい）、義政が、近衛房嗣や一条教房の後に、他の鞠足と同じく屛中門から入場していることは、蹴鞠会の場における天皇に次ぐ貴人が、義政ではなく貞常親王であることを示しており、そのことを一層明示しているのである。弱冠二十歳にも満たぬ義政の蹴鞠会の場におけるこうした振る舞いを、応永十五年三月に開かれた③の蹴鞠会で、義満・義嗣父子が、他の鞠足とは別の次第で特別に出御し、天皇と同じ東西行に、大臣座より上座に設えられた座に着座したことと比較するならば（図表2―1参照）、応永十五年段階と、この享徳二年段階における、室町殿と公家社会との勢力関係の相違は、こうした鞠場への入場や座の設えにも端的にあらわれているといえよう。

なお、細川勝元をはじめとする武家の人々は、この日、屛中門の外で見物しており、蹴鞠会には直接参会していなかったことが、『享徳二年晴之御鞠記』の次の記事からわかる。

> 中門の外には管領右京大夫勝元、いしいしの人々などひざをまじへて見たてまつる、

やはり、「公宴」蹴鞠会は、「公家」の会であったといってよいのである。

鞠足の公卿・殿上人が着座すると、蔵人橘以量が露払で使用する鞠を懸の中央に置いて退出した。続いて、賀茂輩が懸の木の下に立って露払を行った。

露払がほどなく終わると、一条兼良をはじめとする見証の人々が鞠場へ入場し、控えの座に着座した。鞠足の入場→露払→見証の人々の入場というこの蹴鞠会の進行次第は、『北山殿行幸記』にみえる晴御鞠儀の次第にみられる、露払→鞠足・見証の入場（③の蹴鞠会）という順序とも、②の蹴鞠会における、鞠足・見証の入場→露払という順序とも異なっている。

次に、五辻政仲が枝に結び付けられた鞠を持参して、南方の壁に寄せ立てかけ解鞠にそなえた。この枝鞠は、松の枝に白鞠と燻鞠が、一足ずつ結び付けられたものであった。『綱光公記』の割注によれば、「雅親卿兼ねてこれを付くる」とみえるから、この枝鞠は、飛鳥井雅親が、あらかじめ準備していたものであったことがわかる。

次いで、天皇による切板敷御座への出御があった。この時、御簾役を勤めたのは関白一条兼良であった。『享徳二年晴之御鞠記』に、

次に殿座をたゝせ給て、くつを地にぬぎをきて、いたじきのうへにのぼり給て、南のかたよりみすをかゝげ給へば、主上すなはち出させ給て御座につかせ給、

とこの時の様子が詳しく記されている[61]。

天皇が御座に着くと、勧修寺経茂が、天皇が着用する沓・韈を柳筥の中に入れて[62]、天皇の御前に持参する役送を勤め、続いて飛鳥井雅親が、この沓・韈を天皇の足に調える役を勤めた。

『享徳二年晴之御鞠記』によれば、雅親は、「御前の砌にひざまづきて、御あしをとゝのへ奉」ったという。

ところで、この時、結果的に天皇の御前に御具足を持参する役送を行ったのは勧修寺経茂であったが、役送を、

いかなる官位の人物が勤めるべきかをめぐって問題が生じた。少し長い史料ではあるが、次に『綱光公記』の当該記事を引用しよう。

抑五位職事手長可存知、六位蔵人之由頻奉行臨期申所存、六位輩又以近代儀不応所役、已時剋相移、執柄被仰云、出納等不祗候、只内々閑所御具足可持雑色男由仰含間、屏中門辺経茂御具足持参、希代為珍事、廻案六位当時五位職事不手長、不可説過分儀也、但臨期申所存条、奉行職事未練次第也、彼是眺成不幾日暮、可惜々、将又御具足雑色男持事、希代珍事也、何兼日無沙汰哉、先規非職・四位・五位持参等可勘見、貫首調御足何有之貞治二、然者六位蔵人可随所役歟、但貞治度依鞠足也、旁以今日儀未尽也、今度儀応永二年御例云々、

すなわち、この記事の趣旨は次の通りである。手長（この場合は、天皇の御具足を御前に持参する役送）は、本来、五位蔵人が勤めることになっていたが、奉行職事である勧修寺経茂が、突然その場で、六位蔵人がそれを勤仕すべき所存を申した。近時、六位蔵人はこの役を勤めていなかったので、これを行う人がなく、時刻も経過してしまっていた。そこで、関白一条兼良が、出納（蔵人所に属し文書や雑具を出し入れする役）等が祗候していないのであるならば、内々の閑所では、雑色男が御具足を持参することもある由、経茂にほのめかしたところ、経茂は（ばつの悪さを感じたのであろうか）、自ら御具足を持参する役送を勤めたというのである。

記事によれば、「今度儀応永二年御例」とあるが、先に註(20)で触れたように、②の蹴鞠会の様子を記した『迎陽記』には、天皇の御具足を鞠場に持参する役送に関する記事はみえず、御子左為右が、直接鞠場へ御具足を持参し、天皇の足を調えたように受け取れる記述の仕方をしている。従って、「応永二年御例」という主張の真偽は確かめられない。次に、「貫首調御足何有之貞治二、然者六位蔵人可随所役歟」という記述であるが、これは、「天皇の御具足を勤める人物が蔵人頭である場合には、御具足の役送を六位蔵人が勤めるべきであるのか」と解釈し

うるように、役送を行う人物が、御具足役を勤める人物に応じて決定されることがある可能性を示唆している意味で注意される。事実、③の蹴鞠会では、位階こそ従五位下にすぎなかったが、その実、大臣の座よりも上座に座り、蹴鞠会の場で特別の待遇を受けた足利義嗣が、天皇の御具足役を勤めたため、その役送を行ったのは四位の烏丸豊光であった(63)。広橋綱光が、先に引用した記事に、「先規非職・四位・五位持参等勘見すべし」と記したのも、おそらく、こうした先例が脳裏に浮かんだからであろう。しかし、この他の蹴鞠会で役送を勤めた人物をみてみると、①の蹴鞠会でも、④の蹴鞠会でも、それぞれ五位蔵人である柳原資衡と烏丸資任であった(64)。やはり、この役送は、一般的には、五位の役と認識されていたとみてよいだろう。いずれにしても、こうした役を勤める人物を、官位によって定着させようとする動きがみられることは、これに先行する先例の蓄積をうかがわせるとともに、「おほやけごとにもいたくをとらぬ」という、「公宴」蹴鞠会の性格を示している意味で、留意されてよい点である。

雅親が、天皇の御具足を調えると、次いで、弟の飛鳥井雅康が解役を勤めた。この時の次第について、『綱光公記』は、次のように記している。

雅康朝臣参進、解鞠置懸中(其儀起座、斜南行、松枝鞠下跪取之、松枝在左方、跪巽松本解落燻鞠、左手持枝以右手解之、紙捻懐中、不見其躰少目、以上肩様也、乍跪松枝寄置松木、二本立合ニ寄不可也、次取燻鞠置懸中央、取革在上、)
跪松本、取枝鞠置本所、帰着座、

図表2—4に、「取枝鞠道、雅康朝臣也」(雅康が控えの座から枝鞠を取りに行くために参進した経路)、「枝鞠立所」(五辻政仲がかねて枝鞠を寄せ立てかけておいた場所)、「枝鞠解所」(雅康が解鞠を行った場所)がそれぞれ図示されているので、それを参照しながら、この記事を読むと以下のようになろう。

まず、雅康は、控えの座を立ち、「枝鞠立所」へ向かって、斜め南の方角へ参進した。次いで、「枝鞠立所」で跪く所作をした後、枝鞠を手に取った。次いで、枝鞠を持参したまま、巽（図表2—4によれば、坤の方角。この点については、中西定典氏のご教示による）の松の木の本の、少し楓の木の側に寄った位置にあたる「枝鞠解所」に参進した。そして、その位置で枝に結び付けられた二足の鞠のうち、燻鞠を枝から解いた。この時、雅康は（地面に枝鞠を置き）左手で枝を持って、右手で鞠を解いた後、[65]鞠を枝に結び付けてあった紙捻を懐中した。また、この作法を勤める間、鞠を解く右手の側を注視せず、目を少し見やる程度であった。燻鞠を解くと、跪いたままの姿勢で、枝鞠（白鞠は依然として枝に付いたままである）を、巽（図表2—4によれば坤の方角）の松の木に寄せ立てかける所作をした。次いで、「枝鞠解所」に置いてあった燻鞠を改めて手に取り、懸中央に置いた。この時、取革（鞠のつまみのためについている短い革）を上の方へ向けて鞠を置いた。鞠を懸中央に置いた後、再び巽（図表2—4によれば坤の方角）の松の木の前に跪き、そこに寄せかけてあった枝鞠を取って、「枝鞠立所」へ参進、枝鞠を戻した後、控えの座へ帰座した。いささか煩瑣な記述となったが、おおよそ、このような次第の解鞠であったろう。

解鞠が終わると、天皇が御座を立ち、懸の木へ向かって参進し、艮の木の南に立った。この時、参会者一同が、座から離れて蹲踞し、天皇へ礼容を示した。[66]次いで、伏見宮貞常親王が乾の木の東に、近衛房嗣が艮の木の西に、一条教房が坤の木の東に、足利義政が巽の木の西に、正親町三条実雅が乾の木の南に、烏丸資任が巽の木の北に、飛鳥井雅親が天皇の「向縮《むかいづめ》」の位置である坤の木の北に、それぞれ立った（図表2—4参照）。

上八人の鞠足が、懸の木の下に立つと、続いて飛鳥井雅親が上鞠役を勤めた。雅親は、上鞠の作法を行い、一足（一蹴り）で鞠を蹴り落とした。その後、烏丸資任があらためて鞠を蹴りあげ、これを正親町三条実雅に蹴り渡して譲った。実雅は、

日比足の所労有けるに、ぢもくの執筆の膝行などにいよ々々わづらはしくて、今日の御鞠にはふちやうなり

つれど、邂逅の事なればとて、をさへてまいり給へりとぞ聞えし、(『享徳二年晴之御鞠記』)

と所労を押しての参会であったので、資任は、実雅に敬意をあらわして、鞠を蹴り渡して譲ったのであろう。その実雅が鞠を蹴りあげ、上八人の鞠足が交互に鞠を蹴って、蹴鞠の演技が始まった。しばらくして、上八人の鞠足に立ちかわって、徳大寺公有以下、残りの鞠足が次第に数人ずつ立ちに加わった。天皇も中程に御座へ帰り、日の暮れ方におよんで、また懸の木の下に立ったという。『享徳二年晴之御鞠記』に、

御まりつねよりもをそくはじめられ侍て、たび々々人々立かはり、木にも二たびまでとまり侍るを、六位蔵人さほにておとしなどせしあひだ、をのづから時もうつり侍にや、

と記されていることからみれば、一座・二座・三座と、整然と蹴鞠が行われたというよりも、適宜八人のメンバーの入れ替えをして、蹴鞠が続けられたとみた方がよいものと思われる。また、懸の木に引っ掛かって止まってしまった鞠を、鞠竿で落とす役を勤めたのが六位蔵人であることも、この記述からうかがえよう。

そうこうするうち日没となり、蹴鞠は終わった。先に御具足の役を勤めた飛鳥井雅親が、天皇の沓・韈を撤した後、一条兼良が御簾を上に掲げる役を勤め、天皇が入御した。次いで、参会者が次々に鞠場から退出した。『綱光公記』によると、この後、義政は直廬へ退出して一時休息をとったが、夜に入って再び常御所に参じ、天皇・親王らとともに、数十献の酒宴、和歌の詠進、御楽といった御遊を行ったことが記されている。結局、義政が常御所から退出したのは、暁天(明け方)のことで、直廬で湯漬以下の簡単な食事をとった後、内裏をあとにした。

なお、当日、蹴鞠会の参会者が着用した装束を、『享徳二年晴之御鞠記』の「人々装束幷韈色事」によって示すと次の通りである。

【⑤の蹴鞠会の参会者と装束】

人々装束幷韈色事

主上（後花園天皇）……御直衣・半色御指貫窠霰文・無文燻革御韈有伏組（三五歳）

式部卿宮（伏見宮貞常）……直衣・薄色指貫雲立涌文・有文紫革縫物（二九歳）

前関白（近衛房嗣）……直衣・有文紫革縫物（五二歳）

内大臣（一条教房）……衣冠・錦革（三一歳）

大納言（足利義政）……直衣・薄色指貫・有文紫革縫物菊折枝、有伏組、今度自上給之、（一九歳、実は一八歳）

帥大納言（正親町三条実雅）……直衣・有文紫革（四五歳）

徳大寺大納言（公有）……直衣・藍白地（三二歳）

日野大納言（烏丸資任）……直衣・錦革（三七歳）

今出川大納言（教季）……衣冠・錦革今度被聴之、（二九歳）

三条中納言（公綱）……直衣・錦革今度被聴之、

飛鳥井中納言（雅親）……衣冠・汗取帷・浅黄織物指貫・有文紫革織物桐唐草、有伏組、自大樹被調下之、（三八歳）

左大弁宰相（甘露寺親長）……直衣・藍白地（三〇歳）

園宰相（基有）……衣冠・藍白地（三一歳）

左衛門督（山科顕言）……衣冠・藍白地（二六歳）

公澄（正親町）……衣冠・藍白地（二四歳）

殿上人

教国朝臣（滋野井）……衣冠・藍白地（一九歳）

永継朝臣（高倉）……衣冠・藍白地（二七歳）
雅康朝臣（飛鳥井）……衣冠・錦革有伏組、自大樹被調下之、（一八歳）
賀茂輩
夏久縣主……錦革
勝久縣主……藍白地
秀久縣主……錦革
益久縣主以下皆藍白地、増平縣主、延隆縣主、
弥久縣主、富祐縣主（鴨）、宮久縣主、
以上衣冠
見証公卿
関白（一条兼良）……平絹直衣・指貫（五二歳）
左大臣（鷹司房平）……直衣（四三歳）
右大臣（二条持通）……衣冠（三八歳）
武者小路前内大臣（三条西公保）……平絹直衣・白綾指貫（五六歳）
三条前内大臣（実量）……直衣（三九歳）
西園寺中納言（実遠）……直衣（二〇歳）

ここに記されている、鞠足が着用した韈からうかがえる特徴は次の二点である。まず、第一に、「奥儀の色」である無文燻革を着用しているのが、後花園天皇のみであること。それに関連して、当日、足利義政が着用した有

文紫革は、「今度上よりこれを給った」ものであり、また、今出川教季・三条公綱が着用した錦革は、「今度（天皇から着用を）聴された」ものであったことである（『遊庭秘抄』にみえる韈の階梯とその着用資格に「同勅裁を給て用之」とある）。無論、後花園天皇が、無文熕革の韈を着用しているのは、天皇自身の技量によるところもあろうが、天皇が、義政に蹴鞠会で履く恩賜の韈を与えたり、錦革の韈の着用許可を行っていることからみれば、蹴鞠会という技芸の場を通じて、天皇が室町幕府に対して、また公家社会の秩序の中で、その主体性を表現しているかのようにも思える。先にみた、伏見宮貞常親王による鞠場への特別の「出御」と言い、この韈の事例と言い、やはり、年長の天皇と年少の室町殿との関係が、蹴鞠会の場に反映されているといって差し支えないだろう。

第二の点は、飛鳥井雅親が着用した有文紫革、及び雅康が着用した錦革が、いずれも、「大樹よりこれを調え下さる」、すなわち、足利義政から与えられたものであったことである。「公」の蹴鞠会の場で、後花園天皇から賜った韈を義政が使用し、その義政から与えられた韈を雅親・雅康が履いたことは、飛鳥井家の権威が、朝幕の信任とその権威によって保たれていることをはっきり示していると言いうる。「人々装束幷韈色事」に示されている韈をめぐる記述は、⑤の蹴鞠会の性格を象徴的に示しているといえるのである。

このように、⑤の蹴鞠会は、天皇及び公家社会の室町幕府に対する主体性が、その場にはっきりと示された蹴鞠会であった。蹴鞠の挙行形態という観点からみても、全体的にみれば、③の蹴鞠会、④の蹴鞠会における先例の蓄積によって、「儀礼的」に整備された進行次第で行われたという特徴があるが、一方で、例えば蹴鞠の行い方が、②③④の蹴鞠会の時のように、一座・二座・三座と整然と挙行されているのではなく、一座のメンバーを適宜入れ替えて続けて催されていることなど、⑤の蹴鞠会において、蹴鞠本来の遊戯的要素が復活した一面があることも注意されよう。その要因を、直ちに、天皇および公家社会の蹴鞠会挙行にさいする主体性と結びつけることは避けねばならないが、「公宴」蹴鞠会の「儀礼的」性格をより強めたのが、室町殿、とりわけ足利義満であったこと、また公家社会には、蹴鞠はあくまで遊戯だとする根強い主張があったこと(67)からみれば、そうした公家社会に根強く残っていた認識が、蹴鞠の挙行形態の仕方に影響を与えたとみる見方も、あながち恣意的であるともいえないだろう。

いずれにしても、⑤の蹴鞠会は、天皇及び公家社会の主体性が強くあらわれた蹴鞠会であったと同時に、朝幕の信任を背景として、蹴鞠界における飛鳥井家の権威が明示された蹴鞠会であった。

第四節　天皇・室町殿臨席晴会の性格

以上、煩瑣な記述となったが、①~⑤の蹴鞠会の挙行形態について具体的に検討してきた。ここで、その性格について、次の三点に要約しておくことにしたい。

まず、第一の点は、これらの蹴鞠会が、室町殿と天皇がともに臨席して行われる「公」的な性格を帯びた場であり、それ故に、その時々の、室町殿と天皇および公家社会との勢力関係が如実に映し出されるという性格を有している点である。そうした性格がうかがわれるのは、鞠足や見証の人々の鞠場への参進の仕方、および鞠場に設えられた座の並べられ方であった。それらは、原則として、公家社会の官位の序列に従うものであったが、③の蹴鞠会における足利義満・義嗣の鞠場への参進や、座の設え方にみられるように、時として、室町殿がそうした序列を超越することがあった。このことは、その時点における、室町殿の天皇および公家社会に対する権力の大きさを示していることに他ならないであろう。また⑤の蹴鞠会では、足利義政が、官位の序列に従った座次をとり、他の公卿と同様、屛中門から鞠場に入場しているのに対して、伏見宮貞常親王の鞠場への参進は、「北方より」特別に行われた出御であった。このことは、蹴鞠会の場における、天皇に次ぐ貴人が、義政ではなく貞常親王であることをはっきり示しているといえよう。このように、室町殿と天皇がともに臨席して行われる場であるだけに、時の室町殿の天皇および公家社会に対する権力の大きさが映し出されるという側面が、「公宴」蹴鞠会にはあったのである。

第二の点は、それに関連して、一条兼良が、『享徳二年晴之御鞠記』の中で、「おほやけごとにもいたくをとらぬほどのことにて侍りし」と、いみじくも評したように、朝廷の公事に引き比べられるような性格をもった蹴鞠会であったという点である。室町殿を含めて、参会者の全員が「公家」であったということを、まず、その必要条件を満たす前提としてあげておかねばならないが、「おほやけごとにもいたくおとらぬ」という性格が端的にうかがえるのは、官位によって、勤めるべき人物の原則を定着させようとした諸役がいくつかみられた点である。以下、それらの諸役をまとめて示す。

①（永徳　元）
露払の置鞠役……未詳
枝鞠の置役……藤原永行
御具足の役送……柳原資衡
御簾役……未詳

②（応永　二）
露払の置鞠役……橘知典
枝鞠の置役……橘知典
御具足の役送……未詳
御簾役……二条師嗣

③（応永十五）　露払の置鞠役……六位蔵人
枝鞠の置役……藤原永基
御具足の役送……烏丸豊光
御簾役……一条経嗣

④（永享　九）　露払の置鞠役……源為治
枝鞠の置役……五辻重仲
御具足の役送……烏丸資任
御簾役……二条持基

⑤（享徳　二）　露払の置鞠役……橘以量
枝鞠の置役……五辻政仲
御具足の役送……勧修寺経茂
御簾役……一条兼良

これによれば、無論、例外はあるけれども、原則として、

・露払に先立ち、鞠を懸中央に置く役（露払の置鞠役）、および解鞠に先立ち、小枝に結び付けられた枝鞠を「便宜」のところへ寄せ立てかけておく役（枝鞠の置役）は六位蔵人（ただし、⑤の蹴鞠会の五辻政仲は五位カ——『系図纂要』参照）

・天皇の御具足を御前まで持参する役送（御具足の役送）は五位蔵人（③の蹴鞠会の時は四位）

・天皇が鞠庭に出御するさいに御簾を上に掲げる役（御簾役）は関白ないし前関白

が、それぞれ勤めていることがわかる。そして、先にみたように、③の蹴鞠会の記録である『北山殿行幸記』に、〈露払の置鞠役〉と〈枝鞠の置役〉が、「六位蔵人」の役であると明記され、⑤の蹴鞠会にさいして、いかなる官位の人物が、〈御具足の役送〉を勤めるべきかをめぐって問題を生じたことからみれば、蹴鞠会が挙行されていく中で先例が蓄積され、進行の次第が整備されていくにつれて、これらの諸役に、官位によって勤めるべき人物の原則を定着させようとした動きがあったことが知られる。こうした点からみれば、足利義満の演出によって、蹴鞠会の「儀礼的」性格がより強まった③の蹴鞠会を契機に、「公宴」蹴鞠会の「おほやけごとにもいたくおとらぬ」という性格は一層鮮明になったということができよう。

第三に、幕府・朝廷がその「公」性を顕示する場であったということに起因して、当代の蹴鞠界における鞠足の地位を公認する意味合いを有した場であったという点である。当日の蹴鞠会で鞠足が履く韈は、とりわけ、階梯の高いものについては、鞠足の技量・身分・年齢を勘案して、「勅定」で着用すべき階梯が許可されるものであったが、その階梯は、そのまま当代の蹴鞠界における鞠足の地位を明示した。無論、③の蹴鞠会の時に、足利義嗣が有文紫革を着用したように、その着用にさいして、時として、「身分」の方が技量・年齢より優先することもあった。[68]しかしおおかたにおいては、これらを勘案して着用が許可されることが多く、とりわけ、無文燻革は、その三条件が調わないと着用が許可されない「奥儀の色」であった。それだけに、①の蹴鞠会でそれを着用した近衛道嗣と御子左為遠、②の蹴鞠会で着用した足利義満、③の蹴鞠会で着用した足利義満と飛鳥井宋雅、⑤の蹴鞠会でそれを着用した後花園天皇は、その三条件を兼ね備えた、文字通り当代における「蹴鞠界の権威」であったといえよう。特に⑤の蹴鞠会で、後花園天皇のみが無文燻革を着用したことは、天皇が蹴鞠という文化を通じ、室町幕府に対して、また公家社会の秩序において、その主体性を表現しようとした動きとして注目される点である。

また、蹴鞠会の進行に欠くことのできない、上鞠役・天皇の御具足を調える役・解役といった諸役を、「公宴」蹴鞠会で行うことは、それを勤める人物が、当代の蹴鞠界における権威であることを示す肩書きとなった。ここで、そうした三役と、それらを勤めた人物の変遷を示すと次の通りである。

上鞠役・御具足役・解役一覧

①（永徳　元）　上鞠役……御子左為遠
御具足役……御子左為遠
解役……飛鳥井雅氏

②（応永　二）　上鞠役……飛鳥井雅縁
御具足役……御子左為右
解役……御子左為右

③（応永十五）　上鞠役……足利義満
御具足役……足利義嗣
解役……飛鳥井雅清

④（永享　九）　上鞠役……飛鳥井雅世
御具足役……飛鳥井雅世
解役……飛鳥井雅親

⑤（享徳　二）　上鞠役……飛鳥井雅親

御具足役……飛鳥井雅親

解役……飛鳥井雅康　（注：飛鳥井雅氏はのちの雅縁、飛鳥井雅清はのちの雅世）

③の蹴鞠会で、足利義満・義嗣父子が上鞠役・御具足役を勤めたことの背後に、彼らこそが、蹴鞠の世界においても、最高の権威であることを示そうとした義満の目論みがあったと推測されることについては先に述べた。そのことも、この一覧からうかがえる大変興味深い事実であるが、全体をみた時に注目されるのは、蹴鞠界の「公」の場における中心勢力が、御子左家から飛鳥井家へ移行したことがはっきりわかることであろう。「公宴」蹴鞠会は、飛鳥井家の人物が朝幕による信任を得て、晴の場に相応しい技芸のあり方を工夫することを通じて、同家が、蹴鞠界の中心的な存在へ台頭していく過程そのものを明示する蹴鞠会であったといえるのである。

第五節　天皇・室町殿臨席晴会の消失

ところが、享徳二年（一四五三）三月二十七日、禁裏で開かれた晴の蹴鞠会（⑤の蹴鞠会）を最後に、「公宴」蹴鞠会は消失する。少し時代の下った史料ではあるが、このことに関連して、極めて示唆に富んだ記述が、大津平野神社所蔵『天文七年飛鳥井家鞠之記〔仮名之記〕』[69]にみえる。次に引用したい。

この人々〔武家――筆者註〕の中にも、にしきかわのかもくつをはかれるともから、あまたみえたり、さてもにしきかハの事ハ、公宴はれ御まりのとき、その人のかんのふによりて、したうつのほとしなをわかち、上よりゆるさるゝ事なれハ、はたかあしのときハ、本のさたにもをよハぬ事に侍れとも、たうしよまりによりて、そうしやうけより、ふけのともからなとにも、めんきよせられけるたくひ侍り、ほんしきならねは、しよそんによりて、たうしやうのかた々々も、かん・ふかんをいはす、あるひはちやくし、あるいハちやくせられ侍らぬなり、就中、かもくつといふ事ハ、しやうこよりさせるきしきも侍らす、あしなといたむときハ、なひなひはきけるとなん、しかるを、ひそく・しやくはひまても、そうしやうけのゆるしかうふり、たうしあまねくちやくようのことおほつかなく侍れ、（中略）たゝくそくのまりのときこそ、上鞠といふ事ハある事にて侍るを、宝徳・享徳のゝちハ、公武ともに、そのさたもなけれは、いまハはたかあしにて、つとめたまへるにこそ、ほんしきならねともはやたひ々々の事になれる、

この記述から、享徳年間以降、「具足の鞠」が公武でともに開催されなくなったこと、また、元来、天皇・上皇が着用を許可し、「公宴」蹴鞠会という「公」の場で、公家が、蹴鞠界における地位を公認される証であった韈が、戦国期に入り、今度は、沓と合体した鴨沓というかたちになって、武家が宗匠家（飛鳥井家）を通じて手にする、朝廷権威を象徴的にあらわすような存在へと転化したこと[70]がはっきりわかる。換言すれば、この記述は、十五世紀後半以降の、「公宴」蹴鞠会の消失と蹴鞠界の階層的・地域的拡散、それにともなう蹴鞠の様式の変容を示唆的に叙述しているといえるのである。

　もっとも、享徳年間以降においても、公武が一体となって、「具足の鞠」を挙行しようとする動きはあった。『後法興院記』応仁元年（一四六七）三月二十九日条にみえる次の記事がそれを伝える。

及秉燭実相院令来給、今日武家和歌会ニ被参了云々、去十三日延引也、今夜被帰石蔵云々、則令帰給、来月於　仙洞可有具足御鞠由、今日武家有沙汰云々、

　この記事によれば、室町幕府和歌会が催された三月二十九日、足利義政が、翌四月に仙洞（当時、後花園上皇は、応仁の乱の戦禍を逃れるため、室町第の泉殿を仮御所としていた）で「具足の鞠」を行うことを指示したというのである。しかし、同じく『後法興院記』四月十日条をみると、後花園上皇が日野勝光邸に幸し、足利義政と義視もそ

れに陪席して、当座和歌会を挙行した記事はみえるものの、「具足の鞠」が行われた形跡は認められない。その理由は判然としないが、この時の「具足の鞠」は沙汰止みになったものとみてよいだろう。

それから三年後の文明二年（一四七〇）四月二十六日に、当時、室町第を仮宮としていた後土御門天皇と後花園法皇が、ともに懸に立って蹴鞠を行った記事がそれを裏付ける。その時の様子は、『山の霞』に次のように記されている。[71]

中にもさりぬる卯月廿六日にてありしやらん、常の御所に行幸御幸ありて、蹴鞠の御会あり、主上、上皇たちならばせ給ふ事、ちかき代にはいとまれなる事にこそ侍れ、昔おぼえたる御作法ども、いまのおりふしとて、堅固内々の儀と申ながら、諸人目をおどろかし侍り、ことに旧院木の本にすゝませ給ひし御けしきぞ忘れがたく侍る、御鞠ごとのをはりて、御さか月たび々々まいりしにも、御琴とりいださせたまひてしらべたまふ、此事室町殿おぼしめしたちしぞ猶きどくにおぼえ侍る、両道御執心の程もまことにありがたく思ひたてまつりて、（下略）

天皇・上皇がともに、室町第に避難していたさいに催された蹴鞠会であるとはいえ、[72]天皇・上皇が常の御所に「行幸御幸」した後、蹴鞠が行われていること、この会が「室町殿おぼしめしたちし」行事であったことからみれば、一応、行事運営にさいする朝幕の一体性をうかがうことはできる。だが、足利義政自身が、蹴鞠に参会した明確な記述がみられないこと、そしてなにより、「昔おぼえたる御作法ども、いまのおりふしとて、堅固内々の儀と申ながら」という記述から、「公宴」蹴鞠会における作法を略式化して挙行した、「堅固内々」の蹴鞠会の様子を看取することができよう。[73]以上の史料を根拠とすれば、「具足の鞠」である「公宴」蹴鞠会は、享徳二年の⑤の蹴鞠会を最後に開催されなくなったとみてよいだろう。また、本章冒頭述べたように、「韈の程品」を「公家鞠」

の制式化を示す一つの指標とみるならば、この公武における「具足の鞠」の消失をもって「公家鞠」の終焉としてよいのである。

第六節　小　括

以上、十四世紀末～十五世紀半ばにかけて行われた、「具足の鞠」である室町殿と天皇がともに臨席して開催された晴の蹴鞠会について、比較検討してきた。その中で、これらの蹴鞠会が、幕府・朝廷がその「公」性を顕示する場であったことに起因して、その時々の室町殿と天皇及び公家社会の勢力関係が映し出されること、朝廷の公事に引き比べられるような性格をもっていたこと、当代の鞠足の地位を公認する意味合いを有した場であったことなどが明らかになった。また、室町殿とりわけ足利義満の参会が、これらの蹴鞠会の「儀礼的」性格を一層進めたと推定されることも指摘してきた。「具足の鞠」である室町殿と天皇がともに臨席して行われる晴の蹴鞠会は、享徳二年（一四五三）三月二十七日の禁裏晴の蹴鞠会を最後に開催されなくなる。

代わって、この後、とりわけ応仁・文明期以降、蹴鞠界の階層的・地域的拡散は著しい。第三章で述べる通り、洛中における三時鞠・法楽鞠・扇鬮鞠といった盛儀は、いずれも公家や武家の私邸において行われ、蹴鞠界の主流が、禁裏や室町殿から、そうした「寄合の場」に移行していることがはっきりうかがえる。(74) また応仁・文明期以降、飛鳥井家の当主から夥しく発給された蹴鞠伝授書の宛名からみても、朝倉・大内・武田などといった地方の守護大名や、上原・額田といった在京していた細川の被官、島津の被官である樺山など、全国に散らばる戦国大名に蹴鞠が伝えられていることは明白である。(75)

「公宴」蹴鞠会の消失後、宗匠家（師範家）である飛鳥井家をはじめとした公家衆が対処しなければならなかった現実は、豊富な経済力を蓄えて台頭してきた。こうした、戦国武士による文化的欲求への対応であった。時には、鞠を蹴る技術やその面白みを教え、あるいは、それが「武芸」に通ずるものだと説き、時には、朝廷の権威を被光しつつ、京文化の権威を分け与えながら、彼らと直接的な交流を持つことが、公家衆にとっては、自らが生き延びるために必要な処世の術であった。しかし、それが処世術であるとはいっても、単に生活困窮という厳しい現実を打開するためのみの方便としてのそれではなく、ある意味で現実を受け入れ、そうした文化的環境を楽しんでいるような側面が、戦国期の公家衆には見受けられる。そのような文化的交渉を通じて、「公宴」蹴鞠会に見られた様式が変容を遂げ、新たな蹴鞠の様式が成立してくる。「公家鞠」に続く時代を、「武家鞠」の時代と称するのであれば[76]、公家衆が、戦国武士をはじめとする新たな蹴鞠の習い手と直接的に関わる中で生まれた蹴鞠の様式を「武家鞠」と理解するのがよいように思われる。その具体的な考察を、第三章・第四章で行うことにしよう。

（1）渡辺融・桑山浩然『蹴鞠の研究——公家鞠の成立——』（東京大学出版会、一九九四年）参照。
（2）本論では、足利氏の家督にある人物の呼称として使用する。
（3）『群書類従　蹴鞠部（第十九輯）』（続群書類従完成会、一九三三年）所収。
（4）『愚管記』（記主、近衛道嗣）は、『続史料大成』（臨川書店、一九六七年）所収本参照。『左少将雅氏朝臣記』は、飛鳥井雅氏（後の雅縁）の日記。西尾市立図書館岩瀬文庫所蔵『蹴鞠部類記』所収の当該記事参照。『蹴鞠部類記』は、天皇ないし上皇が臨席して行われた晴の鞠会の様子を伝える記録を抄出した部類記。安元二年（一一七六）から享徳二年（一四五三）にかけて催された晴の鞠会のうち、約二十回分の晴の鞠会とその前後に行われた蹴鞠会の様子を伝える記事を収める。目次の末尾にその成立を伝える記載が「天明六年三月十五日　正二位藤紀光（蔵書印）」とみえ、『続史愚抄』の編者柳原紀光（一七四六～一八〇〇）が、その編纂のための参考史料の一つとして作成した書であることがうかがわれる。

(5)『迎陽記』（記主、東坊城秀長）は、前掲『蹴鞠部類記』所収当該記事参照。

(6)『北山殿行幸記』は、『群書類従　帝王部（第三輯）』（一九三三年）所収本を参照。『教言卿記』（記主、山科教言）・『北山殿蹴鞠記　飛鳥井祐雅（俗名、雅清・雅世）記』は、前掲『蹴鞠部類記』所収当該記事参照。なお、『大日本史料第七編之九』（東京帝国大学、一九四三年）八九五〜九〇五頁に、当日の蹴鞠会の様子を伝える『北山殿行幸記』『看聞日記』（記主、伏見宮貞成親王）『教言卿記』などの当該記事が収められている。

(7)『永享九年十月廿一日行幸記』は、前掲『群書類従　帝王部（第三輯）』所収本を参照。『薩戒記』（記主、中山定親）は、前掲『蹴鞠部類記』所収当該記事参照。『永享九年十月廿五日行幸御鞠日記』（記主、賀茂夏久）は、『鳥居大路良平氏所蔵文書・二』（東京大学史料編纂所影写本）参照。

(8)『享徳二年晴之御鞠記』は、前掲『群書類従　蹴鞠部（第十九輯）』所収本参照。『綱光公記』（記主、広橋綱光）は、前掲『蹴鞠部類記』所収当該記事参照。

(9) ①の蹴鞠会、「兼日より奉行催之、伝奏按察中納言資康卿、職事資衡于時左中弁」（『雅氏朝臣記』）、②の蹴鞠会、「伝奏日野大納言、奉行職事蔵人左少弁資家也」（『迎陽記』）、③の蹴鞠会、「御まりあすは一ちやうとそ、奉行権の弁いへとし、けふよりふれ侍るとそきこえし」（『北山殿行幸記』）、④の蹴鞠会、「露はらいの鞠いさゝかありてはつ、奉行中山殿これをあいはからふ也」（『永享九年十月廿五日行幸御鞠日記』）、および「依奉行次第事、先候中門辺」（『薩戒記』）、⑤の蹴鞠会、「奉行蔵人左少弁経茂、兼日儀民部卿令伝奏云々」（『綱光公記』）、「奉行の職事は経茂なり」（『享徳二年晴之御鞠記』）とそれぞれみえ、伝奏ないし奉行職事が、参会者への触れや会の進行の任にあたっていることがわかる（③の蹴鞠会では、奉行職事の清閑寺家俊、④の蹴鞠会では、当時伝奏であった中山定親の名のみ確認しえた）。富田正弘「室町殿と天皇」（『日本史研究』三一九号、一九八九年）は、これら一連の蹴鞠会を、当時、公武双方の命に従い、政務の運営に欠かせない重要な役割を果たしていた、伝奏―奉行により院宣・綸旨をもって召集される諸行事の一つとするが（一七・三〇頁）、諸記録の記述から判断して、そうみて差し支えないだろう。

(10) 大津平野神社『雅康卿返答条々』に、「具足の鞠と申ハ、沓・韈にてける事なり」とみえる。また、国立公文書館内閣文庫所蔵『雅親卿　蹴鞠条々』に、沓・韈を履いて行う蹴鞠会が、「はだかあし」と対比的に用いられている、次のような記述がみえる。

一、上鞠事

上鞠は屋の大事、さま々の口伝有、其心法のある上鞠の事也、装束・沓・韈の時、其人をえらみて用る事也、口伝を待へし、細々のはたかあしのあけまりハ無作法也、

(11) 前掲『蹴鞠の研究』六九～七二頁参照。

(12) 第一章参照。

(13) 十五世紀以降にみられる、蹴鞠書の形態。主に、飛鳥井家の当主が、伝授する相手を明記した奥書を付し、鞠場の作り方や鞠場での振る舞い、蹴鞠の技法などの要点を、伝授相手に応じた内容で、項目別に簡略に説いて作成した蹴鞠書のこと。応永十六年（一四〇九）二月十七日に、飛鳥井宋雅（俗名、雅縁）から斯波義将へ与えられた書が現存する早い例で、特に、応仁・文明期以降の作成年次をもつ、全国の守護大名やその被官といった戦国武士に対して与えられた書が多数現存している。「蹴鞠条々（大概）」と題する、各項目が箇条書きといえるほどの、ごくごく要旨のみを記した内容のものや、「＊＊抄」と題する、前代の蹴鞠書の抄出本などがある。このうち後者については、拙稿「戦国期蹴鞠伝書の性格と機能——上原賢家宛・飛鳥井雅康伝書をめぐって——」（『芸能史研究』一二〇号、一九九三年）で四つの蹴鞠書について紹介したことがある。

(14) この蹴鞠伝授書は写本が複数知られ、後世、比較的広範に流布したものと思われる。本書では、国立国会図書館所蔵『蹴鞠条々大概』（一—二〇二—五九）を参照。

(15) 前掲『雅氏朝臣記』に、御子左為遠が当日の奉行職事である柳原資衡へ、折紙に書いて遣わした「御鞠条々」というメモの写しがみえる。

・十四日御鞠条々事、為遠卿載折紙遣奉行資衡、内々披見之間、注之（傍らに「伝奏按察中納言」という注記あり）、

御鞠条々

一、御座事

一、公卿座事小文畳

一、雲客座事円座

一、竿事
一、猫掻事
　所役条々
一、上鞠事
一、御具足事
一、解枝鞠事
　以上如此

このメモの記載からみても、「公宴」蹴鞠会で重視されていた要素がわかる。

(16) あるいは、『北山殿行幸記』にみえる晴御鞠儀の中の〔一〇の次第〕の役を行った藤原永基が、この役を勤めたかとも思われるが（『北山殿行幸記』には、〔一〇の次第〕の役を行った人物も、同じく「六位蔵人」と書かれている）、確証はない。露払に先立ち、鞠を懸中央に置く役と、解鞠にそなえるため、枝鞠を「便宜」のところへ寄せ立てかけておく役＝〔一〇の次第〕の役とを、同一の人物が行う場合と、別々の人物が勤める場合があることは後述する通りである。

(17) 第一章でも触れた通り、『北山准后九十賀記（実冬卿記）』（『続群書類従　雑部（第三十三輯下）』一九二八年）所収「御蹴鞠儀」に、

於北殿南面有此儀、新切立松三本、桜一本、被落南面縁被付地、先落板被敷御茵、西端主上、次院、次新院、次春宮御座、院、春宮御座座重、（下略）

との記事がみえ、天皇や上皇の御座が、「南面の縁を落され、地に付けられ」た板の上に茵《しとね》を敷いた御座であったことがわかる。このことから推定すると、「切板敷御座」も、南面の簀子の内、妻戸の端から端に相当する一間の長さの部分を切り下げ、その上に畳を敷いたものであった可能性が強いと思われる。

(18) 天皇の御簾役の所作に関する記述は、⑤の蹴鞠会の『享徳二年晴之御鞠記』にみえる記述が、最も詳しい（本文で後述）。

(19) 「公宴」蹴鞠会では、各々、別々に別れている韈と沓を履いた上に、結緒（沓と韈を足に結い止める革製の紐）を足に巻き付けて結い止めるような様式で足を調え、蹴鞠が行われた。のちに蹴鞠専用の鞠沓となる、沓と韈が合体した鴨沓とは異なった様式である。この足の調え方は、例えば、前掲『群書類従　蹴鞠部（第十九輯）』所収の『後鳥羽院御記』

の指図にもみえる。①の蹴鞠会で、蹴鞠を行っている最中に、御子左為遠の結緒が解けてしまったことからもわかる通り（後述）、結緒は然るべき方法で、しっかり結い止めておく必要性があった。そのため、特に、天皇の御具足に関しては、鞠場で責任をもってそれを調える役を定めたのであろう。なお、「御具足役」の成立過程については第一章参照。

(20)　柳筥の蓋を台にして用いる使用法については、『国史大辞典』「柳筥」の項（小泉和子執筆）参照。なお、この③の蹴鞠会のほか①・④の蹴鞠会で、この役を勤めた人物が、柳筥の蓋の上に据えて御具足を天皇の御前へ持参したようであるが、⑤の蹴鞠会では「蔵人左少弁経茂御さうかい御したぐつを柳筥にいれて持参す」（『享徳二年晴之御鞠記』）であった。②の蹴鞠会の様子を記した『迎陽記』には、「次為右朝臣依召持参御具足、持御沓不居柳筥、参進調御足経懸南方」と天皇の御具足を調えた御子左為右が、直接、天皇の御前に沓・韈を持参したように記されており、「柳筥に居えず」と割注にみえる。

(21)　「公宴」蹴鞠会を記した諸記録のうちで、解鞠の作法について最も詳しく記しているのは、⑤の蹴鞠会の様子を記した『綱光公記』であり、②の蹴鞠会の様子を記した『迎陽記』、④の蹴鞠会を記した『永享九年十月廿五日行幸御鞠日記』がそれに準ずる。後述するので、参照されたい。この③の蹴鞠会の記録、①の蹴鞠会の様子を記した記録には、解鞠の作法の一部しか記されていないが、本文の叙述にさいしては、たとえ作法の一部のみを記載することになっても、記事から読み取ることができる範囲内で、記述するように留意した。なお、京都蹴鞠保存会に伝えられている解鞠の作法については、久世通章『蹴鞠』（大日本蹴鞠会、一九三八年）五四〜六二頁に写真入りの説明がある。

(22)　前掲、応永十六年二月十七日付、斯波義将宛飛鳥井宋雅著の蹴鞠伝授書にみえる、次のような記述がその証左となる。

一、鞠の庭に立へき事

人数さたまりてのち、着座も上首よりすゝむ事なれハ、懸の本へより侍事も、それに随へし、立所の事ハ其身の心よせ、便宜に随てすゝむへし、まつ軒懸のかたハ、貴人主人の方なれハ、左右なくよるへからす、其も便宜にしたかひて、貴人の命をうけ侍れハ、辞退すへきにあらす、凡立所にをきてハ、鞠あしの分によりて、時の堪能の人、或ハ上首主人なともはからひたつる事あり、其故ハ、未練の人の傍にハ、はやあしをたて、或ハ老者なとの傍にハわかき故実の人をたてゝ、鞠をつかしめむため、心得て、会衆に談合しても分たつへき也、まして公宴なとにハ、勅定として御さためあらん事、沙汰に及ハす、中比の事にやらん、ある家門辺の説とて、蹴鞠の庭に人数の立所とて、一・二・三と次第をたてゝ、八人の立所定しるし置侍る物見及侍り、しからんにハ、鞠足にしたかつて分別してたゝしむへしといへる事も徒に成ぬへし、更に用へきにあらす、

なお、江戸時代には、鞠足八人が立つ位置にも、一～八の座位が定められていたようである（中西貞三『蹴鞠抄　内野の雪の巻』、私家版、一九六四年、一四～一五頁参照）。

(23) この時、義満が勤めたのは、『享徳二年晴之御鞠記』に「此道の先途」と記されている作法をともなう上鞠役である。

(24) 『遊庭秘抄』の上鞠事の項には、作法をともなう上鞠役について説明した後、

無作法の上鞠といふ作法あり、上鞠の人家主なり、上﨟などにて侍らん家主を賞翫せんため、かゝる事侍べし、（中略）そのやうは別の子細なし、膝もつかず、両方も見めぐらさず、二三度足もかゞめず、たゞ立ながら鞠をとりて家主の方へ一足蹴かけておとす也、

という記述がみえ、それに続いて、「達者の後の上まり」や「おつるたびの上鞠」という言葉がでてくる。『遊庭秘抄』流にいえば、『北山殿行幸記』にみえる晴御鞠儀の〔一七の次第〕に記されている「上鞠」は、「達者の後の上まり」に相当するものとみてよいだろう。おそらく、「無作法の上鞠」と同様、作法をともなわない所作で、鞠を蹴りあげ、蹴鞠の演技が開始されたものと思われる。なお、『遊庭秘抄』については、後掲註(32)参照。

(25) 「＊座」という数え方は、京都蹴鞠保存会で用いられている用語を援用。中西定典編『蹴鞠』（蹴鞠保存会、一九九三年）九頁参照。この時期の記録類では、「＊度」と記されていることが多いが、わかりやすい表現である「＊座」を援用した。なお、註(24)に引用した「おつるたびの上鞠」は、一座のうちに途中で鞠が落ちてしまった場合に、あらためて鞠を蹴りあげることを指しているのであろう。

(26) 後鳥羽院時代の二〇〇〇という数は破格であるが（前掲『蹴鞠の研究』六七頁参照）、正安四年（一三〇二）二月十二日、仙洞で行われた、亀山法皇・後宇多上皇・後二条天皇臨席の蹴鞠会において三〇一・三六一回という記録がみえ（『実躬卿記』同日条、前掲『蹴鞠部類記』当該記事）、文明十四年（一四八二）六月二十四日、甘露寺親長邸で行われた勝負鞠では、若衆方は三二〇回、老衆方は三七〇回の記録を作っており（『親長卿記』）、前後の時代と比較してみても、二〇～三〇回という数は、いかにも少ない数であることがわかる。

(27) 足利義満の事蹟については、臼井信義『足利義満』（吉川弘文館、一九六〇年）、今谷明『室町の王権――足利義満の

王権簒奪計画——』（中央公論社、一九九〇年）参照。

(28) 前掲『雅氏朝臣記』当該記事参照。桑山浩然「武家鞠の復活」（蹴鞠研究集会報告概要『スポーツとしてみた蹴鞠——その歴史と技術——』、蹴鞠研究会、一九九三年）一二～一三頁は、この永徳行幸と、弘安八年に行われた後嵯峨天皇の妃である大宮院の母にあたる北山准后（西園寺貞子）の九十賀の行事を同工異曲とする。

(29)『貞治二年御鞠記』（前掲『群書類従　蹴鞠部（第十九輯）』所収）参照。なお、このことは、第一章でも言及した。

(30) 御子左為遠・為重の『新後拾遺集』撰集をめぐる歌壇の動向に関しては、井上宗雄『中世歌壇史の研究　室町前期（改訂新版）』（風間書房、一九八四年）二二四～二二五頁参照。

(31) 前掲『雅氏朝臣記』当該記事参照。

(32)『遊庭秘抄』は、前掲『群書類従　蹴鞠部（第十九輯）』所収。『遊庭秘抄』については、桑山浩然「蹴鞠書の研究」（前掲『蹴鞠の研究——公家鞠の成立——』所収）、渡辺融「遊庭秘抄の研究」（『放送大学研究年報』一四号、一九九六年）に詳しい。

(33) 両分図は、『内外三時抄』（『天理図書館善本叢書・古道集』、天理大学出版部、一九八六年）所収の二八〇頁に掲載されている。向詰については、例えば、前掲『享徳二年晴之御鞠記』に「次に飛鳥井中納言、主上の御むかひつめにひつじさるの木の北にすゝみたたる」とでてくる。両分図の正分にしても向詰にしても、図表2—2でいえば、天皇と御子左大納言、右大将（義満）と二条宰相のように、互いに正面同士に立っている相手をいう。なお向詰（対縮）は、これとは別に、縮開《つめびらき》（蹴鞠にさいし、八人の鞠足が、鞠の動きに従ってとるフォーメーション）の一種をあらわす用語でもある（前掲『蹴鞠の研究』二二五～二二六頁参照）。

(34) 註(24)参照。

(35) ①の蹴鞠会が催された翌日にあたる永徳元年三月十五日には、朝に内々の蹴鞠が行われ、夕べに後宴の蹴鞠会が開かれている。このうち、内々の蹴鞠のさいに、指貫の括り方をめぐって、飛鳥井雅氏と御子左為遠との主張に食い違いがみられたことを伝える次のような記事がみえる（『雅氏朝臣記』）。

准后仰ニ御結上へき由承之、予奉上之、関白殿同奉上之、御子左大納言参会、又准后仰ニ結之様可為何様候哉之由内々有御尋之処、御直衣ノ下ヨリ引上候、不然旨結ヲユイアケ候由申之、此条不審、指貫引上事於当家更無先規、

承元之比、宗長卿毎度指貫ヲ引上了、頗及難而宗教卿請当家口伝之後、結ヲ上畢、況今更引上ヘキ事ナシ、

記事によれば、雅氏が、二条良基・師嗣の指貫の裾を、膝の下で括る上括で括ったのに対し、御子左為遠は、指貫自体を通常より引きあげて着用すべきことを主張したことがわかる（この場合、裾を足首で括る下括よりは、少し上方で括ることになるのであろうか）。指貫の裾の括り方をめぐる相論は、文応二年（一二六一）正月十日、鎌倉の将軍御所で行われた鞠始にさいし、難波宗教の説に従った鞠足が下括で蹴鞠を行い、飛鳥井雅有の説に従った鞠足が上括で蹴鞠をして、双方の主張が対立した一件がすでに『吾妻鏡』にみえる。この一件で、宗教は、その五年後に、鞠始のさい飛鳥井の説に従い上括で蹴鞠を行った者は、その後、不幸な目に遭っているとの意見書を将軍に提出しているほどであるから（『吾妻鏡』。なお前掲『蹴鞠の研究』七九～八〇頁参照）、『雅氏朝臣記』中の「頗及難而宗教卿請当家口伝之後、結ヲ上畢」との記述が事実であるとはにわかに信じがたいけれども、「今更引上ヘキ事ナシ」と断じているところに、やはり雅氏の威信のほどが察せられる。

(36) 前掲、臼井著書『足利義満』、今谷著書『室町の王権』参照。

(37) 『大日本史料　第七編之一』（一九二七年）二四～二五頁にみえる、明徳三年十一月三日に行われた御笙始の記事中『體源抄』に、「今夜儀一向室町殿様申沙汰」。同史料一六六～一六七頁にみえる、明徳四年二月二十七日に行われた詩歌御会始の記事中『御遊抄』に、「准后相具豊原量秋参候申沙汰云々」。同史料九八五頁にみえる、②の蹴鞠会の記事中『官公事抄』に、「於内裏有御鞠事、相国申沙汰也」。『大日本史料　第七編之二』（一九二九年）五三～五四頁にみえる、応永二年六月十八日に行われた舞御覧の記事中『體源抄』に、「於禁裏舞御覧室町殿御参内有申沙汰」とそれぞれある。

(38) 前掲、井上著書『中世歌壇史の研究　室町前期（改訂新版）』三〇～三二頁参照。

(39) 渡辺融「懸りの木に関するスポーツ史的考察」（『スポーツ史研究』三号、一九九〇年）五～六頁参照。

(40) 『迎陽記』の記述によれば、この②の蹴鞠会では、解鞠→天皇の御具足勤仕という順番で蹴鞠会が進行しており、『北山殿行幸記』にみえる晴御鞠儀の進行次第とは逆である。

(41) 註(20)に引用した通り、この時の『迎陽記』の記載によれば、天皇の御具足を調えた御子左為右が、直接、天皇の御前に沓・韈を持参したように記されており、御前に御具足を持参する役送に関する記事はみえない。

(42) 後掲註(43)参照。

(43)　義満の死後、雅縁が記した『鹿苑院殿をいためる辞』の中に、次のような記述がみえる。
ことに御まりの庭にすゝみたち給て、御上鞠の作法、御きうたいすがた、いつわするべしともおぼえ侍らず、おほかた此たび、みちの厳儀をつくされ、家の佳名をわかち給て、こまかに御さたありし事ども、さだめて人々も筆をとりてしるし侍らんことなりければ、申のぶるにあたハず、

「此たび」とは、応永十五年に行われた③の蹴鞠会のことであるが、「みちの厳儀をつくされ」と義満を評した雅縁の言葉の中に、その志向するところがうかがわれる。なお、『鹿苑院殿をいためる辞』は『群書類従　雑部(第二十九輯)』(一九三二年)所収。
(44)　前掲、臼井著書『足利義満』、今谷著書『室町の王権』参照。
(45)　『大日本史料　第七編之四』(一九三二年)八〇頁参照。
(46)　前掲『大日本史料　第七編之九』応永十五年三月八日条参照。
(47)　前掲『蹴鞠部類記』に、『実躬卿記』同日条の記事が、図表2―比較図として掲出した図を含めて所収されている。
(48)　足利義満が、義嗣を皇位につけようと目論んでいたことについては、田中義成『足利時代史』(明治書院、一九二三年、のちに講談社学術文庫に所収、一九七九年)第七章「義満の非望」に早く指摘があり、前掲今谷著書『室町の王権』に詳しい。
(49)　例えば、義満自身は、既述の通り、若くして蹴鞠に親しんでいるし、この行幸の前月にあたる二月二十一日に、禁裏で行われた御鞠にも参会しているが(『教言卿記』同日条。同記に、「公私具足云々」とあるから、③の蹴鞠会の習礼としての性格があったとみてよいだろう)、義嗣はこの時も参会していない。
(50)　『鹿苑院殿をいためる辞』については、註(43)参照。
(51)　前掲『享徳二年晴之御鞠記』にみえる一文。
(52)　難波家の人物については、例えば、『公卿諸家系図――諸家知譜拙記――』(続群書類従完成会、一九六六年)九二頁に、難波宗富が、延文六年(一三六一)四月十一日薨と記された後、慶長年間に、飛鳥井家から雅胤が宗勝と称し、養子に入って家を再興するまで、「此間中絶」と記されているように、十四世紀末以降、十七世紀初頭にいたるまで、家が衰えたように通例認識されている。ここに登場する難波宗敦が、難波宗家といかなる関係にあるのかは未詳であるが、

応永行幸にさいする蹴鞠会に難波と称する人物が参会している点は留意される。

(53) 川嶋将生「足利義教とその文芸」（『中世京都文化の周縁』、思文閣出版、一九九二年）二一五頁参照。

(54) 前掲『永享九年十月廿一日行幸記』が、一連の行事の様子を伝える。

(55) 前掲、井上著書『中世歌壇史の研究　室町前期（改訂新版）』一〇八～一一三・一二三～一二八頁。今泉淑夫「「観世小次郎画像賛」の一節をめぐって」（『日本歴史』三三〇号、一九七五年）五八～六〇頁参照。

(56) 『薩戒記』には、この義教による出御にさいしての礼容の他、天皇が鞠場に出御し、切板敷御座に着御の時の礼容「公卿已下動座」、飛鳥井雅世が御具足役に参進する時の弟雅永と息子雅親の礼容「此間雅永朝臣雅親朝臣等動座」、天皇が懸の木の下に立つ時の礼容「人々動座」が、それぞれ記されている。これらの記述は、①～③の蹴鞠会の様子を記した諸記録には、明記されていない振る舞いである。①～③の蹴鞠会の様子を記録した記主が、単に書き記さなかったのか、あるいは、これらの所作が、永享段階で強化されてきた振る舞いなのか未詳であるが、かりに後者であるとしたら、この段階で蹴鞠における作法重視の傾向は、より強まっていることになる。

(57) 前掲、富田論文「室町殿と天皇」二七～三〇頁の「室町殿・院・天皇比較年代表」参照。

(58) 前掲、井上著書『中世歌壇史の研究　室町前期（改訂新版）』一七〇頁参照。

(59) このことは、雅親・雅康が、当日履いた韈の特徴からもうかがわれる（本文で後述）。

(60) 『後法興院記』寛正七年（一四六六）二月十三日条に、近衛政家が、大納言昇進に競望しようとしたところ、競望以前に、飛鳥井雅親が歌鞠師範であるという理由で、大納言昇進の勅約を得ていたという内容の記事が次のようにみえる。

来十六日可被行任大臣節会云々、自去比辞申右府教季云々、右大臣之事左大将政嗣被申請云々、内大臣可為右大将実遠之由有沙汰、中納言中将政房申亜相云々、今度右大将可有昇進之由風聞之間、然者可有大納言闕歟、去比余昇進事可被申沙汰之由、仰遣広橋中納言許之処、更以不可有等閑、軈可奏聞之由返答了、然而昨日或人告示云、亜相事飛鳥井前中納言雅親卿為歌鞠師範之間、可有勅許之由、去三日猿楽之時直被仰下云々、就其此間彼卿望申云々、余昇進事可有了簡歟之由相示間、為聞其実否今日尋問広橋中納言処、不相替風聞之儀、凡家門之事彼卿ニ被思召替、天慮之程深恨存者也、近来諸事如此、迷惑々々、

後聞、大納言事、余競望以前ニ勅約雅親卿云々、

飛鳥井家の公家社会における地位の向上を端的に伝える記事と言いうる。なお、飛鳥井家が、時の権力者による寵を背景に家格を着実に上昇させた点については、佐々木孝浩「鞠聖藤原成通影供と飛鳥井家の歌鞠二道」（『国文学研究資料館紀要』二〇号、一九九四年）三二二頁に言及がある。

(61) 註(18)参照。

(62) 註(20)参照。

(63) 『職事補任』後小松院の項、蔵人頭の欄に「左大弁　従四位上藤豊光　応永十五・四・廿四補」とある。管見の限り、烏丸豊光の③の蹴鞠会の時点における位階を推定する最も有力な根拠であるが、ほぼ従四位上であったとみてよいだろう。

(64) 柳原資衡は、『職事補任』後円融院の項、五位蔵人の欄に「左中弁　正五位上　藤資衡　康暦二・十・十二補」とあり、同補任、後小松院の項、五位蔵人の欄に「右中弁　正五位上　永徳二・四・十二補」とみえ、①の蹴鞠会の時点で、正五位上であったことがわかる。烏丸資任は、『職事補任』後花園院の項、五位蔵人の欄に「右衛門権佐　正五位下　藤資任　永享六・十・廿九補（中略）同十三・正・六叙従四位下」とみえ、④の蹴鞠会の時点で、正五位下であったことがわかる。そして、この⑤の蹴鞠会の時、結局、天皇の御前に沓・韈を持参した勧修寺経茂も、後花園院の項、五位蔵人の欄に「右兵衛権佐　正五位下　藤経茂　文安六補、享徳二・四・廿九辞」とみえ、五位蔵人であった。

(65) 枝鞠を解くさいに、地面に枝鞠を置く所作については、『遊庭秘抄』解鞠事の項にみえる次の記述によった。

　右片手にて枝を立様に立て、則同手にてふせて鞠を枝より下になす、枝の本を右の袖の下へやりて、すぢかへて土にをきて、片手にて結付たる紙ひねりをとく左のかた手にて、枝ををさふべし

(66) 『享徳二年晴之御鞠記』に、「此間人々又座をくだりてそんきよす」とある。「又」とあることからみれば、天皇の鞠場への出御にさいしても、一同は礼容を示したものと思われる。参会者が貴人に対して示す礼容については、註(56)参照。

(67) この点に関しては、例えば、永享十一年、飛鳥井雅世の指揮下に、宮中の記録所の後庭に鞠場が設けられた時、万里小路時房が、歌鞠を「政道決断之要枢」と同日に論ずべきではないとの価値観を日記に書き残した事例を指摘することができる。なお、今泉淑夫「文明二年七月六日付飛鳥井雅親書状案をめぐって」（『日本歴史』三六九号、一九七九年）一一頁参照。

(68) 前掲『北山准后九十賀記』に記される、弘安八年（一二八五）三月一日の蹴鞠会で、当年十九歳であった後宇多天皇

が、片方に藍白地の韈を履き、片方に紫革の韈を履いている。藍白地の方が、天皇の技量を示しており、紫革の方が身分を示しているかのようで、興味深い。
(69) 渡辺融・桑山浩然「難波家蹴鞠書略分類目録」(平成三年度科学研究費補助金研究成果報告書『蹴鞠技術変遷の研究』所収、研究代表者：桑山浩然)目録番号9—7の蹴鞠書。
(70) 筆者は、鴨沓が、一定の様式として、社会の表舞台に出てくるきっかけとなった時期を明応期と考えているが、この点に関しては第三章で述べる。
(71) 『山の霞』は、飛鳥井雅康著の後花園天皇葬礼の記録。前掲『群書類従 雑部(第二十九輯)』所収。
(72) この時の室町第における、天皇・上皇および義政夫妻の居所、鞠庭の所在等に関しては、川上貢『日本中世住宅の研究』(墨水書房、一九六七年)二四六～二五四頁に言及がある。
(73) これ以降、応仁・文明～明応期の禁裏の蹴鞠会の様子については第三章参照。
(74) 第三章参照。
(75) 蹴鞠伝授書については、註(13)参照。なお、前掲「難波家蹴鞠書略分類目録」に複数の蹴鞠伝授書の作成者と宛名、成立年代が紹介されている。
(76) 「武家鞠」は、桑山浩然が提起された用語である。前掲「武家鞠の復活」一二頁に「平安時代の公家社会で生まれた蹴鞠が武家の社会にも伝わり、武家の間に定着してからの歴史には、大きく三つの山がある。一は、新生の意気に燃える鎌倉での蹴鞠、二は、室町時代、とりわけ応仁の乱後の蹴鞠の全国的展開、三は、将軍から百姓まで愛好者が拡がった江戸時代の蹴鞠である」と記される。仮りに「武家鞠」を規定するのであれば、筆者は、「公家鞠」の最後の様態を示す「公宴」蹴鞠会が消失した後、蹴鞠界の階層的・地域的拡散が進行する中で変容を遂げた蹴鞠の様式を「武家鞠」と考えたい。

〔補注〕 この鞠会で、義教は見証座に着いているが、義教が自ら蹴鞠のプレーを行っていたことは、『看聞御記』永享四年(一四三二)九月一日条に「世間蹴鞠繁盛云々、室町殿常被遊、仍諸人稽古云々」とあることからも知られる。なお、渡辺融「近世蹴鞠道飛鳥井家の一年」(『放送大学研究年報』一七号、一九九九年)一四五頁参照。

第三章　戦国期初頭の蹴鞠――応仁・文明～明応期の蹴鞠会――

第一節　小　序

前章でみたように、天皇と室町殿がともに臨席して行われる晴の蹴鞠会（「具足の鞠」）は、享徳二年（一四五三）三月二十七日に禁裏で開かれた鞠会を最後に消失する。

では、応仁・文明の大乱を経た十五世紀の末は、蹴鞠史上いかなる意味をもつのであろうか。この時期の蹴鞠に関する研究は少ない。戦前の風俗史[1]や遊戯史[2]の研究などに言及した例がみられる。

戦後においては、歌鞠師範飛鳥井家の室町期における権威の向上、十五世紀末における一族保全のための工夫などに関して、今泉淑夫氏による論考がある[3]。今泉氏は、その後、当時蹴鞠に熱中していた公家である甘露寺親長の息子にあたる、江南院龍霄の伝記を記す中で、当該期の蹴鞠についても触れられている[4]。

一方、鈴木芳道氏は、十五世紀末における蹴鞠の位置付けを、歴史的背景から考察しようと試みられた[5]。鈴木氏は、『親長卿記』に記される甘露寺家月次会・蹴鞠会の参会者一覧表を提示し、和歌・蹴鞠を国家論にひきつけて論じられている。その中で、氏は、当時の鞠会グループの中心に飛鳥井家・甘露寺家・高倉家の三家があったこと、文明十八年（一四八六）以降、細川氏とその被官が鞠会に大量参入することを指摘した。この指摘は、十五世紀末における蹴鞠の「にない手」を位置付ける上で、示唆的であった。

だが、鈴木氏は、これらの動きを次のように捉えられた。すなわち、歌鞠師範飛鳥井家を権門体制国家の「国芸」の主宰者と位置付けることで、細川氏とその被官の飛鳥井門弟化および鞠会への大量参入を権門体制国家の「国芸」である蹴鞠の掌握と解釈し、これを明応二年（一四九三）の政元政権樹立にむけての一道程として理解されたのである。

ここに疑問が生ずる。この時期の蹴鞠を権門体制国家の「国芸」と位置付けるのであれば、蹴鞠が、当然、国家の行事としてなんらかの機能を果たしていなければならない。しかし、後述していくように、この時期の蹴鞠は、公家や武家の邸宅における鞠会を中心に、極めて強い寄合的遊興性をもちつつ展開した。しかも、鞠会の内容や人的構成、年次的分布からみて、公家や武家の邸宅で行われた鞠会が、禁裏や室町殿の鞠会の習礼（練習）を意図して開かれたとは考えられず、逆に、上鞠や解鞠といった儀礼が行われる晴（ハレ）意識の強い規模の大きな蹴鞠会は、公家や武家の私邸でよく開かれている。また、室町殿で、鞠始と称する鞠会は開かれてはいるものの、それとて、毎年開かれる日が定まらず、開催されない年もあって、国家の年中行事として機能していたとはとても考え難い(6)。

むしろ、蹴鞠が権門体制国家の「国芸」に近い性格を有していたのは、第二章で述べた、天皇と室町殿がともに臨席して行われた晴の蹴鞠会（「具足の鞠」）が開かれていた時期においてであると考えられ、応仁・文明の大乱を経た、十五世紀の末にあっては、そうした蹴鞠が、政治的・社会的な変動にともなって、どのように変容したかを考察することが必要なことであると思われる。

そこで、本章では、文明年間から明応年間にかけて、飛鳥井雅康（法名宋世）とともに、蹴鞠界で顕著な活躍がみられた甘露寺親長の日記であり、当時の蹴鞠の様態を最も明らかに記している記録である『親長卿記』を通して、十五世紀末における、鞠会の場とその性格、鞠会の様式や作法などを明らかにしていきたい。そして、その中で、細川氏とその被官による鞠会への大量参入という、文化享受層の拡大が蹴鞠におよぼした影響を考えたいと思う。

第二節　文明前期の蹴鞠会

『親長卿記』にみえる鞠会のうち、まず、文明四年（一四七二）～九年（一四七七）の鞠会についてみてみたい。この間、鞠会は、禁裏（室町殿仮宮）、室町殿、殿上無名門前などで開かれている。特徴的なのは、公家・武家の邸宅でほとんど鞠会が開かれておらず、殿上無名門前に公家・武家が参集して鞠会が開かれている点である。以下、鞠会の開かれた場に注目し、それぞれの鞠会の性格について述べていくことにしよう。

(1)禁裏（室町殿仮宮）の鞠会

文明前期における禁裏の鞠会の主催者は、後土御門天皇であった。後土御門天皇は、応仁・文明の大乱の激化にともない、応仁元年（一四六七）八月、室町殿に行幸し、文明八年（一四七六）十一月、室町殿が類焼するまで、約十年間を室町殿仮宮で過ごした。『親長卿記』には、この間、十回ほど禁裏の鞠会がみえる。そのうち七回までが、屋内で蹴鞠を行う内鞠であった。

内鞠は、室町殿御対面所で行われた。[7] もっとも、後土御門天皇や甘露寺親長は、「堅固内々事」「細々内々御鞠」を意識して清涼殿代での開催を望んだ。室町殿御対面所は、当時、室町幕府の番衆などが常住祗候していたから

図表3－1　文明前期の禁裏(室町殿仮宮)の鞠会

年・月・日	鞠会	参　会　者
文明4・正・20	御内鞠	飛鳥井雅親・甘露寺親長・庭田雅行・滋野井教国・高倉永継・飛鳥井雅康
4・7	御内鞠	甘露寺親長・庭田雅行・滋野井教国・飛鳥井雅康
4・8	御内鞠	甘露寺親長
4・10	御内鞠	甘露寺親長・庭田雅行
文明5・2・28	御内鞠	
3・4	御内鞠	
文明6・3・17	御内鞠	
文明7・2・7	御　鞠	庭田雅行・甘露寺親長・滋野井教国・飛鳥井雅康・橘以量
2・16	御　鞠	庭田雅行・甘露寺親長・滋野井教国・柳原量光・甘露寺元長
3・21	御　鞠	

注1：『親長卿記』から作成した。
　2：参会者の記載が空欄の箇所は、当日の記録に人数の記述が見えないことを示している。
　3：注1・2は本章の以下の表についても同様に適用される。

である。結局内鞠は、飛鳥井雅康の強い意向により、室町殿御対面所で開かれることになったが、「九間也」とあるように、室町殿御対面所は十八畳敷の九間《ここのま》であったことがわかる。

参会者の人的構成に目を転じたい。図表3—1をみて明らかなように、参会者は、羽林家・名家を中心とした公家に限定されている。しかも、一回ごとの参会者が極めて少ない人数であることが大きな特徴となっている。人的構成からみても、文明前期の禁裏の鞠会は、「内々の会」としての性格が強いといえよう。

(2)室町殿の鞠会

文明前期における室町殿の鞠会の主催者は、足利義政・義尚父子であった。『親長卿記』には、文明四年～九年の間に、四回室町殿の鞠会がみえる。うち三回は、義政将軍在職中の鞠会であり、残る一回が、義尚が将軍に就任した文明五年(一四七三)十二月十九日以降に開かれた鞠会である。もっとも、義政が実際に鞠場に立ったのは、文明四年(一四七二)四月九日の室町殿御鞠始の時のみであった。

この時の鞠会を例として、文明前期における室町殿の鞠会の流れをみよう。(8)

この日は、鞠会に先立って飛鳥井雅康の陣所で一盞があり、参会者が鞠場（室町殿西面御庭）に参集したのは、酉刻ごろであった。

まず、飛鳥井雅康の命で、屏中門が開かれ、次いで鞠場の中央に鞠が置かれた。この時、置鞠《おきまり》を勤めたのは賀茂栄久である。

次いで、鞠足（公卿・殿上人・武家輩・賀茂輩）および見証《けんぞ》の入場と着座があった。この時の鞠足と見証の着座の前後関係ははっきりしない。

次いで、義政が、車寄妻戸から出御し、懸の木の下に進み寄った。十五世紀末の蹴鞠伝授書をみても、懸の木は、四本の木を各々正方形の頂点とするような形式で植えるのが、一般的な様式であったように記されている。(9)また、義政が出御した時、一同が動座したが、これも同時期の飛鳥井流の蹴鞠伝授書の記述にもみられる作法である。(10)

次いで、初度（初座）の鞠足メンバーが鞠場に立った。初度の立様は、図表3―2の(ア)のようである。図をみると、各々の鞠足が、懸の木と木を結ぶ線に平行あるいは垂直に立っているようにみえるが、実際は、八人が鞠場の中で、円陣をつくって蹴鞠を行うのが基本的な鞠足の立様である。従って、蹴鞠のプレーにさいしては、対角線に向きあって立つ鞠足が、特にパスの受け渡しの面で互いに重要な意味をもった。この、互いに正面に向きあうような位置に立つことを、「向縮《むかいづめ》に立つ」ともいう。例えば、図表3―2の(ア)では、足利義政と飛鳥井雅康、甘露寺親長と高倉永継がそれぞれ向縮に立っている。初度の時、足利義政の「御向縮」に、師範家の飛鳥井雅康が立ったことは、鞠が繋がりやすい鞠足の配置を工夫するという意味からも、雅康が師範家の飛鳥井家の人

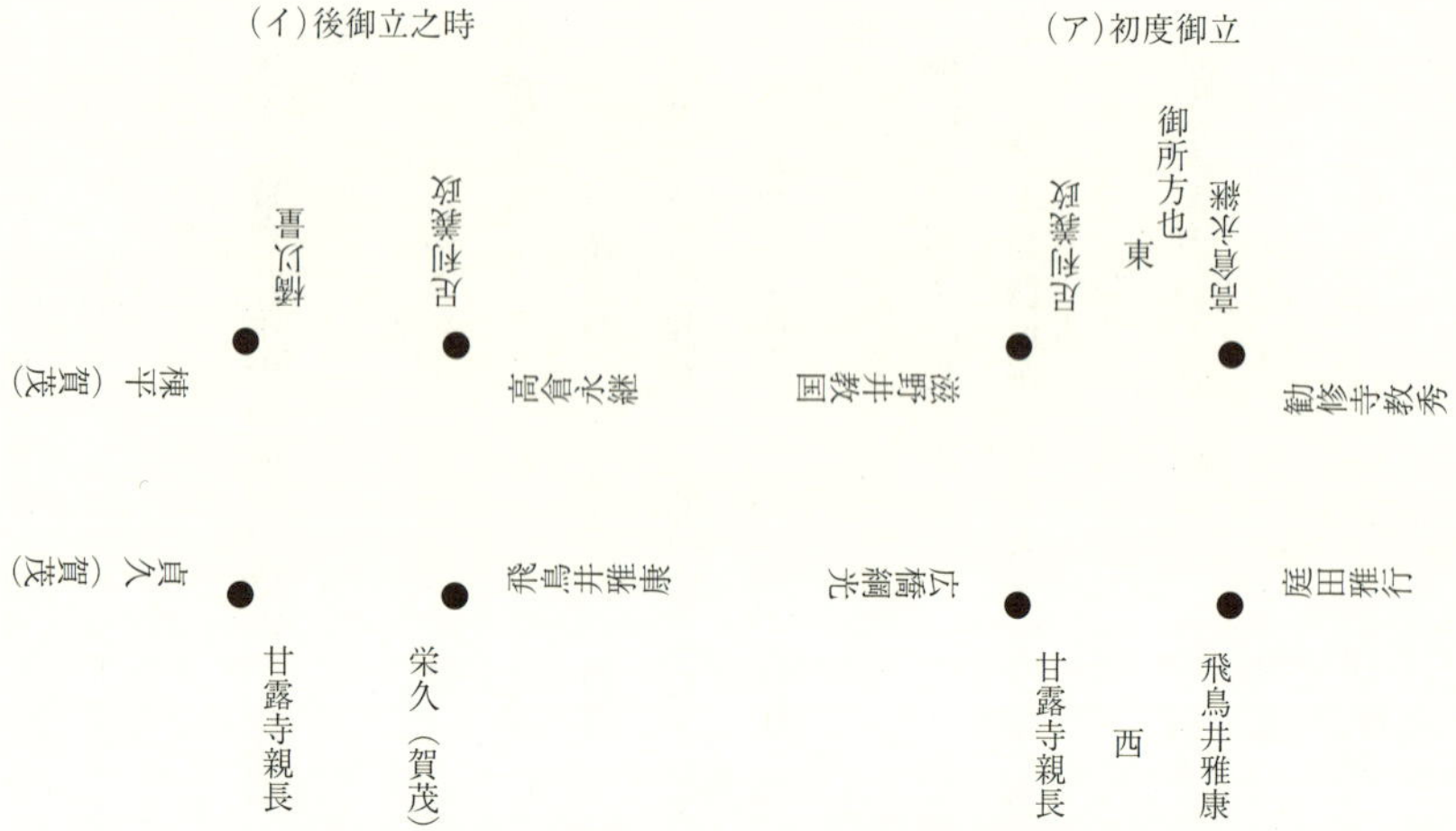

図表3－2　文明4年4月9日室町殿の鞠会の立様

図表3－3　文明前期の室町殿の鞠会

年・月・日	参　　会　　者
文明4・4・9	(公家)勧修寺教秀・広橋綱光・甘露寺親長・庭田雅行・滋野井教国・高倉永継・飛鳥井雅康・武者小路種光・広橋兼顕・橘以量 (武家)畠山政長・畠山宮内少輔 (賀茂)棟久・栄久・貞久・遠平・在久
5・7	人数以前の如し(御立なし)
文明5・8・29	(公家)勧修寺教秀・広橋綱光・甘露寺親長・園基有・庭田雅行・高倉永継・飛鳥井雅康・武者小路種光・広橋兼顕・橘以量 (武家)畠山政長・赤松政則 (賀茂)棟久・貞久・栄久・遠平・敏平(御立なし)
文明6・4・25	(公家)勧修寺教秀・広橋綱光・甘露寺親長・園基有・滋野井教国・高倉永継・飛鳥井雅康・広橋兼顕・橘以量 (武家)畠山政長・赤松政則 (賀茂)棟久・栄久・貞久・遠平・敏平・在久

物であるという意味からも、理解しやすい配置である。

次いで、初度の鞠足により、しばらく蹴鞠が続けられ、その後、メンバーを立替、ひきつづき蹴鞠が行われた。この間、義政は一度入御したが、再び出御し、懸の木の下に立った。義政が再び鞠場に立った時、「御向縮」に位置したのは甘露寺親長である。もっとも、親長は、最初しきりにこれを辞退しようとしたが、飛鳥井雅康の重命により、義政の向縮に立った。当時の蹴鞠界における、親長の実力ぶりをうかがわせる逸話である。

次いで、蹴鞠が終わった後、御太刀の進上があった。義政が直に対面し、室町殿の鞠会に初参の人が二腰進上したらしい。鞠会を通じて、事は穏便に運んだようで、親長は「人々無殊異失、珍重也」と結んである。

文明前期における室町殿の鞠会の流れは、おおよそ以上のようであり、当時における「次第之儀」[11]がほぼ固まっていたようである。しかし、当時における「次第之儀」は、十五世紀半ばまで行われていた晴の蹴鞠会である「具足の鞠」からみれば「略儀」である。当日の鞠会の主人である足利義政も、「具足」を身につけたことが記されていないし、上鞠や解鞠といった儀式も行われていない。そうした意味では、当時の室町殿の鞠会は、「具足の鞠」からみれば、「略儀」である「次第之儀」によって運営された鞠会だといえよう。

なお、人的な構成は、羽林家・名家を中心とした公家に、畠山・赤松といった有力守護大名、それに賀茂社の社人が加わって構成されていることがわかる（図表3—3）。

(3)殿上無名門前の鞠会

『親長卿記』には、文明九年（一四七七）以前に公家や武家の邸宅で開かれた鞠会が、ほとんど見えない。わずかに、文明六年（一四七四）正月二十三日、斯波義良の邸宅で行われた鞠始がみえるのみである。その一方で、この時期、頻繁に開かれているのが、殿上無名門前の鞠会である。無名門とは、清涼殿の殿上の間の南面にある小庭の入り口の一つで[12]、この小庭に公家・武家が参集して鞠会を行っていたらしい。

この殿上無名門前の鞠会は、文明四年（一四七二）〜七年（一四七五）に、回数こそ二十六回みえるが、その性格は今一つ判然としない。頭役を定め巡次鞠会を運営したこと、比較的、早朝や晩の開催が多いことなどは記録上読みとれるが、それ以上うかがい知ることは難しい。参会者の記載も極めて少なく、図表3―1や図表3―3とほぼ同様の羽林家・名家クラスの公家の名が、一〜四回、幕府近習である伊勢貞頼と守護大名の赤松政則の名が一〜二回みえるにすぎない。

だが、注目すべきことがある。それは、『親長卿記』文明四年（一四七二）五月二十三日条にみえる、無名門前に仮りの沙汰として竹四本の切立《きりたて》を植えたという記事である。切立とは、懸の木のうち、根を切りとって、幹から上の部分のみを鞠場に植えたもので、短期間の利用に供された木のことである。文明前期という戦乱真っ直中に、仮りの沙汰として植えられた切立の鞠場で開かれた殿上無名門前の鞠会は、まさに応仁・文明の大乱中の緊急措置的性格が強い鞠会だといえよう。それは、文明八年以降、無名門前の鞠会が、まったく開かれなくなることからもうかがい知れるのである。

第三節　文明後期の蹴鞠会

次に、『親長卿記』にみえる、文明十年（一四七八）〜十七年（一四八五）の鞠会についてみてみたい。この時期になると、殿上無名門前の鞠会にかわって、公家の邸宅での鞠会が頻繁に行われるようになり、武家の邸宅における鞠会もこれに加わる。禁裏では、親王御方（勝仁親王、のちの後柏原天皇）が鞠会を主催するようになり、室町殿では、将軍義尚へ蹴鞠を伝授するための会も開かれた。一方、この間、親長が堺へ下向したさいに開かれた鞠会も頻繁にみえ、約五十回を数える。以下それぞれの鞠会の性格について言及したい。

(1)禁裏(勝仁親王御方)の鞠会

文明十年代に入ると、禁裏の鞠会を主催したのは勝仁親王であった。この時期の禁裏の鞠会は、図表3―4の如く十回みえる。禁裏の鞠会とはいっても、文明十一年(一四七九)五月に二回みえる「宮御方御庭」での鞠会は、内裏が、公家の邸宅を転々としている間に開かれたため、具体的にどこで行われたのかはっきりしない。だが同年十二月、後土御門天皇が、土御門内裏に還御してから開かれた親王御方の鞠会は、禁裏の懸で行われたことが明らかである。それは、大乱中、まったく透かさずに放置しておいた内裏の四本松の懸を、飛鳥井雅康・甘露寺親長が、親王御方の鞠会に備えて透かしたことから(13)もうかがい知れる。現に、文明十三年(一四八一)五月二十三日の御鞠が、禁裏の懸で開かれたことは、『親長卿記』に次のように明記されている。

於禁裏御懸有之、且雖為陵遅、親王無御在所、仍為御稽古有此事、不敷猫掻、

だが、ここでは、その続きの記事に注目したい。「陵遅」とは、丘陵がしだいに低くなること、転じて、盛んであった物事が次第に衰えていくことを意味する。ここで「陵遅」と表現されているのは、親長が、華やかなりし往時の宮廷の鞠会を懐古しつつそう表現したものと思われる。なぜなら、禁裏の鞠会をはじめとして、天皇や上皇、親王の出御を仰いだ鞠会こそが、平安末期以来(14)、晴の鞠会を主催してきた蹴鞠界の中心的な場であったからである。あるいは、親長は、自らもかつて参会した『享徳二年晴之御鞠記』に記される、享徳二年(一四五三)三月二十七日の禁裏晴の蹴鞠会(15)を懐古しつつ、「陵遅」と表現したのかも知れない。

図表３－４　文明後期の禁裏(親王御方)の鞠会

年・月・日	参　会　者
文明11・５・23	
５・29	(公家)庭田雅行・甘露寺親長・園基有・柳原量光・滋野井教国・三条西実隆・甘露寺元長・橘以量・五辻富仲 (賀茂)貞久
文明13・５・４	(公家)庭田雅行・甘露寺親長・飛鳥井雅康・高倉永継・甘露寺元長・橘以量・園基富・五辻富仲
５・23	(公家)庭田雅行・甘露寺親長・飛鳥井雅康・高倉永継・中山宣親・山科言国・甘露寺元長・園基富・五辻富仲 (賀茂)貞久
５・26	先日の如し
６・13	(公家)徳大寺実淳・庭田雅行・今出川公興・甘露寺親長・飛鳥井雅康・高倉永継・中山宣親・甘露寺元長・橘以量・園基富・高倉永康・五辻富仲 (賀茂)棟久・貞久・諸平
７・17	(公家)甘露寺親長・橘以量
９・４	
文明14・３・16	(公家)庭田雅行・今出川公興・甘露寺親長・高倉永継・中山宣親・勧修寺政顕・甘露寺元長・松殿忠顕・園基富・橘以量・五辻富仲 (賀茂)貞久
４・16	(公家)甘露寺親長・高倉永継・勧修寺政顕・甘露寺元長・園基富・橘以量・飛鳥井雅俊・五辻富仲 (賀茂)棟久・諸平

図表３－５　文明後期の室町殿の鞠会

年・月・日	参　会　者
文明12・３・４	飛鳥井栄雅・飛鳥井雅康・(足利義政)・(足利義尚) (室町殿御鞠御伝授)
文明14・11・28	(公家)飛鳥井栄雅・三条公躬・甘露寺親長・高倉永継・飛鳥井宋世・橘以量・飛鳥井雅俊 (武家)山名豊時・大館尚氏・小坂貞頼・左脇 (その他)亨清法印(御立なし)
文明15・２・17	(公家)甘露寺親長・高倉永継・飛鳥井宋世・勧修寺政顕・園基富・高倉永康・飛鳥井雅俊 (武家)山名豊時・大館尚氏・伊勢貞頼・本郷政泰・広戸宗弘・小坂貞頼・左脇 (賀茂)棟久・貞久・諸平(御立なし)

だが、十五世紀末における禁裏の鞠会が、「衰微した」とのみ捉えることは、一面的な見方であるように思われる。それは、のちにも触れるように、従来用いられてきた晴の装束や用具がなかなか調わないという規制をうけつつも、従来において略式であった様式を用いることで、それを「新儀」として認知する契機となる鞠会が開かれていることからも明らかである。

なお、人的構成からうかがえる特徴として、公家と賀茂の社人に人数が限定されている点にも注目したい（図表3―4参照）。

(2)室町殿の鞠会

文明後期の室町殿の鞠会は三回を数えるにすぎない。うち注目されるのは、文明十二年（一四八〇）三月十四日、将軍足利義尚へ蹴鞠を伝授するために開かれた鞠会である。この日、飛鳥井師範家からは、文明初年より蹴鞠界において、中心的な役割を果たしてきた雅康に加え、出家して近江国柏木に隠退していた栄雅（俗名雅親）が参仕した。もっとも、栄雅は、当時の歌壇で、その活躍ぶりがめざましく、たびたびは上洛していた[16]。だが、蹴鞠界での活躍は、この時期、雅康には、はるかに及ばない。この日の参仕も、おそらく師範家としての権威の保全を意図してのものであったろう[17]。

他の二回の鞠会は、いずれも、義尚による御立がなかった。してみると、義尚への蹴鞠伝授も、将軍の文化的権威の保全を意図した性格が強かったものと推測されるところである。

人的構成は、公家、守護大名、賀茂の社人に、この時期、幕府の近習が加わった。うち義尚申次の大館尚氏は、室町殿の鞠会のみに参加している。その他、善法寺亨清法印の名がみえている（図表3―5参照）。

図表3－6　文明後期における公家・武家の邸宅での鞠会の亭主

		文明10	11	12	13	14	15	16	17	計
（公家）	甘露寺親長			6	4	8	6	5	5	34
	徳大寺実淳			6	7	3		1		17
	高倉永継		2			3	4		1	10
	花山院政長	4								4
	飛鳥井栄雅							1	1	2
	日野政資			1		1				2
	近衛政家								1	1
	三条西実隆					1				1
（武家）	広戸宗弘		2	1	1	1	1			6
	伊勢貞頼			1						1
	計	4	4	15	12	17	11	7	8	78

（3）公家・武家の私邸における鞠会

先に触れたように、文明十年代に入ると、公家の邸宅で開かれる鞠会が激増する。また、武家の邸宅で開かれる鞠会もこれに加わる。まず、図表3—6・7に注目していただきたい。図表3—6は、文明十年（一四七八）～十七年（一四八五）に公家・武家の邸宅で開かれた鞠会の亭主を、年次ごとに回数で示したものであり、図表3—7は、同じく、鞠会の参会者を年次ごとに回数で示したものである。

図表3—6によると、この時期、徳大寺・甘露寺・高倉の三家で、多く鞠会が開かれており、武家では、広戸の邸宅で年一～二回、比較的コンスタントに鞠会が開かれていることがわかる。

このうち、徳大寺実淳の邸宅で開かれた鞠会は、ほとんどが巡会鞠であった。巡会鞠とは、頭役を交代で巡次定め、鞠会を運営していく方法である。例えば、文明十三年（一四八一）八月十四日、徳大寺邸鞠会のさいの記事[18]に、「今日鞠畢又取一巡鬮、予第三也、藤相公両頭也」とみえ、この日の鞠会で頭役が一巡し、また新たに、次の一巡の頭役を定めていることがわかる。もっとも、徳大寺邸の鞠会は、はじめは、月次会を意図して開かれていたようだ

図表３－７　文明後期における公家・武家の邸宅での鞠会の人的構成

	参会者	文明10	11	12	13	14	15	16	17	計
公家	甘露寺親長	2		11	7	10	6	7	5	48
	高倉永継		2	9	5	8	7	6	5	42
	飛鳥井雅康	1		11	4	5	3	6	4	34
	甘露寺元長	2		5	3	4	3	4	3	24
	高倉永康			5	2	4	4	4	2	21
	徳大寺実淳			7	8	4		1		20
	松殿忠顕			2	3	3	5	3	2	18
	園基富				3	5	3	4	1	16
	飛鳥井雅俊			2	1	2	4	2		11
	橘以量	1		2		1		1		5
	花山院政長	4								4
	日野政資			2		2				4
守護家	山名豊時					1				1
幕府近習	広戸宗弘		2	4	3	4	2	1	2	18
	伊勢貞頼			3	1	5		3	3	15
	本郷政泰			2	1	3	2	1		9
	左　脇					1	2			3
	小坂貞頼					1	2			3
	広戸宗弘子						1	1	1	3
	小笠原持清			1	1					2
	伊勢貞誠					1				1
	広戸則忠							1		1
賀茂	貞久			3	3	4	1	1	2	14
	棟久			3	1	3	2	2		11
	諸平			1	1	2	3			7
その他	善法寺亨清法印	1		8		3				12
	因幡堂執行			1	1	1				3
	上池院			1						1

注１：公家の参加者のうち２回以下の者は省略した。
　２：人物比定については、以下の文献・論文を参照。なお、本章の他表に関しても同様に参照させていただいた。
　・『公卿補任』
　・二木謙一『中世武家儀礼の研究』（昭和60年、吉川弘文館）
　・今谷　明『室町幕府解体過程の研究』（昭和60年、岩波書店）
　・今谷　明『守護領国支配機構の研究』（昭和61年、法政大学出版局）
　・鈴木芳道「甘露寺家月次会・『親長卿記』鞠人グループ蹴鞠会と室町幕府」（注５参照）

が、毎月の開催は困難であったからか、途中から巡会鞠となっている。(19)

　だが、巡会鞠とはいっても、鞠会運営の指導的な立場にあったのは、やはり、飛鳥井雅康・甘露寺親長であった。特に、親長の鞠会運営をめぐる活躍は、諸家としては目覚しいものがあり、雅康から種々の談合が加えられたほどである。例えば、文明十二年（一四八〇）七月八日の鞠会のさいには、[20]次のようなことがあった。雅康が、この日、雲分鞠（鞠を懸の木にあて、そのクッションを楽しみながら蹴鞠すること）と数鞠（鞠をあまり高くまで蹴りあげず、むしろ回数を多く蹴ることに重点をおいて蹴鞠する競技法）のいずれを行うべきか親長に相談したところ、親長は、雲分鞠は「初心之輩」には難しいので、数鞠がよいのではないかと答えたという。雅康も親長の意見はもっともだと了承し、数鞠が行われたようである。

また、同年九月十二日の鞠会のさいにも、[21]親長は、雅康から鞠足の座の設け方に関して相談をうけており、さらに、当日使用する鞠を見定めるのにも立ちあっている。『親長卿記』が、親長本人の日記であるということを考慮しても、この時期における親長の鞠会運営にかかわる活躍ぶりは、特筆される事柄であろう。

さて、徳大寺邸における鞠会は、そのほとんどが巡会鞠であったが、この時期の甘露寺邸における鞠会は、性格がさまざまである。飛鳥井雅康や高倉永継らが訪ねてきて、二～三人で行った鞠遊び的な会や、巡会鞠と同様に、公家・賀茂・幕府近習らの「常連」が参集して開かれる鞠会、そして、晴（ハレ）意識の強い規模の大きな鞠会である三時鞠など、その時々により、鞠会の内容に差異がみられる。このうち、文明十四年（一四八二）六月十七日に開かれた三時鞠は、「予依此道執心之間所張行也」と親長が開催に意欲をみせた鞠会であり、鞠会の様式・作法の観点からみても、大変興味深い鞠会である。鞠会の流れなどに関しては、後述したいと思う（一七二～一七六頁参照）。

一方、武家の広戸邸で行われた鞠会も、文明十四年（一四八二）五月十九日の鞠会における人的構成[22]を例として推測すると、武家の邸宅で鞠会が開かれる故の独自性は認められず、むしろ、公家の邸宅における鞠会と同様の性格をもった鞠会だと考えられる。それは、すでに、鈴木芳道氏が指摘されているように、[23]武家の邸宅での鞠会のさい、飛鳥井雅康（宋世）が、公家の参会者を招いていることからもうかがえよう。武家の邸宅の鞠会とはいっても、その運営の中核にあったのは、やはり、飛鳥井家を中心とした公家たちであった。

そのほか、図表3―6・7からうかがい得る点をいくつか指摘しておこう。

第一に、この時期、飛鳥井雅康（宋世）の邸宅における鞠会が、まったくみられない点である。図表3―7の通り、飛鳥井雅康（宋世）は、他邸での鞠会には頻繁に顔をみせ、また、これまで述べてきたように、師範家の中心人物として、鞠会運営の中核を担っていた。さらに、のちに触れることだが、長享・延徳年間に入ると、宋世邸の鞠会は、かなり数多くみられるようになる。これらの点から、この時期、なぜ雅康（宋世）の邸宅で鞠会が開かれなかったのか、はなはだ疑問であるが、あるいは、かつて今泉淑夫氏が指摘された、文明十四年（一四八二）二月の「雅康出家」をめぐる問題[24]とかかわりがあるのかも知れない。

第二に、徳大寺実淳が、逆に、ほとんど他邸に赴かず、自邸で鞠会を開いている点である。これは、徳大寺家が清華家という家格であることに起因している。同様の傾向は、後述する近衛・鷹司といった摂家に関してもみられるのである。

第三に、前述してきたことの繰り返しになるが、当時の鞠会グループの中心に飛鳥井・甘露寺・高倉の三家があり、それに、松殿忠顕・園基富といった公家、貞久・棟久・諸平ら賀茂の社人、広戸宗弘・伊勢貞頼・本郷政泰といった幕府近習などが、「常連」のメンバーとして加わり、公家・武家の邸宅における鞠会が開かれている点である。もっとも、先に触れたように、二～三人で鞠遊び的に会が開かれたこともあった。だが、この「常連」メンバーによる鞠会こそ、当時、公家・武家の邸宅で行われた標準的な鞠会であったと考えられる。そして、彼らによって開かれた晴（ハレ）意識の強い規模の大きな蹴鞠会が三時鞠《さんじまり》であった。

三時鞠とは、文字通り、朝・昼・晩の三時にわたって蹴鞠を行い、その間を酒や饗膳でつなぐ遊山の鞠会である。記録的には、『吾妻鏡』建仁二年（一二〇二）九月十日条に、朝・昼・夕の三ケ度蹴鞠を行った例がみえるが、この時、酒や饗膳が振舞われたかどうかは、はっきりしない。

『親長卿記』には、三時鞠が二回みえる。このうち、文明後期に開かれたのは、甘露寺親長邸三時鞠のみであるが、延徳三年（一四九一）四月二十日、飛鳥井宋世邸で開かれた三時鞠についても、親長邸三時鞠と比較しつつ、同時に考察を進めたい（図表3―8・9参照）。

まず、朝鞠においては、双方の三時鞠とも、足慣らしといった感じで蹴鞠が行われており、差異はみえない。両邸における三時鞠の様式に差異がみえるのは、日中鞠・晩景鞠においてである。そのうち、一番大きな差異は、勝負鞠（二座に分かれて鞠数を競い合うこと）を日中鞠で行うか、晩景鞠で行うかという点であった。親長は、宋世邸三時鞠が開かれる数日前に、宋世と三時鞠の次第について談合した折り、勝負鞠を日中鞠で行うのがよいのではないかと申しいれた[25]。だが、宋世は、晩景鞠で行うべきだと返答した。宋世が、勝負鞠を晩景鞠で行うとしたのは、当時における飛鳥井家の蹴鞠伝授書に、次のような記述がみられることと呼応するものと思われる。

一、三段事

鞠に序破急あるへし、初ハ我木の下ふかく立て、分にしたかひて鞠たけのひやかに、ことさら自他分よく見分けてのとかにけるへし、これハ序分の時なるへし、破分にハいさゝか木の下をいつる様にて、鞠長ひかへて、時々曲をもましへてけるへし、晩景に及て急分にならハ、いかにも数をもはけミ、木にかけす、猶鞠長をつめて、たかひに忠を尽、興をもよほすへし、自他分あさやかにこひ、とり々々声の色をそへて、進退みたれぬものから、にきハしく蹴なすへし、（長享二年奥書『蹴鞠之条々大概』[26]）

図表３－８　甘露寺親長邸三時鞠(文明14年６月17日)

<table>
<tr><td colspan="2">朝鞠</td><td>①公卿以下、次第に木のもとに立ち、蹴鞠。
(賀茂輩・武家輩からは､左右から１人ずつ立つ。善法寺亨清法印遅刻。メンバーを入替えた時に立つ)</td></tr>
<tr><td colspan="2"></td><td>②休息(朝食)</td></tr>
<tr><td rowspan="2">日中の鞠</td><td colspan="2">③鞠足８人、次第に木のもとに立ち、蹴鞠。一巡の後、次第に立ちかわり、蹴鞠。
(飛鳥井宋世、８人のほかに懸の外に立つ)
④休息(点心)
(甘露寺親長、付枝鞠事、飛鳥井宋世より伝授)</td></tr>
<tr><td>日中鞠</td><td>⑤露払鞠(諸平置鞠)
⑥解　鞠(飛鳥井雅俊解役)
⑦勝負鞠
(若衆方……上鞠５回で鞠数320回……棟久数取役)
(老衆方……上鞠２回で鞠数370回……甘露寺元長数取役)</td></tr>
<tr><td colspan="2">晩景鞠</td><td>⑧再び立ちかわり蹴鞠</td></tr>
</table>

図表３－９　飛鳥井宋世邸三時鞠(延徳３年４月20日)

<table>
<tr><td>朝鞠</td><td>①諸平置鞠の後、着座。
②上８人から樹のもとに立ち、蹴鞠。次第に立ちかわり蹴鞠。</td></tr>
<tr><td></td><td>③休息(朝飯)</td></tr>
<tr><td>日中鞠</td><td>④諸平枝鞠持参(松の枝にフスベ鞠と白鞠を１つずつ付ける)
⑤鞠足等着座
⑥解鞠(飛鳥井雅俊解役)
⑦上８人樹の下に立つ
⑧上鞠之儀(飛鳥井宋世上鞠役)
⑨上８人蹴鞠。立ちかわり蹴鞠。</td></tr>
<tr><td></td><td>⑩休息(湯漬)</td></tr>
<tr><td>晩景鞠</td><td>⑪勝負鞠(鬮で左方と右方を分ける)
(左方……上鞠３回で、３人入れかわり、その後、上鞠２回)
(右方……上鞠５回)
⑫左右から１人ずつ進みたち蹴鞠</td></tr>
<tr><td></td><td>⑬一盞</td></tr>
</table>

すなわち、晩景鞠を序・破・急のうちの急分と位置付け、晩景鞠において、数鞠を行うよう飛鳥井家の家説は相伝されてきたのである。師範家である宋世は、家説を意識して、鞠会の次第を工夫し、諸家である親長は、晴（ハレ）意識の強い規模の大きな鞠会の逸興を日中鞠に凝集するよう鞠会を構成した。そこに両邸における三時鞠の様式上の差異が生じたのである。

ところで、日中鞠では、上鞠・解鞠・露払など、蹴鞠特有の儀礼が行われている。次に、それらについて触れよう。

まず、宋世邸三時鞠において行われた上鞠について述べたい。上鞠とは、再三述べてきているように、蹴鞠を開始するさい、最初に鞠を蹴りあげる儀式であるが、親長邸三時鞠では行われていない。宋世邸三時鞠で上鞠を勤めたのは、当代きっての鞠の技量をもった師範家の人物である飛鳥井宋世自身であったから、[27]その意味では「此道の先途（最高）」の役とした、『享徳二年晴之御鞠記』の記述に符合し、慣例を踏襲しているとみることができる。しかし、のちに述べるように、十五世紀末の禁裏の鞠会（勝仁親王御方の鞠会）においては、従来、「具足の鞠」でのみ行われた儀式である上鞠の儀をめぐって、「具足の鞠」ではない鞠会で、上鞠の儀を行うべきか否か談合が加えられるなど、従来の「故実」が揺れている面もみられる。

次に、親長・宋世両邸の三時鞠で行われた解鞠について述べたい。プレーに先立って、小枝に結び付けられた鞠を、鞠場で解きはなつ儀式である解鞠を、親長・宋世両邸における三時鞠で勤めたのは飛鳥井雅俊であった。第二章で述べた通り、『北山殿行幸記』に、解鞠を「譜代殿上人」の役であるとした記述があったから、師範家の雅俊がこれを勤めたということは、この慣例を、一応、受け継いだものとみなすことができる。だが、付言しておくと、明応年間に入ってから行われた規模の大きな鞠会である、明応三年（一四九四）七月二十七日の上原賢家の宿所で開催された諏訪法楽鞠のさい、解鞠を勤めたのは高倉永康であった。(28)このことから、十五世紀末には、規模の大きな鞠会において、必ずしも、師範家の人物が解鞠役を勤めているわけではないことがうかがえよう。と同時に、高倉家が当時の蹴鞠界において、飛鳥井家・甘露寺家とともに重要な位置にあり、「譜代」に準えられるような立場にあったこともうかがわれる。

次に、親長邸三時鞠で行われた露払鞠に関して触れたい。露払とは、先にも述べた通り、禁裏の蹴鞠等で、主に、賀茂の社人らが、懸の露を払い落とすという名目で行う前座の蹴鞠のことである。親長邸三時鞠では、賀茂の社人諸平が露払鞠の置鞠を勤め、賀茂棟久・貞久をはじめ、高倉永康、それに幕府近習である広戸宗弘・本郷政泰・小坂貞頼らが露払鞠を蹴っている。賀茂の社人が中心となって、露払を勤めている点では、禁裏の鞠会と変わらないが、公家の邸宅で行われた規模の大きな鞠会であった故、禁裏の鞠会には参会できない幕府近習も露払鞠に加わった。

一方、宋世邸三時鞠では、鞠会の前夜、伊勢貞頼と本郷政泰の間で座次相論が起こり、懸の木の下へ向かう時の参進に問題が生ずるため、露払鞠が中止された。座次相論は、親長邸三時鞠のさいにも、殿上人と善法寺亨清法印の間で起こり、「今日進立事次第不同也」の措置がとられている。この座次相論については、第四章で詳しく述べる。

ところで、先にも触れたように、晩景鞠の位置付けは、親長・宋世両邸の三時鞠の間で異なる。親長邸三時鞠では、朝鞠と同様、普通に蹴鞠が行われており、宋世邸三時鞠では、鬮で左方と右方を分け、勝負鞠が行われている。このうち、親長邸三時鞠では、晩景鞠で、飛鳥井宋世が曲足(高等な技)をみせており、彼の鞠足としての技術水準の高さの一端をうかがわせる。

三時鞠は、基本的に酒や饗応をともなった遊山の鞠会であった。儀礼についてみても、先例を勘案しつつも、その場の事情に応じて、むしろ鞠会に興を添えるために行っているとさえ感じられる。酒や饗応にしても、儀礼にしても、「興を催す[29]」ことにこそ三時鞠の主眼があったのだといえよう。

(4)堺における鞠会

『親長卿記』には、文明十一年(一四七九)から同十五年(一四八三)にかけて、四回ほど、親長が地方へ下向した記事がみえる[30]。下向の目的は、高野山への参詣や有馬への湯治等であったが、その便路に立ち寄った堺で頻繁に鞠会が開かれている。親長が、旅の途中、堺へ立ち寄ったのは、弟の南昌庵が堺にあったからだが、同庵を中心に、親長の滞在中、ほとんど連日鞠会が開かれており、「在所の輩」の蹴鞠への熱中ぶりをうかがわせる。

こうした、「在所の輩」の蹴鞠への執心は、彼らの中に、親長の蹴鞠門弟となった者がいることからもうかがえる。文明十一年三月二十九日に庄藤三郎が、翌十二年(一四八〇)四月二十四日に中嶋藤衛門が、同年五月二十日に村上橘六宗保と梶浦又四郎忠長が、それぞれ親長の蹴鞠門弟となっている[31]。

このうち、村上橘六宗保と梶浦又四郎忠長が門弟となったさいの記事に、「縮開《つめびらき》」を存知していなかったので、彼らを門弟とすることを了承したと親長が書き記している部分がみられる。縮開とは、鞠の動きに従って、一座の鞠足がどのような位置に動くかという「ポジション」のとり方をあらわしたもので、秘伝書などでは図示されている[32]。この史料の意義については、第五章で詳述したい(二四六頁参照)。いずれにしても、親長の技芸が、堺という地方においてであるにせよ、「在所の輩」が弟子入りを懇望するほどの確かなものであったという点には注目しなければならない。

第四節　長享・延徳・明応期の蹴鞠会

最後に、『親長卿記』に記される文明十八年（一四八六）～明応七年（一四九八）の鞠会についてみてみたい。この時期においても、最も頻繁に開かれていた鞠会は、公家の邸宅における鞠会であった。武家の邸宅における鞠会も開かれたが、回数では、公家の邸宅における会が圧倒している。文明十八年以降、細川氏の被官が、公家・武家の邸宅における鞠会に大量参入することになるが、長享・延徳・明応年間にいたって、とみにその傾向は著しくなる。

一方、禁裏の鞠会では、ひき続き、勝仁親王が主催して鞠会が開かれている。長享・延徳年間には、ほとんどその開催がみられないが、明応五年（一四九六）には、親王の強い意向で、三回、鞠会が開かれた。なお、この時期には、室町殿の鞠会は、『親長卿記』にみえない。

以下、この時期に開かれた禁裏（勝仁親王御方）の鞠会と公家・武家の邸宅における鞠会について述べることにしよう。

（1）禁裏（勝仁親王御方）の鞠会

文明末年に数回開催された勝仁親王御方の鞠会は、長享・延徳年間に入り、ほとんど開催されなくなった。それが明応五年（一四九六）にいたって再び開催されるようになったのは、勝仁親王の強い意向による。親王は、同年閏二月二十一日の鞠会に先立って、親長に鞠会参会者のメンバー表を提出させた。[33]この時、「当年未出仕之輩」がメンバーからはずされていることは、禁裏への出仕が、禁裏の鞠会参加の必須条件となっていることをうかがわせ興味深い。

ところで、この明応五年閏二月二十一日および二十四日に行われた勝仁親王御方の蹴鞠会は、のちに家元制度を支える重要な要素となった、鞠水干〔補注〕（直垂の上）・葛袴・鴨沓が、新たな様式として認知される契機となった意味でも注目される蹴鞠会である。ここで、その点について、少し立ち入って考察してみたい。まず、『親長卿記』の同日条の記事を引用しよう。

㋑明応五年閏二月廿一日条

今日親王御方御鞠御張行、予可申沙汰之由、兼日依蒙仰、人々相催之、御庭切立大松之間乾木被添切立之、已下事、予依所労、宰相入道令参仕申付云々、申剋許、漸事具之由、宰相入道申送之間、押所労参内、雖為禁庭、親王御方対屋御同宿、其上人々装束乱後不叶之間、号親王御張行、各葛袴也、今日御人数、

親王御方萌黄御水干御葛袴、令着鴨沓給、　予黒梅モチノ道服、葛袴、着鴨沓、　高倉中納言入道衣薄墨道服、葛袴、着鴨沓、　飛鳥井中納言入道香唐紗道服、葛袴(黒)、着鴨沓、　勧修寺中納言唐紗直垂上、葛袴、　園宰相紫紗上、葛袴、　宰相入道衣薄墨道服、葛袴、　以量朝臣紗上、葛袴、　雅俊朝臣布染上、葛袴、　賢房染分紗上、葛袴、　季綱白紗上、葛袴、　藤原資直白紗上、葛袴、

賀茂輩

棟久三位サヨミノ上、葛袴、　諸平縣主染分越後布上、葛袴、

親王御座南北行、在北方、小文、畳一枚敷之、東面、

公卿円座西上、南面、

賀茂輩北上、西面、

㋺明応五年閏二月廿四日条

今日御鞠事、大概如先日、今日御台慈照院殿御後室、可有御見物云々、
未剋許参内、参仕人々、御人数、
親王御方香御水干、予白衣道服、高倉中納言(入道)黄色道服、中納言入道白紗、勧修寺中納言、園宰相モチノ直垂上、宰相入道如已然、以量朝臣茶染文直垂上、雅俊朝臣末濃葛袴、賢房、季綱同、伊長今日初参、着白水干、有菊閇、水干事、於鞠場執之由、二楽院、所存有之、於予所存実無其儀、凡水干葛袴無余儀歟、仍着之、
藤原資直如已然、
　賀茂輩、
諸平縣主如已然、泰久初参、モチノ色々染直垂上、
親王御方已前南北行也、今日被敷改東西行傍北立蔀、御鞠畢退出、

まず、これらの鞠会が催された場であるが、史料㋑に「禁庭たりといえども」とあるように、禁裏の庭で行われたことがわかる。先にみた通り、当年における禁裏への出仕との関連で、参会者が選定されていることとあわせて考えるならば、勝仁親王御方の御鞠ではあるが、禁裏の蹴鞠会としての性格が強い会であるといえよう。

ところが、史料㋑にある通り、勝仁親王が禁裏の対屋に同宿していたこと、および人々の「正式」な装束が、応仁・文明の大乱後、思うままに調達できなかったという要因が理由となって勝仁親王が御鞠を主催することになったと甘露寺親長は日記に書き記している。とりわけ、「人々装束乱後叶わざるの間、親王御方御張行を号す」という記述の中に、「もし、「正式」な蹴鞠装束が調っていたならば、後土御門天皇が御鞠を主催したであろうに」という親長の気持ちが含まれていたと推測することもあながち恣意的な解釈ともいえないであろう。

では、ここにいう「正式」な装束とは、どのようなものであったのだろうか。十四世紀の末から十五世紀半ばにかけて、「公宴」蹴鞠会が開催されたことは第二章で述べた。このうち、今仮りに、明応の時点からさかのぼっ

て最も近い時期に開かれた、享徳二年（一四五三）三月二十七日の禁裏晴の蹴鞠会の参会者の装束に注目してみよう（第二章第三節(5)にみえる『享徳二年晴之御鞠記』の「人々装束幷韈色事」参照――一三三頁）。

一見してわかる通り、後花園天皇も含めて、蹴鞠会に参会したほとんどの鞠足が、直衣ないし衣冠に指貫という装束を身につけており、史料㋑㋺にみえる勝仁親王御方の御鞠において、親王が水干を身につけ、法体の参会者を除いた多くの公家が、「＊＊上」とみえる直垂の上を着し、また、参会者一同が、葛袴を身につけていることと対照的である。十四世紀半ばに成立したと考えられる御子左流の蹴鞠書『遊庭秘抄』に、

公宴には、束帯・直衣・狩衣、私会には、水干・葛袴・直垂、以下思ひ思ひたるべし、

とみえることや、他の「公宴」蹴鞠会においても、第二章にみえる通り、参会者が享徳二年の晴の蹴鞠会と同様、直衣あるいは衣冠に指貫を身につけていることを考えると、史料㋑にみえる、親長が「乱後叶わず」と記した「装束」は、直衣ないし衣冠に指貫という、応仁・文明の大乱以前に、「公宴」蹴鞠会で用いられた装束であったとしてよいだろう。

ところで、史料㋑によると、明応五年閏二月二十一日の勝仁親王御方御鞠では、勝仁親王・甘露寺親長（蓮空）・高倉永継（常祐）・飛鳥井雅康（宋世）が、それぞれ鴨沓をはいて鞠を蹴ったことが記されている。鴨沓とは、先にも述べたように、牛革製の沓に鹿の揉み革で作った韈を縫い付けて、編み上げ靴様にした鞠沓のことである。おそらく、この時のエピソードを伝えていると思われる記述が、大津平野神社に所蔵される『鞠道聞書　雅俊卿説[34]』という蹴鞠書の一節にみえる。次に引用しよう。

ねこかきを敷て、鞠を蹴事ハ、禁中にて帝王の土を御ふミなきゆへに、ねこかきを敷也、惣の庭にしかるゝ也、基広如此口伝仕候由申候処、ねこかきハ、禁中の外にハ有間敷事也、懸の木より一間計そとへ出して敷

也、天子ハねこかきの下へ御出なき也、其外の御人数ハ、土をふミてあそはす也、四本の木の所をハ、切合て敷也、賀茂人仕候て進上する也、当今様親王にて御座の時、二楽院賀茂沓をめしてあそはせと御申候て、賀茂沓をめしハ、其外御人数もめしたる也、親王にて御座の間、ねこかきもしかす、土の上にてあそハす也、然るに、賀茂沓をめしてあそはしにくきとて、御す足にてあそはす時、二楽院ハはきてあそはすを、近臣とも色々申こと有たると也、雅俊様ハ御ぬきにてあそハすと也、但本式の時、賀茂沓をハはくへきこと有ましき事也と被仰候也、

引用文中にみえる基広とは、美濃斎藤氏の一族である斎藤駿河守基広のことである。この記述は、基広が受けた、猫掻（天子土踏まずとして、禁裏の蹴鞠会で庭に敷き詰めた筵）に関する口伝の内容を、蹴鞠師範家の当主である飛鳥井雅俊に話して是非をただし、それに対して、雅俊が返答した内容を書き留めたものである。直接的には、猫掻に関する事柄が話題の中心となっているが、猫掻を禁裏に進上し、禁裏の蹴鞠会において鞠庭に敷き詰める役を賀茂社の社人が勤めていたことから、それに関連して、「賀茂沓」が話題にのぼっているのである。

こうした内容をもつ引用部分の記述の中で、特に注意されるのは次の二点である。すなわち、第一に、勝仁親王が猫掻を敷かず、土の上で蹴鞠を楽しみ、また、「賀茂沓」をはいて鞠を蹴ったことを、「親王にて御座の時」「親王にて御座の間」と、あくまで親王時代の出来事として強調している点である。そして、第二の点は、「但本式の時、賀茂沓をバはくべきこと有まじき事也」と、「本式」の蹴鞠会では、「賀茂沓」をはいて鞠を蹴ってはならないことが明示されている点である。とりわけ後者の点は、勝仁親王が、「賀茂沓をめしてあそばしにくきとて、御す足にてあそばす」とみえることと共に、「賀茂沓」をはいて蹴鞠を行うことが、当時の禁裏の蹴鞠会の習慣としては、定着していなかったことを示唆している意味で注目に値しよう。

では、鴨沓をはいて蹴鞠を行うことに対する、「本式」の様式とは、どのようなものであったのであろうか。第二章で詳述した、「公宴」蹴鞠会の一つに、永享九年（一四三七）十月、後花園天皇が足利義教の室町第へ行幸したさいの二十五日に開かれた晴の蹴鞠会がある。その時の様子を、賀茂社の社人である賀茂夏久が記した『永享九年十月廿五日行幸御鞠日記』(35)に、次のような記述が記されている。

一、ゆいおにてあしをゆうやう、沓のしたよりとりてあしのこうにて一むすひして、左ねちに三ねちして、なかき方をそとのつふゝしの方へまわして、うちのつふゝしの方へまわして、うちのつふゝしにて一むすひして、又かたわなにむすひて、すえをとりあわせて、うらとうらとをあわせて、下より上へかう也、わなの方、あしのきひすの方へやる也、わな一寸あまり也、すえハ五ふん也、沓のなかよりもちときひすの方へよりてゆうかよき也、

いささか煩瑣な記述ではあるが、沓と韈が、鴨沓とは異なって、一緒に縫い付けられてはおらず、各々別々に別れていたものであったため、沓が脱げぬよう、図表3―10のように、結緒を足に巻き付けて、踝《くるぶし》のあたりで結んで使用したことなどがこの記述からうかがわれよう。第二章でみたように、『享徳二年晴之御鞠記』の「人々装束幷韈色事」をみると、後花園天皇の項に「無文燻革御韈」と明記されており、他の「公宴」蹴鞠会の記録においても同様に記されていることから、沓と韈が別々であり、結緒を足に巻き付けて、踝のあたりで結んで用いた、大乱以前に「公宴」蹴鞠会で用いられていた足の調え方が、鴨沓に対する「本式」の様式であったとして、差し支えないものと思われる。

このように、明応五年閏二月二十二日・二十四日に開かれた勝仁親王御方御鞠は、禁裏の庭で開かれた鞠会であるにもかかわらず、親王が水干、そして法体の参会者を除いた鞠足が直垂の上を着し、一同の参会者が葛袴を

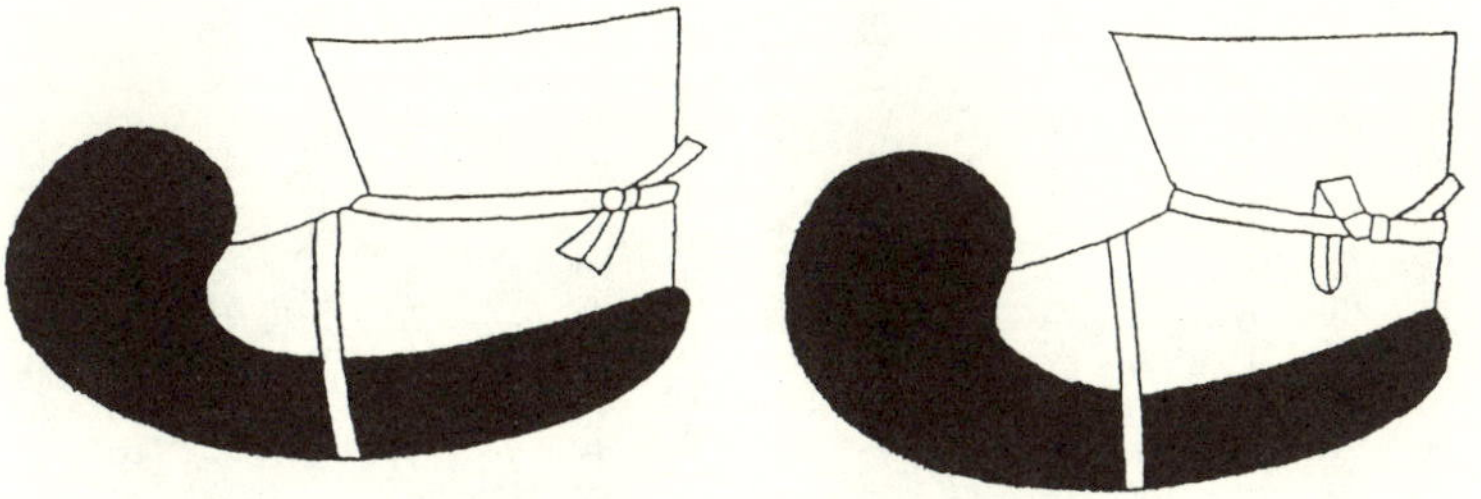

図表3－10　具足（『群書類従』蹴鞠部所収『後鳥羽院御記』による）

身につけ、また親王を含む数名の鞠足が鴨沓をはくなど、従来、「公宴」蹴鞠会で用いられてきた「正式」な装束とは異なった様式で行ったところに、その画期的な意義があったのである。

　無論、こうした様式が、突如として、勝仁親王御方の御鞠にさいし、用いられたわけではない。例えば、応仁・文明の大乱前から、水干・葛袴・直垂などの装束が、蹴鞠の私会用として用いられていたことは、先に引用した『遊庭秘抄』の記述にみえる通りである。また、文明十四年（一四八二）六月十七日に、甘露寺親長邸で開かれた三時鞠について、賀茂貞久が記録した『三時鞠日記』[36]をみると、

　しやうそくハ、ミなミなきぬのひたゝれのかミ、又ぬののひたゝれのかミ、いろいろ三度にきかふる也、（中略）下ハみなみなくすはかま也、

との記述がみえ、同じく、飛鳥井宋世が、鴨沓をはいたことが記されているから、応仁・文明の大乱後、こうした規模の大きな蹴鞠会においても、直垂の上や葛袴・鴨沓などが、次第に用いられるようになったことがわかる。さらに、室町幕府の蹴鞠会においても、永享四年（一四三二）四月二十日の室町殿蹴鞠御会の記録に「各狩衣云々」（『看聞御記』）とみえ、また永享六年（一四三四）正月二十八日の室町殿歌鞠会でも、蹴鞠にさいして「各狩衣」（『満済准后日記』）が用いられるなど、狩衣が使用されていたのに対し、大乱後の、文明五年（一四七三）八月二十九日の室町殿御鞠始においては、参会者のうち着用した装束の記載が明確な、勧修寺教秀・広橋綱光・

甘露寺親長・園基有・庭田雅行ら数名の鞠足が、すべて「直垂上」を用いており（『親長卿記』）、勝仁親王御方御鞠より一足先に、「装束の下剋上」の波を受け止めていることが明白である。

　このような機運の中で、禁裏の御鞠でも、すでに文明十四年（一四八二）三月十六日に行われた勝仁親王御方御鞠で、甘露寺親長が「葛袴水干」を用い、これより先、文明十一年（一四七九）五月二十九日に行われた宮御方御庭（所在は未詳）御鞠で、園基有が「直垂上」を着用するなど、従来の私会用の装束が、漸次使用されていることがわかる。しかし一方で、前者の御鞠では、庭田雅行が「夏衣冠」を、後者の御鞠でも、やはり庭田雅行が「衣冠」、そして滋野井教国と三条西実隆がそれぞれ「直衣」を着しており、乱前の「正式」な装束が、その名残りをとどめているのである（『親長卿記』）。そうした点からみると、明応五年（一四九六）閏二月の勝仁親王御方御鞠は、「装束乱後叶わず」という現状を受け止め、応仁・文明の大乱以前に、「公宴」蹴鞠会で用いられていた「正式」な装束を用いないで、大乱後、次第に一般化しつつあった、直垂の上に葛袴、そして鴨沓という様式を、禁裏という場で開かれた御鞠にさいしても、吸収して用いたところに、その意義があったといえるのである。

　ところで、甘露寺親長が「装束乱後叶わず」と記した状況は、勝仁親王御方御鞠における、上鞠の儀の実施にも、少なからぬ影響を与えた。『親長卿記』明応六年（一四九七）四月十七日条にみえる次の記事に注目してみよう。

中入宮御方上鞠之儀、今度御鞠之次可被御覧歟、凡急度装束沓韈等如本儀被用意者、更難成就、雖為陵遅、内々可被仰出歟之由申入、為陵遅歟、但不苦者可談合二楽之由有仰、

及晩詣飛鳥井中納言入道宋世許、談合此趣、誠式装事者、公私不可叶、雖為陵遅可有何事候哉之由、申之、申入此子細了、然者可申付云々、即申了、解枝鞠事、飛鳥井中将可然之由、予意見了、

意訳してみると、おおよそ、次のようになろうか。

私（甘露寺親長）は、勝仁親王に対し、上鞠の儀について次のようなことを申し入れた。「この度の御鞠にさいし、上鞠の儀をご覧になりますでしょうか。おそらく、装束・沓・韈など、本儀のように調えるのは不可能なことだと思います。（装束・沓・韈などは、本儀のように調いませんが）内々の儀として、（上鞠を）お言い付けになりますでしょうか」と。（そうしたところ、親王は）「正式な装束は調わないのですか。但し、（装束などが調わないとしても）それは構わないので、二楽（飛鳥井宋世）に相談してみなさい」と仰せになった。晩に及び、飛鳥井宋世の許を訪ね、この件を相談したところ、宋世は、「正式な装束は、どのような手筈をとっても調いません。しかし、だからといって（上鞠の儀を親王へご覧入れることに）何の支障がありましょうか」と答えた。そこで、この子細を、（再び）親王に申し入れたところ、「それならば、（上鞠の儀を行うことを）宋世に申しつけなさい」とのことであったので、すぐに、そのことを宋世に伝えた。この時、解鞠の役は、飛鳥井雅俊が勤めるのがよいのではないかと、私は意見を言い添えた。

この記述から、明応六年四月二十一日の勝仁親王御方御鞠にさいし、装束・沓・韈が本儀のようには調わないということを理由に、上鞠の儀の作法を行うか否か、慎重な検討が加えられていることが明確にうかがえよう。おそらく、こうしたことが問題となるのは、例えば、第二章でも引用した、延徳二年（一四九〇）七月日の奥書をもつ内閣文庫所蔵の蹴鞠伝授書『雅親卿　蹴鞠条々』(37)に、

上鞠は屋の大事、さまさまの口伝有、其心法のある上鞠之事也、装束・沓・韈の時、其人をえらみて用る事也、口伝を待へし、細々のはたかあしのあけまりハ無作法也、

とみえるような認識が、当時、依然として一般的であったことによるものと思われる。つまり、上鞠の作法が行

われる蹴鞠会は、大乱前に催されていた「公宴」蹴鞠会のような、沓・韈を調えて行う「具足の鞠」に限定すべきであるとの考え方が、未だ根強く残っていたのである。

しかしながら、数日後の二十一日に行われた御鞠で、飛鳥井宋世は、

上八人分立畢、中納言入道進出庭中取鞠、此間仁各聊退木本立、中納言入道風情儀畢、見人々方小揖、一足蹴上、（『親長卿記』）

とみえるように、事前の打ち合わせ通り、上鞠の儀を行った。詳しくは第四章で述べるが、それから数年後の永正三年（一五〇六）三月に、飛鳥井宋世が作成した『蹴鞠百首和歌』[38]の中に、

枝の鞠わりこのまりの上まりハ巧者の役ときゝもこそすれ

という歌がみえ、従来、「具足の鞠」における「先途」の役であった上鞠役の位置付けが[39]、「枝の鞠」（解鞠の儀が行われる蹴鞠会）、ないし「破子鞠」（鞠庭で破子《わりご》――弁当箱の一種――を用いて饗膳が振舞われる蹴鞠会）の「巧者」の役へと変化していることがわかる。こうした変化も、この勝仁親王御方御鞠をめぐる経緯が、一つの契機になっているのかもしれない。いずれにしても、「陵遅たるか、但し苦しからず」「陵遅たりといえども何事あるべく候や」という、一見、「衰微」としか映らない現状をむしろ積極的に受け止め、それに対処しようとする勝仁親王や飛鳥井宋世らの姿勢が、ここでも、新たな様式を生み出すきっかけとなっているのである。

なお、最後に、勝仁親王御方御鞠の人的構成をみると、この時期にも、人数が、公家と賀茂の社人に限定されていることがわかる（図表3―11）。禁裏の鞠会には、文明年間から明応年間にいたるまで、一貫して武家の参入がみられないことに留意しておきたい。

図表３-11　文明18～明応７年の禁裏(親王御方)の鞠会

年・月・日	参　会　者
文明18・　4・9	(公家)甘露寺親長・橘以量・五辻富仲
文明19・　2・6	(公家)甘露寺親長・江南院・甘露寺元長・橘以量・万里小路賢房・高倉冷泉永宣・五辻富仲
2・13	(公家)甘露寺親長・高倉常祐・江南院・甘露寺元長・橘以量・高倉永康・飛鳥井雅俊・五辻富仲
2・21	
延徳4・　5・9	
明応5・閏2・21	(公家)甘露寺親長・高倉常祐・飛鳥井宋世・勧修寺政顕・園基富・江南院・橘以量・飛鳥井雅俊・万里小路賢房・阿野季綱・富小路資直 (賀茂)棟久・諸平
閏2・24	(公家)甘露寺親長・高倉常祐・飛鳥井宋世・勧修寺政顕・園基富・江南院・橘以量・飛鳥井雅俊・万里小路賢房・阿野季綱・甘露寺伊長・富小路資直 (賀茂)諸平・泰久
3・26	(公家)甘露寺親長・高倉常祐・飛鳥井宋世・勧修寺政顕・甘露寺元長・園基富・江南院・飛鳥井雅俊・万里小路賢房・甘露寺伊長・富小路資直 (賀茂)棟久・諸平・光久・泰久
明応6・　4・21	(公家)甘露寺親長・高倉常祐・中山宣親・飛鳥井宋世・勧修寺政顕・甘露寺元長・園基富・江南院・高倉永康・飛鳥井雅俊・姉小路済継・阿野季綱・勧修寺尚顕・甘露寺伊長・富小路資直 (賀茂)棟久・諸平

図表3-12　文明18～明応7年の公家・武家の邸宅における鞠会の亭主

		文明18	文明19 長享元	2	長享3 延徳元	2	3	延徳4 明応元	2	3	4	5	6	7	計
（摂家）	近衛政家					1		4	1						6
	鷹司政平						1								1
（公家）	甘露寺親長	9	6	5	3	2		2	6				1	1	35
	甘露寺元長			6	2	4	5	3	1						21
	飛鳥井宋世			2	1		8	4		1				2	18
	飛鳥井雅俊			1							1				2
	高倉常祐	1		1											2
	徳大寺実淳		1												1
	飛鳥井栄雅	1													1
	園基富						1								1
	富小路俊通					1									1
（武家）	細川政春													1	1
	広戸宗弘		1												1
	四宮長能						2	2							4
	上原賢家								1	1					2
計		11	8	15	6	8	17	15	9	2	1	0	1	4	97

注1：飛鳥井宋世(俗名雅康)・高倉常祐(俗名永継)
　2：明応3年7月7日の7カ所鞠(甘露寺元長・高倉常祐・飛鳥井雅俊・飛鳥井宋世・上原秀家・四宮長能・広戸宗弘の各邸宅)は、表に入れなかった。

(2)公家・武家の私邸における鞠会

この時期においても、頻繁に開催された鞠会は、公家の邸宅における会であり、武家の邸宅における会は、これに加わるという程度であった。

図表3—12・13を参照していただきたい。まず、図表3—12によると、文明十八年（一四八六）から明応七年（一四九八）にかけて鞠会が多く開かれているのは、甘露寺親長・元長・飛鳥井宋世の邸宅であることがわかる。この中で注目されるのは、飛鳥井宋世の邸宅における鞠会が、文明後期にはみられなかったのに対し、この時期にはかなり開かれているという点である。比較のため、図表3—13をみると、文明十八年以降、特に長享・延徳・明応年間にいたって、細川氏の被官が鞠会へ大量参入するという特徴がうかがえるが、このうち、上原賢家や額田宗朝へ宋世が与えた蹴鞠伝授書の写本が現存して

図表3-13　文明18～明応7年の公家・武家の邸宅における鞠会の人的構成

〔A：公家〕

	参会者	文明18	文明19 長享元	2	長享3 延徳元	2	3	延徳4 明応元	2	3	4	5	6	7	計
摂家	近衛政家					1	1	4	1						7
	近衛尚通					1	1	1	1						4
	鷹司政平						1	2							3
	鷹司兼輔							1							1
公家	甘露寺親長	11	7	12	6	8	12	8	10	3			1	4	82
	飛鳥井宋世	10	4	12	6	7	14	10	3	3			1	3	73
	江南院	5	5	12	5	7	10	8	7	3			1	3	66
	甘露寺元長	4	5	12	4	6	12	7	5	3			1	3	62
	園基富			10	3	5	8	5	6	2			1	2	42
	高倉常祐	10	2	5	4	5		3	6	3			1	3	42
	高倉永康	8	2		4	3	2		2	3				2	26
	松殿忠顕	3	1	8	2	5	2	1							22
	飛鳥井雅俊	4		1	2	2	2		3	3	1			3	21
	富小路資直		1			1	2	4	2	2			1	1	14
	甘露寺伊長						4	3	4					2	13
	万里小路賢房		5	4										3	12
	阿野季綱							2	4	1			1		8
	姉小路済継		1	1				1						4	7
	勧修寺政顕								2				1	3	6
	橘以量	1				3	1								5
	丹波明重			2				1		1					4
	高倉冷泉永宣	1		1	1										3
	南昌		3												3
	中御門宣胤	1	1	1											3

注1：公家の参会者のうち、2回以下の者は省いた。
　2：明応3年7月7日の7カ所鞠も回数に数えた。

〔B：武家〕

	参会者	文明18	長享元	2	延徳元	2	3	明応元	2	3	4	5	6	7	計
守護家	細川政春			1	1									4	6
	山名豊時								3						3
	武田元信						1							2	3
	細川高国													3	3
	細川政賢													2	2
幕府近習	広戸宗弘	5	1		2	2	6	4	2	3				1	26
	伊勢貞頼	2				4	1		1						8
	小笠原持清		1	2	2		1								6
	本郷政泰	2	1				1								4
	広戸子					1	1		1						3
	広戸則忠						2								2
	飯尾清房		1												1

細川被官	四宮長能	1		3	4	1	10	8	4	3				3	37
	斉藤元右			1	3	1	7	5	4	3					24
	額田宗朝							4	3	3			1	3	14
	薬師寺与一				3		3	3		2				2	13
	上原賢家	1		1	3		2		2	3					12
	大平国雄	3		1	2	1	2								9
	上原神四郎						6	1							7
	上原元秀	3			1		1								5
	上原秀家								2	3					5
	上野中務丞													3	3
	鴨居	2													2
	原田				1										1
	若槻													1	1
赤松被官	後藤則季									1					1

〔C：賀茂・その他〕

	参会者	文明18	文明19 長享元	2	長享3 延徳元	2	3	延徳4 明応元	2	3	4	5	6	7	計
賀茂（鴨）	諸平	2	5	3	3	3	3	3	3	2			1	2	30
	棟久	3	1	3	1	2	3	3	1	2				2	21
	貞久	6	3	5	3										17
	保平				2	3									5
	重弘				1	2									3
	友平						1		1						2
	泰久							1	1						2
	数久									2					2
	松下三郎								1	1					2
	棟久子						1								1
	（鴨）祐宣								1						1
	（鴨）光之													1	1
その他	世多忠兵衛			1	1	1	3								6
	因幡堂執行		3				2								5
	因幡堂執行弟子						2			1					3
	玉河						1	1	1						3
	庄藤三郎	2													2
	若王寺	1													1
	藤右衛門	1													1
	良世		1												1
	良憲			1											1
	西坊			1											1
	景照入道						1								1
	上池院						1								1
	聖護院								1						1
	花園僧都								1						1

おり[40]、彼らのうちの多くは、宋世の門弟になったものと推測される。この時期に、宋世の邸宅で多く鞠会が開かれた[41]ことは、蹴鞠師範としての宋世の権威の高まりを示唆しているといえよう。

一方、長享二年（一四八八）以降、甘露寺元長邸の鞠会がみえるのは、前年の十二月に、親長が隠居所である西洞院亭に移ったことによって、甘露寺本邸の亭主が元長にかわったことによる[42]。だが、親長が、こののちも西洞院亭で多くの鞠会を開いているということは、西洞院亭で親長が開いた鞠会が甘露寺邸の行事として開かれているのではないということを明示する。この時期においても、公家・武家の邸宅における鞠会は、飛鳥井宋世・甘露寺親長らを中心に、図表3―13にみえる参会者を適宜交え、「鞠寄合」とも呼ぶべき一つの「サロン」として展開したのである。

しかし、例外があった。それは、延徳年間から明応初年にかけて数回みえる、近衛・鷹司両家における鞠会である。参会者については、飛鳥井宋世をはじめ、甘露寺親長・元長・江南院・園基富らといった公家が中心で、武家の参会があまりみられないものの、他の公家の邸宅における鞠会と大差はない。だが、鞠会のさい、近衛・鷹司両家間の行き来はあるが、近衛政家・尚通にしても、鷹司政平にしても、格下の家における鞠会への参会はみられないのである。やはり、摂家という家格が、鞠会への参会の仕方に、このような特徴をもたせたのだといえよう。

ところで、長享・延徳・明応期に開かれた鞠会の内容面からみた特徴としては、どのような点があげられるであろうか。一言でいえば、「趣向を凝らした鞠会」が多いという特徴を指摘することができる。例えば、僧方と俗方の二チームに分けて勝負鞠を行った緇素《しそ》分鞠《わけまり》[43]。朝から晩まで一日中、公家や武家の邸宅七カ所を、蹴鞠を行うために転々とまわり、その邸宅ごとに、酒や食事が振舞われた七カ所鞠[44]。鞠会中の饗膳の席で式包丁が披露された諏訪法楽鞠[45]など、まさに参会者の「鞠数寄」[46]ぶりをうかがわせる会が多い。中でも、この時期の公家・武家の邸宅における鞠会の「寄合的遊興性」を端的にあらわす会こそ扇鬮《おうぎくじ》幷破子鞠であった。

扇鬮とは、図表3―14の通り、扇鬮を担当する役の人が、鞠足から一本ずつ扇を集め、その扇のうちの八本を、懸の中の鞠足が立つ位置に置き、鞠足が、自分の扇の置いてある位置に立って蹴鞠を行うといった、鞠会における興の一つである。この扇鬮が、蹴鞠史上注目されるのは、上鞠役を鬮で選んでいるという点である。先にも触れたように、上鞠は、従来、「此道の先途」(『享徳二年晴之御鞠記』)の者が勤める蹴鞠会における最も名誉な役であった。その上鞠役を鬮で選び、細川被官である薬師寺与一(元長カ元一カ)や細川政賢が勤めていることは、蹴鞠史上特質されることである。

この扇鬮幷破子鞠が催された明応七年(一四九八)五月十四日の数日前にあたる五月十日には扇鬮の習礼《しゅらい》(練習)が行われており(『親長卿記』同日条)、この時の事例が、扇鬮の初見史料であると考えられ、扇鬮は応仁・文明の大乱後の「新儀」であったと考察される。鬮の効能[47]があらわれやすい寄合的結合が、各階層に顕著にみられた十五世紀の末に、より遊興性の強い公家・武家の邸宅における鞠会で、扇鬮が開かれたことは注目に値する。

饗膳に目を転じたい。饗膳の様式は、「鞠場の宴」「客亭の宴」の二部構成になっていることがわかる。このうち、「鞠場の宴」においては、扇の形をした破子《わりご》で饗膳が振舞われている。このことは、扇鬮と鞠場の宴の一貫性を感じさせるとともに、鞠会に「遊び」的な要素を取り入れた興として受け取ることもできよう。

このように、扇鬮幷破子鞠は、きわめて寄合的な遊興性が強い鞠会であった。あるいは、鞠会そのものが、「寄合の芸能」であるといえるかもしれない。だが、扇鬮は、鬮で鞠足の立つ位置を決め、上鞠役をも鬮で選ぶ興であった。鬮の効能という観点からみた時、扇鬮は、やはり鞠会の寄合性を一層強化したものだと位置付けること

図表３-14　飛鳥井宋世邸扇闔幷破子鞠（明応７年５月14日）

		①一献
蹴鞠	初度	②鞠足等着座 ③解鞠（松枝・立ったままで解鞠）（飛鳥井雅綱解役） ④扇闔 ア、扇公事役人、蒔絵筥蓋を持ち鞠足たちの扇を１本ずつ計24本集める イ、扇公事役人、懸中の鞠足が立つ位置に、扇を８本置いてまわる （金目の向きが､懸の内側を向いている人が上鞠役である。他の人の扇は、金目が外側に向いている） ウ、懸に扇のない人は、扇公事役人が再び持ってきた自分の扇を座で受けとり、懸に扇のある人は、順に立つ位置へむかう ⑤上鞠（風情の上鞠でない）（江南院上鞠役） ⑥約十カ度の蹴鞠（江南院纏頭を受け取る）
	第二度	⑦解鞠（楓枝・初度の作法）（姉小路済継解役） ⑧扇闔（初度の如し） ⑨上鞠（風情の上鞠でない）（薬師寺与一上鞠役） ⑩約十カ度の蹴鞠（薬師寺与一纏頭を受け取る）
	第三度	⑪解鞠（竹枝・初度二度の作法）（細川高国解役） ⑫扇闔（初度二度の如し） ⑬上鞠（風情の上鞠でない）（細川政賢上鞠役） ⑭約十カ度の蹴鞠（細川政賢竹付枝鞠を解鞠）
饗膳	鞠場の宴	⑮扇破子・銚子が運びこまれる ⑯各々、破子の蓋をあけ食し、三カ所にある盞で一献 ⑰菓子が運びこまれる ⑱破子等がかたづけられる
	客亭の宴	⑲客亭に場所をうつす ⑳湯漬・一献
蹴鞠		㉑再び蹴鞠

ができよう。

第五節　小　括

冒頭述べたように、本章の目的は、『親長卿記』を通して、十五世紀末における、鞠会の場とその性格、様式や作法などを明らかにするとともに、細川氏とその被官による鞠会への大量参入という、文化享受層の拡大が、蹴鞠におよぼした影響を考えることであった。その中で、明らかになった点を以下まとめておきたい。

第一に、文明初年から明応年間にかけて、蹴鞠界の中心にあったのが、飛鳥井・甘露寺・高倉の三家をはじめとする羽林家・名家クラスの公家であり、中でも飛鳥井雅康（宋世）と甘露寺親長が、一貫して指導的な立場にあったということである。その意味では、武家は、幕府近習にしても、細川氏とその被官にしても、文化的享受者としての性格が強かったといえよう。

第二に、この時期の鞠会は、人的構成や、その性格からみて、各々がある程度独立した、いくつかの「サロン」（鞠会のグループ）として成立していたということである。具体的には、禁裏の鞠会、室町殿の鞠会、公家・武家の邸宅における鞠会と大きく三つにわけることができるが、禁裏・室町殿のそれが、どちらかというと、停滞ぎみであったのに対し、公家・武家の邸宅における会は、この時期の鞠会の主流として、活発に行われたと位置付けることが可能であろう。

第三に、この時期主流であった、公家・武家の邸宅における鞠会が、寄合的な遊興性を強くもちつつ展開したということである。特に文明十八年（一四八六）、細川氏の被官層が鞠会へ大量参入した以降に、その傾向が顕著にあらわれる。例えば、禁裏の鞠会との対比で、性格が浮き彫りにされるのは、各々の鞠会における、「上鞠」の位置付けの違いである。禁裏（勝仁親王御方）の鞠会では、装束等の「陵遅」により、「具足の鞠」ではない鞠会で、上鞠の儀を実施するのか否か慎重な談合が加えられているのに対し、公家・武家の邸宅における鞠会では、むしろ、興として上鞠を行い、ついには、上鞠役を鬮で選ぶという扇鬮さえ催されている。また、酒や饗膳をともなった「宴会の芸能」としての性格も、この時期の公家・武家の邸宅における鞠会に、特に明確にあらわれる傾向の一つで、このことが、鞠会に強い遊興性を与える大きな要因となっている。

応仁・文明〜明応期の蹴鞠会を、『親長卿記』を通してみると、各々の鞠会の場をわきまえた、飛鳥井雅康（宋世）・甘露寺親長ら公家の対応ぶりが目につく。例えば、明応期の勝仁親王御方御鞠で、なかなか「正式」な装束が調わないという条件のもと、従来「略式」であった、鞠水干（直垂の上）・葛袴・鴨沓を新たな様式として用いたことなどは、これらの様式が、後世、家元制度を支える重要な要素となったことからも特筆されるべき点である。だが、従来、宮廷を中心に伝承され、将軍とその側近を主要な享受者としてきた蹴鞠という技芸を、新たに新興武家層を参会者として加えた場で、より遊興性を加味しながら変容させ、新興武家層に開放した点にこそ、十五世紀末における蹴鞠史上の意義が認められるであろう。

なお、本章では、十五世紀末において、蹴鞠界の中心的役割を果たしていたのが、飛鳥井雅康（宋世）を中心とした公家であったことから、細川氏とその被官をはじめとした武家層を文化享受者とのみ位置付けてきた。一方で、例えば、彼らが、経済的なパトロンとしていかなる役割を果たしていたのかという点など、新興武家層の文化荷担者としての位置付けは、なお実態をふまえた上で考察されなくてはならない。残された課題である。

（1）　桜井秀「本邦蹴鞠史考」（『史学雑誌』三四編一一号・三五編五号、一九二三年・二四年、のちに『時代と風俗』所収、

宝文館、一九三一年)。有馬敏四郎「応仁の乱に於ける蹴鞠の遊戯的地位」(『中央史壇』一三巻三号、一九二七年)。

(2) 酒井欣『日本遊戯史』(建設社、一九三三年)の「蹴鞠」の項。

(3) 今泉淑夫「文明二年七月六日付飛鳥井雅親書状案をめぐって」(『日本歴史』三六九号、一九七九年)。

(4) 今泉淑夫「江南院龍霄」(『東語西話――室町文化寸描――』、吉川弘文館、一九九四年)。

(5) 鈴木芳道「甘露寺家月次会・『親長卿記』鞠人グループ蹴鞠会と室町幕府」(『鷹陵史学』第一七号、一九九一年)。

(6) 例えば、室町殿御鞠始は、文明四年には四月九日に、同五年には八月二十九日に、同六年には四月二十五日に開かれ、以後『親長卿記』から姿を消す。

(7) 『親長卿記』文明四年正月二十日条。

(8) 同右、文明四年四月九日条。

(9) 長享二年(一四八八)十二月、飛鳥井宋世から、畠山氏の被官と思われる遊佐長孝に宛てた蹴鞠伝授書の自筆本『蹴鞠之条々大概』「植様事」の項に、次のような記述がみえる。「南向の庭ならバ、艮桜、巽柳、坤鶏冠木、乾松、此分に可植也」。なお長享二年本『蹴鞠之条々大概』は、熊倉功夫が『天理図書館善本叢書・古道集二』(八木書店、一九八六年)で紹介された。

(10) 同右書、「懸の本に可立事」の項に次のような記述がみえる。「公方様懸の本へ御立ある時、着座の人々かならず可動座」。

(11) 『親長卿記』文明五年八月二十九日条および文明六年四月二十五日条に「次第之儀如去年」「次第之儀如去年去々年」とそれぞれみえる。

(12) 河鰭実英『有職故実(改訂版)』(塙書房、一九六〇年)一九一頁。

(13) 『親長卿記』文明十三年五月十九日条。

(14) 第一章および第二章参照。

(15) 第二章参照。

(16) 井上宗雄『中世歌壇史の研究　室町前期(改定新版)』(風間書房、一九八四年)二四九頁。

(17) 前掲注(3)今泉論文「文明二年七月六日付飛鳥井雅親書状案をめぐって」では、庶流である雅康を嫡流に組みこみ、雅親―雅康―雅俊という養子縁組をしたことの理由を、雅親（栄雅）が、飛鳥井家一族の保全を意図して、技芸の実力のある雅康に、雅俊が成長するまでの「つなぎ役」を期待していたためであると論じられている。この時期、蹴鞠界において、実質的な指導者であったのは雅康であったから、この日の栄雅の参仕も、一族保全の動きの一環とみることができる。

(18)『親長卿記』同日条。

(19)『親長卿記』文明十二年六月二十八日条をみると、「可為月次」との語がみえるが、同年九月十日以降、徳大寺邸における鞠会には、「月次」の語はみえず、かわって「巡会鞠」がみえるようになる。

(20)『親長卿記』同日条。

(21) 同右、同日条。

(22) この日の参会者は次の通りであった。甘露寺親長・飛鳥井宋世・高倉永継・善法寺亨清法印・伊勢貞誠・伊勢貞頼・佐脇・広戸・本郷政泰・賀茂貞久・賀茂諸平。

(23) 前掲注(5)鈴木論文、一三三頁。

(24) 今泉は、前掲注(3)「文明二年七月六日付飛鳥井雅親書状案をめぐって」の中で、雅康の出家をめぐって、栄雅・雅俊父子と雅康との間に、微妙な確執があったことに触れられ、この出家を、雅俊への師範家＝廷臣の側面の移譲と捉えられた。延徳二年（一四九〇）十二月に、栄雅が死去するまでは、実質的に蹴鞠界の指導者が雅康（宋世）であったことはかわらないものの、多少なりとも、栄雅に対する雅康（宋世）の譲歩が働いていたものと想定される。推測の域をでないが、そのことが、この時期、雅康（宋世）邸の鞠会がみられない要因かも知れない。

(25)『親長卿記』延徳三年四月十五日条。

(26) 前掲注(9)蹴鞠伝授書より引用。

(27)『親長卿記』にみえる鞠会のうち、上鞠の儀が行われた時は、後述の扇矕を除いて、すべて飛鳥井宋世が上鞠役を勤めている。

(28)『親長卿記』同日条。

(29) 宋世邸三時鞠では、三時とも、衣装をあらためて蹴鞠をしている。こうしたことからも、三時鞠の遊興性がうかがわれる。
(30)　文明十一年（一四七九）三月二日～四月六日、同十二年（一四八〇）四月十二日～五月二十五日、同十三年（一四八一）四月四日～四月三十日、同十五年（一四八三）二月二十七日～四月二十四日――以上の四回ほど下向の記事がみえる。
(31)　『親長卿記』同日条。
(32)　例えば、飛鳥井雅有著『内外三時抄』「縮開」の項にみえる。『内外三時抄』は『天理図書館善本叢書・古道集一』所収（八木書店、一九八六年）。
(33)　『親長卿記』明応五年閏二月二日・十二日条。
(34)　渡辺融・桑山浩然「難波家蹴鞠書略分類目録」（平成三年度科学研究費補助金研究成果報告書『蹴鞠技術変遷の研究』、研究代表者：桑山浩然）の目録番号12-12および13-1の蹴鞠書。
(35)　『永享九年十月廿五日行幸御鞠日記』（記主、賀茂夏久）は、『鳥居大路良平氏所蔵文書・二』（東京大学史料編纂所影写本）参照。
(36)　『三時鞠日記』（記主、賀茂貞久）は天理図書館所蔵。
(37)　『雅親卿　蹴鞠条々』は内閣文庫所蔵。
(38)　この歌は、『蹴鞠百首和歌』（内閣文庫所蔵：一九九―二七九。
(39)　『享徳二年晴之御鞠記』に「あげまりは此道の先途に申侍り」との記述がみえる。第二章でみた通り、同記は、「具足の鞠」である享徳二年三月二十七日の禁裏晴の蹴鞠会の様子を記した記録であるから、上鞠は、従来、「具足の鞠」における「先途」の役であったということができる。
(40)　宋世から上原賢家へ伝授された伝授書としては、『晩学抄』（長享二年十月下旬）『練習秘抄』（延徳三年七月七日）などがあり、いずれも天理図書館所蔵。額田宗朝に伝授された伝授書には、『蹴鞠条々大概』（明応元年十一月二十六日）などがあり、国立国会図書館所蔵。
(41)　延徳二年十二月の飛鳥井栄雅死去も、要因の一つかも知れない。その後、延徳三年五月に、宋世と雅俊の不和が表沙汰になった様子についても、前掲注(3)今泉「文明二年七月六日付飛鳥井雅親書状案をめぐって」一七頁に論及がある。
(42)　前掲注(5)鈴木「甘露寺家月次会・『親長卿記』鞠人グループ蹴鞠会と室町幕府」一〇八頁。

(43)『親長卿記』延徳三年九月二十一日条。
(44) 同右、明応三年七月七日条。
(45) 同右、明応三年七月二十七日条。
(46) 同右、明応七年二月二十七日条に、親長が、細川政春・高国父子を「鞠数寄」としている。彼らの、蹴鞠への執心をうかがわせる言葉である。
(47) この点に関しては、次の論考がある。瀬田勝哉「『鬮取』についての覚書」(『武蔵大学人文学会雑誌』一三巻四号、一九八二年)。

〔補注〕鞠水干(直垂の上)についての解説としては、埼玉県立博物館特別展展示図録『KEMARI――蹴鞠――』(二〇〇二年)四五頁の、「鞠水干《まりすいかん》は、「水干」とはいいながら、盤領《まるえり》ではなく、方領《かくえり》で、直垂《ひたたれ》に近い形をしている」との解説が簡にして要を得ている。

第四章　戦国期中葉の蹴鞠――永正・天文期の蹴鞠会とその様式――

第一節　小　序

第二章で述べたように、室町期の十四世紀末～十五世紀中葉にかけて、天皇と室町殿がともに臨席して行われた晴の蹴鞠会である「具足の鞠」は、享徳二年（一四五三）三月二十七日、禁裏で行われた晴の蹴鞠会を最後に開催されなくなった。再説すれば、「具足の鞠」とは、鴨沓が、室町末期以降に鞠沓として正式化する以前に行われていた蹴鞠会で、韈をソックスのように履いたのち、鞠沓を足に履き、結い緒と呼ばれる紐状のものを足に結い付けるような方法で足をしたためて行う蹴鞠会のことである。その足のしたためようは、『群書類従』所収の『後鳥羽院御記』にも図で示されている。また、大津平野神社に所蔵される『雅康卿返答条々』という蹴鞠書には、「具足の鞠と申ハ、沓・したぐつにてける事也」と明記されている。

このように、様式としては、室町末期以降に鞠沓として正式化する鴨沓とは異なった、各々が縫い付けられて合体しているのではなく、別々に分かれていた沓と韈を足に履いて行う蹴鞠会を「具足の鞠」という。しかし韈には、後鳥羽院時代の承元五年（一二一一）に制定された「韈の程品」という、鞠足の身分・技量・年齢によって着用すべき韈の色柄と模様を六段階に分けた階梯があり、「具足の鞠」には、韈の階梯によって蹴鞠の世界における地位を公認する意味合いもあった。加えて、室町期の記録等をみると、天皇など主賓の足に他の参会者が「御座」で「具足（沓・韈）」を履かせ、結い緒で足を調えるという儀式が、「具足の鞠」の進行に欠かせない式次第の一つとなっており、[1]上鞠や解鞠といった蹴鞠特有の儀式などがともに行われることなどを含めて、室町期には、「具足の鞠」が晴の蹴鞠会の重要な指標となっていたことがうかがわれる。

　こうした、天皇と室町殿がともに臨席して催される「具足の鞠」は、享徳二年を最後に開かれなくなるが、第三章で述べたように、応仁・文明の大乱後、明応期にかけて行われた、規模の大きな蹴鞠会は、禁裏や室町将軍邸よりも、洛中の公家・武家の私邸で開かれるようになる。そうした蹴鞠会の挙行形態は、『親長卿記』等の記録類に詳しいが、「具足の鞠」は行われず、三時鞠《さんじまり》・扇鬮鞠《おうぎくじまり》・破子鞠《わりごまり》・七カ所鞠《ななかしょまり》・緇素分鞠《しそわけまり》・諏訪法楽鞠《すわほうらくまり》など、やや変則的な挙行形態の、逸興を重視した蹴鞠会が多い。これらの蹴鞠会には、文明十八年以降、細川氏の被官が大量に参加するという特徴もあるが、そのことが、鞠会の「寄合的遊興性」を強める一因ともなっているように思われる。

　さて、十五世紀半ばにおける「具足の鞠」の消失、そして、応仁・文明の大乱を経過しての十五世紀末における蹴鞠享受層の拡大は、蹴鞠の様式を変容させる大きな要因になったものと考えられる。十五世紀末における、その変容の一様相を第三章でみたわけであるが、十五世紀半ばまでの「具足の鞠」でみられた「故実」に代わって、応仁・文明の大乱後に創出されてきた「新儀」が十六世紀に入って定着化の傾向をみせていることが、本章でみる蹴鞠史料からうかがわれる。以下、第二節で、永正三年（一五〇六）三月に飛鳥井宋世（雅康）によって作成された『蹴鞠百首和歌』の内容について検討し、第三節では、天文七年（一五三八）九月十三日に開かれた飛鳥井雅綱邸の蹴鞠会の様式をみることで、そうした「新儀」の定着している様子を確認していくことにしたい。

第二節　『蹴鞠百首和歌』の成立と背景

(1)『蹴鞠百首和歌』の研究史

『蹴鞠百首和歌』は、二楽軒宋世（一四三六～一五〇九、俗名・飛鳥井雅康）が、自らの死の三年前、七十一歳の時にあたる永正三年（一五〇六）三月、仁和寺御室門跡尊海の上覧に備えるために詠んだ百首の歌であり、『続群書類従』十九輯中に活字化されている。その構成は、同本に従えば、「心持之大体」十首、「庭作大体」十首、「鞠名所之大体」七首、「上鞠之大概」十首、「詰之大体」十首、「三十三曲之大体」二十三首、「礼法之大体」三十首からなっており、蹴鞠の施設や作法・技法・装束などが和歌に詠みこまれている。

この『蹴鞠百首和歌』については、井上宗雄氏が、いわゆる「正風体」の和歌に対して、中世が下るにつれて事例が多くなる宗教的立場で他者に強く働きかける歌、儒教的道徳、もしくは乱世に処する教えを家臣や子女に諭した歌、或道（文学・芸能・武道など）を三十一文字であらわして伝える歌などの総称である「教訓歌」の一つとして説明されてきた。そして井上氏は、そうしたスタイルの歌が生み出される背景に、不安な世相・乱世の中を生きた人々に共通する精神的な基盤があることを指摘された(2)。

一方、佐々木孝浩氏は、井上氏の論を継承されながらも、『蹴鞠百首和歌』の成立に、飛鳥井家における、その祖・雅経以来の蹴鞠関係和歌の蓄積が大きな役割を果たしていることを指摘され、その蓄積は、宋世が蹴鞠と和歌をあからさまに結びつけた百首を詠じることを精神的・技法的に容易にしたと述べられた(3)。

これらの研究に対して、渡辺融氏は、『蹴鞠百首和歌』に詠みこまれた蹴鞠のキッキング技術名称について注目され、『蹴鞠百首和歌』にみえる三十三のキッキング技術（三十三曲）のうち、十四世紀に成立した『遊庭秘抄』

以前の蹴鞠書にみえる技術は八種類であり、あとの二十五種類は、『蹴鞠百首和歌』において初めてみえる新しい名称であることを指摘された(4)。

渡辺氏の指摘は、『蹴鞠百首和歌』に詠みこまれた蹴鞠の技法・作法や施設・装束の「故実」と「新儀」をうかがい知ることや、応仁・文明の大乱以降における蹴鞠の技法・作法や施設・装束の変容を知る上で大変興味深い視点である。本節でも、『蹴鞠百首和歌』に詠みこまれた蹴鞠の作法や施設・装束の「新儀」を探ることを中心課題とし、応仁・文明の大乱後において、従来からの蹴鞠の「故実」が守られつつも、「新儀」が生み出され、蹴鞠が変容した要因を考察したい。また、そのことを手がかりに、二楽軒宋世が『蹴鞠百首和歌』を編んだ背景を考えていくことにしたい。

(2)「故実」と「新儀」

『蹴鞠百首和歌』に詠みこまれた蹴鞠の施設・装束・作法などをみると、応仁・文明の大乱以前に用いられていた蹴鞠の「故実」とは異なった「新儀」が詠みこまれていることがわかる。特に、十五世紀半ば頃まで行われていた、天皇と室町殿がともに臨席した晴の蹴鞠会で用いられた「故実」は、『蹴鞠百首和歌』に詠みこまれた様式のうち、「新儀」を際立たせる明確な比較対象である。これらの蹴鞠会については第二章で詳述したが、これらの蹴鞠会で用いられた蹴鞠の「故実」と比較しつつ、『蹴鞠百首和歌』に詠みこまれた「新儀」をみていくことにしよう。

第一に、蹴鞠を行う鞠足が、鞠場へ入場して、競技に備えて座るために庭に設えられた、控えの座に関する「故実」と「新儀」について指摘したい。『蹴鞠百首和歌』には、控えの座として「畳の座」が詠みこまれておず、「円座」のみが詠みこまれている。円座とは、植物の茎を、渦巻きの形に丸く平らに編んで作った敷物のことである。

この畳の座と円座に関しては、十四世紀に成立した蹴鞠書である『遊庭秘抄』(5)に次のように記されている。第一章でも引用した史料であるが、行論のため、再び引用することにしよう。

天子上皇の公宴にも、御挺を切りさげて御座をまうく。親王執柄以下堂に着座あるべからず。庭に座をしく。関白大臣は大文畳、納言参議は小文のたゝみ、殿上人紫端或は赤端畳、諸大夫以下侍輩又武家の人々は円座たるべし。雲客円座の例あり。

これによると、天皇・上皇の御座は、建物の縁側の梯(階段)の一部を切り下げてそこに敷いたものであったこと。他の参会者の座は庭に敷き、関白大臣は、ふちが大紋の畳に、納言参議は、ふちが小紋の畳に座ったこと。殿上人が、ふちが紫もしくは赤の畳に座ったこと。そして、円座は諸大夫以下侍輩または武家の人々の座であったことなどがわかる。ただし、この記述によれば、雲客(殿上人)が、円座に座る例もあるとしている。概していえば、上﨟の鞠足が用いる畳の座に対して、円座は下﨟の座であったといえよう。

先に触れた、天皇と室町殿がともに臨席して行われる晴の蹴鞠会のうち、永享九年(一四三七)十月二十五日の事例をみても『永享九年十月廿一日行幸記』(6)に、

北方対の屋の前に敷座、公卿小文の畳、殿上人円座一列也、西の壁の下に北を上にて賀茂之輩可敷座、円座也、

と記されており、公卿は小紋の畳に、殿上人と賀茂社の社人が円座に座っていることがわかる。

ところが、『蹴鞠百首和歌』では、鞠足の控えの座に関して詠みこまれているのは円座のみである。それらの歌

を次に掲出することにする。

（ア）わきざしも刀をぬきて立時は　なをる円座の脇におくなり
（イ）円座をば中より一二三四五と　左右に分ておく物ぞかし
（ウ）鼻紙にあふぎをそへて砂の上　なをる円座の脇にをくなり
（エ）茶を呑むと酒をのむとも円座をば　少しくだりてつつしみをなせ

（ア）の歌に「脇差」や「刀」がよみこまれていることからも推察されるように、応仁・文明の大乱後、新興武家層の文化享受の動きにともなって、蹴鞠の場における円座の重要性が増したことがうかがえる。実際、応仁・文明の大乱後に、武家の参加を認めつつ、公家の私邸で開かれた次の三例の規模の大きな蹴鞠会では、公家も含めたすべての参会者が、円座に座っている（いずれも『親長卿記』同日条）。これらの蹴鞠会は、史料を見る限り、応仁・文明の大乱後の、十五世紀末にあっては、禁裏や室町将軍家で開かれた蹴鞠会をも凌ぐ盛儀である[7]。

（a）文明十四年（一四八二）六月十七日　甘露寺親長邸三時鞠
（b）延徳 三 年（一四九一）四月二十日　飛鳥井宋世邸三時鞠の晩景鞠
（c）明応 七 年（一四九八）五月十四日　飛鳥井宋世邸扇鬮并破子鞠

第三章でも述べた通り、三時鞠《さんじまり》とは、朝・昼・晩の三時にわたって蹴鞠を行い、その間を酒宴や饗膳などでつなぐ蹴鞠会、扇鬮《おうぎくじ》とは、鬮役人が参会者の扇を集め、集めた扇の中からアトランダムに八人分の扇を鞠場の鞠足が立つ位置に置き、鬮で選ばれた鞠足が鞠場の自分の扇が置いてある場所で扇を懐に差して競技する蹴鞠会における興である。また、破子《わりご》の鞠とは、破子（弁当箱）を利用した饗膳がもたれる蹴鞠会である。

このような盛儀において、参会者全員が控えの座として円座を用いたが、公家も含めたすべての参会者が円座に座っていることは、蹴鞠会の「寄合性」を強くうかがわせよう。

さらに、すべての参会者による円座の使用は、（a）の甘露寺親長邸三時鞠にさいして起こった座次をめぐる相論の解決策としても有効であったことがうかがえる。『親長卿記』の当該記事を引用する。

爰善法寺亨清法印加人数、此間所々鞠衆也、座次事種々及沙汰、於彼家有一段之子細（不任僧正家）、勝定院殿御代、被仰耕雲、被残一筆、又広橋殿贈内府可着香袈裟紫衣之由、蒙天気、遣一通、彼是可着四位殿上人末之事難治云々、殿上人所存法印僧都可准四位雲客由、被定弘安礼了、然者可為四位殿上人末列、公卿末之条不可叶云々、予、飛鳥井中納言（宋世）、藤宰相等、加談合、所詮不可定座次、分老若乱位次可立之条可然（此間所々鞠之時如此）、於着座自元列座也、仍各殿上人承伏、日野侍従（政資朝臣）、日比領状、依此事俄故障所労云々、

この記事に関しては、今泉淑夫氏がすでに解説を加えられている(8)。それに従って内容をまとめると次の通りになろう。

善法寺亨清法印は、当時、あちらこちらの鞠会に参加していた人であったが、席順に不満で異議を唱えた。足利義持（勝定院）の時代に花山院長親から一筆を受け、広橋家を介して香袈裟紫衣の勅許を得た家柄であるから、四位殿上人の末に列することはできないというのであった。善法寺は、僧正に昇らない家だから、『弘安礼節』の、法印僧都は四位雲客に準ずるというのによれば、公卿の末に列するのはかなわないことであったが、親長らは相談して老若に分け、位次を乱して着座することにした。殿上人は承知したが日野政資はにわかに故障の故を称して欠席した。

この時、「老若に分け、位次を乱して着座」したとあるが、上臈の鞠足が畳の座を用いて座の上下を明確にするのではなく、善法寺と殿上人の座の上下をぼやかすため、老衆方の座を鞠場の左方へ、若衆方の座を鞠場の右方

へ分けて、すべての鞠足が円座を用いて着座することで、座次相論を回避していることがうかがわれよう（『親長卿記』同日条の鞠場配置図参照）。こうしたことからも、この時期、蹴鞠会における円座の重要性が増したことがうかがえるのである。『蹴鞠百首和歌』に、鞠足が用いる控えの座として、「畳の座」が詠みこまれず、「円座」のみが詠みこまれているのには、こうした背景があったものと推察される。

第二に、蹴鞠の競技を開始するにあたって最初に鞠を蹴りあげる役であった上鞠役に対する位置付けが、応仁・文明の大乱以前の天皇・室町殿が参会した「具足の鞠」にみられた「故実」と、『蹴鞠百首和歌』に詠みこまれている「新儀」とで変化していることを指摘したい。

上鞠役は、応仁・文明の大乱以前にあっては、享徳二年（一四五三）三月二十七日、後花園天皇と足利義政が参会して行われた禁裏の晴の蹴鞠会の記録である『享徳二年晴之御鞠記』に「此道の先途」の役と記され、当時の蹴鞠界において、最高に権威ある役であるとされていた。ところが、『蹴鞠百首和歌』では、次のように位置付けられている。

（オ）若輩の役に定まる上まりを　斟酌するは知らぬゆへかは
（カ）上方の役にあらざる上まりを　とりてめされば礼儀あるべし
（キ）枝の鞠わりこのまりの上まりは　こうしやの役とききもこそすれ[9]

（オ）や（カ）の歌から、「若輩の役」や「上方の役にあらざる」役という位置付けが与えられ、（キ）の歌から、「枝の鞠」（枝に結び付けられた鞠を鞠場で解き放つ解鞠が行われる蹴鞠会）や「破子の鞠」（破子という一種の弁当箱で饗膳がもたれる蹴鞠会）などの盛儀にさいしての「巧者」の役という位置付けが与えられていることがわかるのである。

これに関連して興味深いのは、先に触れた、明応七年（一四九八）五月十四日の扇闔鞠にさいして、上鞠役も闔で選ばれているということである。扇鬮鞠とは、鬮役人が、八人分の鞠足の扇を鞠場に置き、選ばれた鞠足（競技者）が自分の扇が置いてある場所で扇を懐に差して蹴鞠を行う蹴鞠会の興の一つであると先にも述べたが、鬮役人は、八本の扇のうち、一本の扇の要を鞠場の中央の方向に向けて置き、残りの七人分の扇の要は鞠場の外側に向けて置いた。この時、扇の要が中央の方向に向いている扇の持ち主が上鞠役である。扇鬮という興自体が、この明応七年の事例が最初であると思われるが、当日、二回目（二座）に行った扇鬮では、新興の武家である細川氏被官の薬師寺与一（元長カ元一カ）が、鬮によって上鞠役を勤めている（『親長卿記』明応七年五月十四日条）。鬮によってであるにせよ、応仁・文明の大乱前にあっては、最高に権威ある役とされていた上鞠役を、細川氏の被官が勤めていることは、従来の「故実」にはなかった「新儀」である。こうした事例が、応仁・文明の大乱以前の天皇・室町殿が参会した「具足の鞠」における「故実」とは異なった、『蹴鞠百首和歌』にみられる上鞠役の多様な位置付けの背景となっているのであろう。

第三に、『蹴鞠百首和歌』に詠みこまれた、袴や沓といった蹴鞠装束が、応仁・文明の大乱以前の晴の蹴鞠会で用いられていた「故実」とは異なった様式であることを指摘したい。応仁・文明の大乱前後における蹴鞠装束の変容については第三章でも述べたが[10]、先に触れた、応仁・文明の大乱以前の天皇と室町殿が臨席して行われる晴の蹴鞠会では、鞠袴は指貫、鞠沓は韈をはいた上に沓を履き、紐状になっている結緒を足首に巻きつけくるぶしのあたりで結い止める様式であった。鞠沓の韈と沓は縫い付けられて合体しておらず、別々に分かれていたものであったのである。ところが、『蹴鞠百首和歌』には、次のように詠まれている。

（ク）鴨沓もくずのはかまもゆるさずば　誰かはきまし誰かはきまし

鞠袴として葛袴が、鞠沓として、沓に韈が合体して縫い付けられて編み上げ靴様になっている鴨沓が詠みこまれているのである。この葛袴と鴨沓は、明応五年（一四九六）閏二月二十一日に行われた勝仁親王（のちの後柏原天皇）御方の蹴鞠会で鞠袴・鞠沓の様式として認知され[11]、現在でも京都蹴鞠保存会における鞠袴・鞠沓として保存されている。鞠袴・鞠沓に関しては、応仁・文明の大乱後の「新儀」が、現在にいたるまでの蹴鞠の様式として継承されているのである。

第四に、『蹴鞠百首和歌』には、祝言にさいして行われる鞠や戦勝祈願の鞠などについて詠まれた歌がみられ、蹴鞠が単なる遊戯・芸道であるばかりでなく、応仁・文明の大乱後、蹴鞠に多様な意味合いが付加されてきた点を「新儀」として指摘したい。具体的には次のような歌である。

(ケ)聟入やよめいりなどの上まりは　軒と向はゞさらにけぬもの

(コ)調伏の鞠にけぬべき沓かへし　聞にもつらし見るもうるさし

(サ)忌中なるまりにはくべき白なめし　たゞよのつねはみるもうるさし

中でも、「調伏の鞠」に関しては、永正十六年（一五一九）五月に、飛鳥井雅綱から大野三郎家保という武士に宛てて伝授された『蹴鞠之記』（筑波大学附属図書館所蔵）に次のように記されている。

軍陣の鞠の事

先軍陣にてハ、蹴鞠強行の事専其故あり、てうふくの鞠なといふ事あり、其ハ人数しらす、たゝ一身の念願なとに子細あり、先うしろあしふむへからす、初度に落たる鞠ける事なし、鞠なと興をつくす事なし、鞠おさむへき時、人数内可然人よき方をみておとすなり、此趣神事の作法におなし、

「興をつくす事なし」との記述から、まさに戦勝祈願を目的とした蹴鞠であることがわかるが、こうした新興武家層による蹴鞠の享受が、蹴鞠に「調伏の鞠」という、新たな意味合いを付加したことがうかがえるのである。

第五に、天皇・室町殿が参会した「具足の鞠」の「故実」にはみられない様式で、『蹴鞠百首和歌』には詠みこまれた「新儀」として、「鞠垣」をあげたい。鞠垣については、渡辺融氏が、鞠場に植えられた樹木である懸《かかり》の外側一丈（約三メートル）くらいのところに立てられた鞠場を囲む高さ一丈五尺ほどの木の柵で、蹴鞠が方四丈数尺の檻で囲まれる狭い地域に限定された窮屈なものになると解説されている。(12)『蹴鞠百首和歌』には、鞠垣は次のように詠まれている。

（シ）鞠かきは二丈なりけり横ぬきの　あいだあいだは四寸五分なり

（ス）まり垣の柱は深く立るなり　あいだあいだは間中なるべし

「二丈」というのが鞠垣の高さであったとすると、約六メートルであり、大変な高さであったことがうかがわれる。

蹴鞠の場において、鞠垣が頻繁に登場するようになるのは江戸時代に入ってからで、例えば、二〇〇二年に埼玉県立博物館で行われた「特別展　蹴鞠」にさいしても、『他我身のうへ』（明暦三＝一六五七年刊）『京童』（明暦四＝一六五八年刊）『余景作り庭の図』（延宝八＝一六八〇年刊）『たのしみ草』（宝暦五＝一七五五年刊）『都林泉名勝図会』（寛政十一＝一七九九年刊）などの版本にみられる鞠垣を描いた絵画場面が出展されている。(13)

以上、『蹴鞠百首和歌』に詠みこまれた蹴鞠の施設・装束・作法などの中から、応仁・文明の大乱以前に天皇・室町殿が臨席した「具足の鞠」で用いられていた「故実」とは異なった「新儀」を指摘してきた。この「新儀」の中には、例えば、鴨沓・葛袴のように、その後、蹴鞠装束として定着し、現在も保存されているものもあれば、「調伏の鞠」のように戦国期特有の社会環境の中で行われ、その後、すたれたものもある。一方で、『蹴鞠百首和歌』には、応仁・文明の大乱以前から用いられていた「故実」が継承されている様式も多くみられる。しかし、本節冒頭で触れた、新しい技法の出現も含めた「新儀」の創出は、応仁・文明の大乱前後の時代における蹴鞠の変容を明確にあらわしているといえよう。そして、その変容の大きな要因として、応仁・文明の大乱後台頭してきた新興武家層による蹴鞠の享受をあげられることが、「調伏の鞠」という言葉があらわれることなど、歌の中に詠みこまれた語句からも端的にうかがうことができるのである。

(3)二楽軒(飛鳥井)宋世の立場

ここまで、『蹴鞠百首和歌』に、応仁・文明の大乱以前からみられる蹴鞠の「故実」に加えて、乱前にはみられなかった「新儀」が詠みこまれていることや、その背景として新興武家層による蹴鞠の享受という社会的要因を指摘できることを確認してきた。では、そうした外的な要因を受け止めて、二楽軒宋世が、『蹴鞠百首和歌』を詠んだ内的な要因はいかなるものであったのだろうか。ここでは、先学の研究によりながら、二楽軒宋世の立場を考えることで明らかにしていきたい。

二楽軒宋世は、俗名を飛鳥井雅康と言い、『新続古今和歌集』を撰進した飛鳥井雅世（一三九〇～一四五二）の子として、永享八年（一四三六）に生まれた。兄には、約二十歳年上の、歌鞠に長じた飛鳥井雅親（法名・栄雅、一四一七～一四九〇）がおり、飛鳥井家の庶流に生まれた人物であった。

雅康は、飛鳥井家の庶流の人物ではあったが、十代で歌鞠活動の「公」の場に登場している。例えば、十六歳の時にあたる、宝徳三年（一四五一）八月二十五日には「飛鳥井侍従殿雅康童形御会」が開かれた（『康富記』）。また、その二年後の享徳二年（一四五三）三月二十七日に、後花園天皇と足利義政が臨席して禁裏で行われた晴の蹴鞠会では解役を勤めている（『享徳二年晴之御鞠記』）。このことは、雅康が歌鞠師範家である飛鳥井家を担う人物として成長することを、父である雅世が期待していた様子をうかがわせると同時に、雅康が幼少より歌鞠師範家の人物たるに相応しい教育を受けていたという背景を推察させよう。

雅康は、『親長卿記』などの記録類をみると、文明初年（一四六九〜七二）頃、禁裏・室町幕府の歌鞠会で中心的な役割を果たすようになり、また、自邸で規模の大きな歌会を開くなど洛中の歌鞠の世界での活躍がみられるようになる。今泉淑夫氏によれば、雅康の兄である雅親が文明五年（一四七三）十二月十七日に出家したこと、雅親の子である雅俊誕生が寛正三年（一四六二）であり、未だ幼少であったこと、『長興宿禰記』文明十四年二月七日条に、雅康について「父大納言入道栄雅」「養子左少将雅俊」とみえることを根拠にすれば、雅康が、文明五〜六年頃、庶流から嫡流に入って、飛鳥井家の家督を一時継いだことを意味するとされる。[14]今泉氏は、同時に、この雅康の家督継承には、「歌鞠師範としての役割」の継承のみならず、飛鳥井家領の継承や公儀への参仕など「廷臣としての役割」の継承という側面があったことを指摘されている。[15]

ところが、飛鳥井雅康は、文明十四年（一四八二）二月四日、突然出家してしまう（『親長卿記』）。この出家によって、飛鳥井家の家督は、雅親の子である雅俊に譲られたが、出家した二楽軒宋世が、その後、むしろ積極的に歌鞠活動を行っていることからみれば、[16]この雅俊への家督の移譲は、今泉氏も指摘される通り、[17]「廷臣としての役割」の移譲とみてよいだろう。宋世は、出家を通じて、廷臣の外に身を置き、時に越前・越後・奈良などに地方下向を続けている。[18]そして、細川氏やその被官層などが参加して歌鞠会が開かれる洛中の公家・武家の私邸や地方下向先などの歌鞠活動の場で、「歌鞠師」として活動し続けたのである。[19]廷臣の外に身を置き、頻繁に地方下向して都鄙で精力的に歌鞠活動を行った点では、当時の「連歌師」などと重なり合う点もみられるが、一方で、出家後も、なお禁裏の蹴鞠会の場で指導的な立場でありつづけ、延徳三年（一四九一）に、鞠装束の伝授許可権をめぐる足利義材の尋問によって雅俊と不和を生じるなど[20]、一度は飛鳥井家の嫡流に入って家督を継いだ宋世の立場は微妙であった。

『蹴鞠百首和歌』には、飛鳥井家の許しを得なければ使用してはならない「権威的」要素を詠みこんだ歌が次のようにいくつかみられる。

(セ)おもたかもともゑの丸も我家の　紋としりてはたれかつけまし

(ソ)懸緒にもかみのひもにも紫は　ゆるしなくては更にせざりき

(タ)二もとも三本も松は我家の　ゆるしのなくば誰か植べき

(チ)こいふすべ長者皮とて我家の　外にはたれかまりにつけなん

(セ)は素襖につける紋、(ソ)は烏帽子や冠に使用する懸緒、(タ)は懸の木に用いる松、(チ)は鞠のつまみの部分として付けられる取皮について詠まれている。先に、「新儀」として紹介した(ク)の歌「鴨沓もくずのはかまもゆるさずば誰かはきまし誰かはきまし」にも、鴨沓や葛袴が飛鳥井家の許しを得なければ着用を許されない「権威的」要素として詠まれている。

このように、二楽軒宋世は、歌鞠師範家である飛鳥井家の権威を併せ持ちながら同家の人物として歌鞠活動を行っていたのである。先に、『蹴鞠百首和歌』に、応仁・文明の大乱以前に用いられていた蹴鞠の「故実」に加えて、乱前にはみられなかった「新儀」が詠みこまれていることを指摘した。その背後に、幼少より歌鞠師範家の人物として成長し、庶流の人物でありながら一時家督を継いで嫡流に入り、出家後も、新興武家層と頻繁に接触し、飛鳥井家の権威を併せ持ちながら歌鞠活動を行った宋世の立場が反映されているとみることは許されるであろう。そして、そうした立場の宋世が精力的に歌鞠活動を行ったことが、応仁・文明の大乱後の蹴鞠に「新儀」

を創出させ、蹴鞠の様式が変容することを可能にした大きな要因となった点を指摘できるのである。

(4)『蹴鞠百首和歌』の位置付け

『蹴鞠百首和歌』は、和歌史の研究で指摘されているように、いわゆる「正風体」の和歌に対して、乱世の時代を生きた人々の精神的・社会的基盤を背景にもつ「教訓歌」の一つで、二楽軒宋世も同様の時代認識をもって『蹴鞠百首和歌』を編んだものと思われる。しかし、同時に、その家祖・飛鳥井雅経以来、飛鳥井家は歌鞠両道を家芸としてきた家であり、雅経以来の蹴鞠関係和歌の蓄積が、宋世に、蹴鞠と和歌を結びつけた『蹴鞠百首和歌』を生み出しやすくさせたことも事実であろう。

『蹴鞠百首和歌』に詠みこまれた蹴鞠の様式をみても、伝統的な「故実」が守られている一方、応仁・文明の大乱後に創出された「新儀」が同時に詠まれており、伝統的な蹴鞠という芸道を戦国期の社会に受け入れやすいかたちで編みなおそうとしている宋世の意気込みが感じられる。

二楽軒(飛鳥井)宋世は、幼少より歌鞠師範家の人物として成長し、元来庶流の人物でありながら一時は飛鳥井家の家督を継いで、その後出家し、出家後も飛鳥井家の権威を併せ持ちながら歌鞠活動を行った人物であった。『蹴鞠百首和歌』は、そうした宋世が、伝統的な家芸を自らの体験を踏まえて編みなおし、奥書に「当家之門子遺葉之輩は、此道の至宝として明鏡に守るべき者也」とあるように、その後の家芸の方向性をも示唆した、宋世による歌鞠活動の所産であったのである。

第三節　天文七年の飛鳥井雅綱邸蹴鞠会

(1)蹴鞠会の記録

さて、十六世紀に入ると、鞠会の記録は、『元長卿記』などの諸記録類に記事が散見されるが[21]、規模の大きな蹴鞠会が洛中で開かれるのは、記録上、本節で紹介する天文七年（一五三八）九月十三日の飛鳥井雅綱邸の破子鞠を待たねばならない。この蹴鞠会の意義については後述するが、当日の蹴鞠会の様子は、『日野資定鞠の記』（東京大学史料編纂所所蔵）『天文七年飛鳥井家鞠之記仮名之記』（大津平野神社所蔵）という、同文の仮名の記録によって知ることができる。以下、本節では、この記録を『天文七年蹴鞠記』と称するが、『日野資定鞠の記』には次のような奥書が付されている。

此一巻者日野前亜相所被記置也、先年予遂一覧、今度於防州旅店加再覧、一会之次第作法等無相違者也、然者応彼厳命聊染短筆訖、輙不可有外見而已、

天文廿二年之暦季春中旬之候

正二位雅綱

これによると、この記録は、日野資定（天文七年時に権中納言・従二位・四十四歳）という公卿が、当日の蹴鞠会の様子を記したものを、歌鞠を家業とする家の当主である飛鳥井雅綱が、天文二十二年（一五五三）三月中旬に、下向先の周防で書写した書であることが知られる。

以下、『天文七年蹴鞠記』の記述によりながら、当日の蹴鞠会の意義、鞠場の配置と参会者、鞠会の挙行形態と装束などについて明らかにしていくことで、この天文七年九月十三日に開かれた破子鞠の特質について述べよう

と思う。

（2）蹴鞠会の意義

『天文七年蹴鞠記』の記述は、「天文七のとし秋なか月中の三日しん大なこん殿にてわりこのまりあり」で始まり、その後、この蹴鞠会の意義についてうかがわせる記述が数箇所でみられる。その記述を参照しながら、この会の意義をまとめて示すと、次の四点が指摘できる。

まず第一に、明応七年（一四九八）以来、久々に行われた破子鞠であるという点である。『天文七年蹴鞠記』には、次のように記されている。

　この事、一とせしらくゐん殿とりをこなはれし明応のたひあふきくしなりのちハ、たえて久しくなりぬるも、ねんなき事にて侍るを、

ここに記されている「明応のたび」の例は、明応七年五月十四日の飛鳥井宋世邸で行われた扇闔幷破子鞠のことである。それ以来、久々に行われた、破子（弁当箱）を用いて饗膳がもたれた蹴鞠会であったことがわかる。先にも引用した史料ではあるが、十六世紀に入ると、破子鞠については、例えば永正三年（一五〇六）に成立した『蹴鞠百首和歌』に、

　上方の役にあらざる上まりを　とりてめされば礼儀あるべし

　枝の鞠わりごのまりの上まりは　こうしやの役ときこそすれ

と出てくる。これによると、当時、通常の蹴鞠会では、「上方の役にあらざる」役とされていた上鞠役が、「枝の鞠」「わりごのまり」では、巧者の役とされていることがわかり、破子鞠は、「枝の鞠」とともに、規模の大きな

蹴鞠会の指標とされていたことがうかがわれる。「枝の鞠」は、小枝に紐で結び付けられた鞠を、鞠場で解く解鞠の儀式が行われる蹴鞠会のことであろう。後述するように、この天文七年の破子鞠は、破子鞠であると同時に「枝の鞠」でもあった。

第二に、公家の伝統的作法からみれば、享徳年間を最後に消失した、天皇と室町殿が臨席して行われる「具足の鞠」のような式正の会とはいえないが、久しぶりに開かれた規模の大きな蹴鞠会であるという点である。『天文七年蹴鞠記』には、次のようにある。

このたひのさほうもあなかちしきしやうならぬ事なれと、ちかころ壮観たまさかなるやうに侍れは、のちの物かたりにもと、とひしる人のあるをいさなひ、かのこゝろへちかきより、てはいくわひし侍るに、（中略）た、、くそくのまりのときこそ上鞠といふ事ハある事にて侍るを、宝徳・享徳のゝちハ、公武ともに、そのさたもなけれは、

会の意義をうかがわせるとともに、「のちの物かたりにもと、とひしる人のあるをいさなひ、かのこゝろへちかきより、てはいくわひし侍る」という日野資定による本文記述の姿勢をあらわしている意味で注意される箇所である。

第三に、武家の大村民部大輔（大村純前）が興行しているという点である。『天文七年蹴鞠記』には、次のように記されている。

かのそうしやうけのもんていに大むらみんふ大ゆふといへるハ、ひせんの国のちうにんにて侍るか、さいつころのほりてミやこをたひのやとりなから、もろ〻のみちに渉猟して、ふるきをたつねあたらしきをしる心さしなきにしもあらねハ、よろつうち〻の事とりたてゝこうきやうし侍るとなん、まことにすきのほと

やさしき事にこそ侍れ、

大村純前は、肥前大村の人で、著名なキリシタン大名である大村純忠は純前の養子にあたる。[22] 引用文中の「すきのほとやさしき事にこそ侍れ」という大村純前への人物評も注目されるが、飛鳥井雅綱邸で行われた蹴鞠会であるにもかかわらず、武家の純前が興行するという記述から、蹴鞠会にともなう経済的な負担を純前に頼っている公家側の状況が想像される。

第四に、当時の洛中の権力者である細川晴元が参会しているという点である。今谷明氏によれば、天文五年（一五三六）九月、細川晴元が入京、将軍足利義晴に拝謁してから、同十八年（一五四九）六月、細川晴元に叛した三好長慶が、晴元に派遣された三好政長の大軍を江口の合戦で撃破するまでの期間は、管領・細川晴元が洛中の実質的支配者であったとされる。[23] 後述するように、この天文七年の蹴鞠会においても、その挙行形態をみると、細川晴元は公家社会の秩序の枠組みを越えた順序の参進をしたり、解鞠の儀を勤めるなど、権力者としての立場を垣間見せている。

以上、天文七年九月十三日に開かれた飛鳥井雅綱邸破子鞠の意義を四点ほど指摘してきた。これらの点を踏まえながら、次に、鞠場の配置と参会者、鞠会の挙行形態と装束などをみていくことにしよう。

(3) 鞠場の配置と参会者

当日の鞠場の設えの配置などについて、『天文七年蹴鞠記』は、いわば、鞠場の様子を実況中継するかのように次のごとく書き出している。

事やう々とおほえて、きせんくんしゆうをなし、なん女くひすをつきてこさうせり、しハしもゆきせは、いと、ところせきにもやあらんとかうして、門のうちへまきれいり、こゝかしこみまハし侍るに、けに四もとの松のみさほもいま一しほの色をそへ、しろたへのにはのまさこもひかり、くもりなくして、いとめつらしかほなる心地し侍れは、みなミおもてにハ、みすかけわたして、へいちうもんのまへよりもんのうちにハ、やくし寺の与一いし々かたくけいこし侍れは、あやしのものともは、たやすくいて入かたくそ見えし、

この記述によれば、鞠場に植えられた懸の木が四本とも松であったこと、建物の南面に御簾を掛けていたこと、屏中門の警護役を細川被官の薬師寺与一が勤めていることがわかる。この薬師寺与一は、天文二年（一五三三）に戦死した薬師寺国長の跡を継いで摂津守護代になった薬師寺元房のことだと思われる(24)。

この屏中門の警護に関連しては、古く弘安八年（一二八五）に行われた、大宮院（後嵯峨院中宮）の母である北山准后（西園寺実氏室貞子）の九十の賀を祝った御賀の蹴鞠会で、「院御随身上﨟八人候織戸中門内」（『北山准后九十賀記』）とあるように、亀山院の御随身が、織戸中門あたりに候じていた記録がある。また足利義政が参会して、享徳二年（一四五三）に禁裏で行われた晴の蹴鞠会においては、「中門の外には管領右京大夫勝元、いしいしの人々などひざをまじへて見たてまつる」（『享徳二年晴之御鞠記』）とあるように、管領・細川勝元をはじめとする武家が屏中門の外で見物している。

「亀山院と御随身」（弘安八年）、「足利義政（将軍）と細川勝元（管領）」（享徳二年）という組み合わせからうかがえるとおり、蹴鞠会に参会する権力者の従者ないし家臣が、中門の警護を行っている。この例に準えるかのように、細川晴元の被官である薬師寺元房が、屏中門の警護役を勤めていることは注意される点である。なお、この天文七年の会においては、「かたくけいこし侍れは、あやしのものともは、たやすくいて入かたくそ見えし」と警護を固くしている様子もみてとれる。

さて、『天文七年蹴鞠記』は、鞠場の設えについて次のように続ける。

さてハ、にはのひんかしのへいのもとより、みなミのついちのうちにはせハきにより、にハかについちをつきいたされ侍れハ、もとのまりふせきハ、ついちより一けんハかりきたのかたにある也、には、さしきをかまへて、みすなとかけて、女はうそのほかやんことなきかた々々の物みたまへるところとせり、おなしくひんかしのたていたにそへて、なんほくかうにゑんさ六まひをまうけて、たうしやうの人々のさとせり、そのすゑに二かけんハかりへたて丶、えんさあり、これなんかものともからのさにて侍るへし、又にしのへいちうもんのきたのかたに、なんほくかうに、えんさ五まいをしきて、ほそ川のけいてふ、いけ、ほうこうの人々のさとせり、みなミのまりふせきのきハに、とうさいかうに、えんさ六まいひきのけて、二ところしかれたり、いつれもまりあしのさにて侍るへし、

この記述の中で、まず注目されるのは、「鞠防ぎ」が鞠場の設えとして用いられている点である。鞠の散逸を防ぐためのフェンスとしては、「鞠垣」が有名で、前節でも触れたとおり、永正三年（一五〇六）に成立した『蹴鞠百首和歌』にも「鞠垣」は詠みこまれており、十六世紀には、蹴鞠の様式の一つとして成立していたものと考えられる。

この天文七年において用いられた「鞠防ぎ」も鞠の散逸を防ぐフェンスであったものと思われるが、四方を囲むものではなく、鞠場の南側にのみ設けられたフェンスであった可能性が高いと思われる。それは、『天文七年蹴鞠記』中の、「みなミのついちのうちにはせハきにより、にハかについちをつきいたされ侍れハ、もとのまりふせきハ、ついちより一けんハかりきたのかたにある也、」という記述や、「みなミのまりふせきのきハに」という記述から推察される。

次に、注意されるのは、鞠足が座る控えの座として、すべての鞠足が円座を用いている点である。応仁・文明の大乱後、明応期にかけて洛中の公家や武家の私邸で行われた規模の大きな蹴鞠会において、すべての鞠足が円

座に座っていた事例は、『親長卿記』などの記録類に詳しいが[25]、この天文七年の蹴鞠会においても、すべての鞠足が円座に座っている。

かつて、禁裏や院で晴の蹴鞠会が行われていた十四世紀の蹴鞠書である『遊庭秘抄』[26]には、前節でみたとおり、円座は、明らかに、ごく一部の下臈の座として使用されていたように記述されている。それに対して、大永八年（一五二八）に、兵部少輔縁定という人物が、飛鳥井雅綱の教えを聞き書きした『蹴鞠条々　雅綱卿聞書』（大津平野神社所蔵）と題する聞書には、

円座をしく事、上首・下臈をきらわす敷物なり、されは是を用るへし、

とあって、円座が、「上首・下臈をきらわす」用いるものとして位置付けられていることがわかる。同書には、「畳をしく事ハ、貴人の御事也、つねの人、敷へからす」と記されているものの、十六世紀には、畳の座の方が、ごく一部の貴人が用いるようになっていたのであろう。この天文七年の蹴鞠会で、すべての鞠足が円座に座っているのも、戦国期に、円座が、鞠足の控えの座の様式として台頭してきたことが背景にあるものと思われる。

次に、先掲『天文七年蹴鞠記』から引用した部分の記述によりながら、当日の鞠足をはじめとする参会者について確認しておく。

まず、「おなしくひんかしのたていたにそへて、なんほくかうにゑんさ六まひをまうけて、たうしやうの人々のさとせり」とある。この鞠場の東側の円座には六名の公家が座った。「しん大なこん殿」（飛鳥井雅綱）「日の、中なこん殿」（日野資定）「くわんしゆ寺中なこん殿」（勧修寺尹豊）「藤さいしやう殿」（高倉永家）「さゑもんのかミ殿」（山科言継）「あすか井少将殿」（飛鳥井雅教）の六名である。『公卿補任』によれば、当時それぞれ、飛鳥井雅綱（権中納言・従二位・五十歳）・日野資定（権中納言・従二位・四十四歳）・勧修寺尹豊（権中納言・正三位・三十六歳）・高倉

永家（参議・正三位・四十三歳）・山科言継（参議・従三位・三十二歳）・飛鳥井雅教（少将・正五位下・十九歳）である。ただし、公家の鞠足としては、甘露寺伊長も「かねてあひもよほさるゝまりあし」に含まれていたが、『天文七年蹴鞠記』に、

たゝしかんろ寺大なこん殿ハりんこいへんありけるとそきこえし、かの卿ハたうしすいふんのまりあしのやうに申侍るに、さはることありて出させたまハぬこそいこんに侍れなとをの々々かたりあへり、

とみえるように、「臨期異縁」を理由に参加しなかった。

次に、「その（公家の座の――筆者註）すゑに二かけんハかりへたてゝ、えんさあり、これなんかものともからのさにて侍るへし」とある。後述するとおり、『天文七年蹴鞠記』の鞠会の挙行形態を記した他の部分の記述に、

又かもの光数ハ（中略）たうしやうの人々のさのすゑ、二かけんハかりひきのきて、北上西面にちやくさす、つきにあすかい殿せいし速水対馬守親忠、（中略）かものみつかすさのみなみに、あひならひてちやくさせり、

とみえるから、賀茂光数（上賀茂社社人）と速水対馬守親忠（飛鳥井家青侍）が、飛鳥井雅教の座から二間ばかり間隔をおいて、北上西面（北を上座として西の方角を向いて）に座ったことがわかる。

一方、「にしのへいちうもんのきたのかたに、なんほくかうに、えんさ五まいをしきて、ほそ川のうけいてふ、いけ、ほうこうの人々のさとせり」とある。この鞠場の西側の五枚の円座には、細川右京兆晴元・細川播州元常・佐々木民部少輔稙綱・細川刑部少輔晴広・荒川治部大輔氏隆の五名の武家が座った。今谷明氏作成の「『言継卿記』武家人名索引」（以下、「言継索引」と略称）によれば[27]、細川元常は和泉守護、佐々木（朽木）稙綱は幕府奉公衆、細川晴広は幕府御部屋衆である。また、荒川氏隆は同索引に名がみえないが、同索引によれば、天文四年～八年頃の荒川晴宣（幕府内談衆）、天文十三年～永禄二年頃の荒川民部少輔（幕府奉公衆）など、荒川と称する人

物は将軍側近に多い。「ほそ川のうけいてふ、いけ（以下）、ほうこうの人々のさ」という表現も含め、当時の洛中の権力者である細川晴元が、弱体化した室町幕府の側近を従えて蹴鞠会に参加しているかのようで興味深い。なお、のちほどの記述で問題となるが、細川晴元は、この蹴鞠会が行われた前年にあたる天文六年八月一日に、従五位下に任じられている（『系図纂要』『歴名土代』）。

次に、「みなミのまりふせきのきハに、とうさいかうに、えんさ六まいひきのけて、二ところしかれたり、いつれもまりあしのさにて侍るへし」とある。円座を、鞠場の南側に東西行に六枚をひきのけて、二ところ敷いたとあるが、そのうち東西行の東方の三枚の円座には、『天文七年蹴鞠記』の他の部分の記述に、

つきに大村民部少輔純前、千々石小三郎純保、南條弥三郎純永、三人いつれも肥前国のちうにんなりあひならひてみなミのえんさにつく東上、北面

とあるとおり、大村純前（正しくは民部大輔）・千々石小三郎純保・南條弥三郎純永の三名が東上北面に座った。いずれも肥前の国の武士で、大村純前は、この天文七年の蹴鞠会を興行した人物である。なお、永正十二年（一五一五）仲夏下旬の奥書を有する、飛鳥井雅俊（雅綱の父）が作成した今川氏親宛の『蹴鞠条々』（大津平野神社所蔵）は、雅俊が蹴鞠伝授書を作成するさいに使用したメモの一種であるが、その中に「千々石小三郎ニ書遣一巻卅ヶ条、上にすミのまる有を書遣也、一文字の下に丸あるハ、南条ニ書遣也」とみえる。これによれば、千々石純保・南條純永の両名は、すでに永正期に、飛鳥井雅綱の父である雅俊の蹴鞠門弟であったものと思われる。

一方、南側に東西行に敷かれた六枚の円座のうち、西方に敷かれた三枚には、やはり『天文七年蹴鞠記』の他の部分の記述に、

そのにしのすゐにひきのきて、長塩又次郎尚親、たい一のえんさ丹波掃部頭座也、所役以後着座をのこして、これにつく、つきに

多井源介長次ちやくさす、

とあるように、丹波掃部頭元明・長塩又次郎尚親・多井源介長次が座った。このうち、「言継索引」によれば、長塩又次郎は細川晴元被官、多井（田井）源介は細川晴元内者である。また同索引によれば、天文十三年に登場する丹波掃部助なる人物は仁木氏の内者である。

この他、当日の参会者には、鞠足に饗膳を饗応するさいに、酒を入れる銚子《ちょうし》・土器《かわらけ》や提子《ひさげ》などを鞠場に持参した武家がいた。高畠甚九郎・平井新左衛門尉・一色修理亮・奥の某の四名である。「言継索引」によれば、高畠甚九郎は山城下五郡郡代、平井新左衛門尉は細川晴元内者、一色修理亮は細川晴元被官である。奥の某に関しては未詳である。

以上、天文七年九月十三日に開かれた飛鳥井雅綱邸蹴鞠会の鞠場の設えの配置と参会者について触れてきた。鞠場の設えに関しては、「鞠防ぎ」が設置されている点や鞠足の控えの座として円座のみが用いられていることなどが特徴であろう。一方、参会者に関しては、細川晴元が室町幕府の側近や晴元の内者・被官を多く従えて参加しているかのようにもみえ、当時の晴元の洛中における権力が反映されているかにも感じられる。ただし、のちに述べるように、細川晴元自身、飛鳥井家の門弟であり、また、蹴鞠会を「興行」したのが大村純前であったことからみて、晴元に蹴鞠会を我意のままにしようとする意図はなかったものと思われる。逆にいえば、『天文七年蹴鞠記』において、「すきのほとやさしき事にこそ侍れ」と評された大村純前が、蹴鞠会「興行」にさいしてよき潤滑油的役割を果たしたのではなかろうか。

次に、当日の蹴鞠会の挙行形態と装束について具体的にみていくことにする。

（4）蹴鞠会の挙行形態と装束

まず、当日の蹴鞠会の挙行形態をその進行順に従って『天文七年蹴鞠記』の記述を引用しながら整理していくことにする。装束に関する記述も、その過程で登場してくる。引用が長くなってしまうことをお許し願いたい。

①人々参集、鴨沓・装束の着用

日すてにむまのこくのをはりハかりなるに、たうしやうのかた々々おもひ々々にいてたちて、一つれにわたらせたまへり、これにさきたちて、ほうこうの人々もたいりやくさんしゆうありけるとなん、このあひたにいさゝか雨うちそゝき、にはのしめりもふかくなりゆくほとなるに、ほそ川のけいてふわたりたまへり、かねてハまりいせんにすいはんやうの物まいるへき事侍りしを、心くるしきそらのけしきなれハ、まりはてゝの事なるへしとて、をの々々たよりの所にてくつをはきて、いしやうにくゝり、

②鞠足が鞠場へ入場し円座に着座（付、装束・鴨沓）

【公家】

へいちうもんのほかより、したいにすゝみ出たまへり、しん大なこん殿ハ、かうのかミに、くすはかま、むもんのむらさきかハのかもくつに、まろくミのゑほしかけなり、日の丶中なこん殿ハ、くちはのすいかんに、あひしらちのかもくつ、これもむらさきくミかけをちやくようせられ侍り、つきにくわんしゆ寺中なこん殿ハ、うすむらさきのかみに、にしきかはのかもくつ、おなしくくみかけなり、藤さいしやう殿ハ、くちはのかミ、さえもんのかミ殿ハ、きひのかミ、両人いつれもあいしらちのかもくつ、くミかけにてそ侍る、つきにあすか井少将殿ハ雅教、玉むし色のかミに、すそこのくすはかま、にしきかハのかもくつをちやくせられたり、をの々々まりあふきをもちて、したひにひかしのさにつきたまへり北上、西面、

【細川晴元・元常・幕府側近】

又ほそ川うけひてふ晴元ハ、つねのかもんのすわうに、くすはかま、にしきかハのかもくつをちやくし、にしのたい一のさに北上東面につかれたり、おなしき播州元常、佐々木民部少輔稙綱、細川刑部少輔晴広、荒川治部少輔氏隆等したいにちやくさ、この人々の中にも、にしきかはのかもくつをはかれけるともから、あまたみえたり、

【賀茂光数・飛鳥井家青侍速水対馬守】

又かもの光数ハぬのひたゝれのかミに、くすはかま、かミひねりのかけをしてたうしやうの人々のさのすゑ、二かけんハかりひきのきて、北上西面にちやくさす、つきにあすかい殿せいし速水対馬守親忠、くすハかまに、かもくつをちやくして、かものみつかすさのみなみに、あひならひてちやくさせり、

【肥前国の武家】

つきに大村民部少輔純前、千々石小三郎純保、南條弥三郎純永、三人いつれも肥前国のちうにんなりあひならひてみなミのえんさにつく東上、北面

【細川晴元の被官等】

そのにしのすゑにひきのきて、長塩又次郎尚親、たい一のえんさ丹波掃部頭座也、所役以後着座をのこして、これにつく、つきに多井源介長次ちやくさす、

③丹波掃部頭元明が、枝鞠の置役を勤める

をの々々つきをはりて、丹波掃部頭元明中門より松の枝につきたるまりをもちて、みなミおもてのゑんのいぬいすミのつまとゝみすとのあはひによせかけてこれをゝきてあるひは人々のちやくさい、せんにかねてをくとも侍り、すなハち長塩又二郎座のうへにちやくさせり、

④細川晴元、解鞠を勧める

そのいこ右京兆、しん大なこん殿きしよくをうけさせ給ひて、あふきをハ、えんさのしたにをきて、きさして、えんのきハにひさまつき、まりつきたる枝を両の手（左のかた木のすゑなり）にもちて、か丶りのにしをへて（ときにいゑのこ・いえのともからとう、さ）ひつしさるの木のみなミのかたに、ひさをつき、まりをときて、枝をは、木のもとにひたりの手にてよせかけて、まりをもちて、あゆミいて丶、にはのちうわうにをきて、しりそきさまに、まりつけたる枝をとりて、か丶りのにしのかたにひさまつきて、

⑤田井源介、空枝の役送を勧める

田井源介（先之起座て蹲踞す）にわたして、さにかへりてつき給へり、をよそ、さほう・くてん・こしつある事にこそ、

⑥初座八人による、懸の木の下への参進

つきに、しん大なこん殿、日野中なこん殿に目して、あふきもちなから、さをたち（ふけのもんていのともから等をの々々とうさ）て、たつミの木のみなミにたちたまへり、かねて人数を二八にわけて、くけ・ふけ、あひましへて、二たひとさためられしかハ、このたひハ、けんしゆ寺くわうもん、日野のくわうもんのきしよくをうけさせたまひ、さをたちて、あふきを（かたなさし也）、うしとらの木、きたののきのしたにたちたまふ、つきにうけいてふ、あふきをこれもかたなさしにさして、いぬいの木のきたに、くわんしゆ寺のくわうもんとあひか丶りにたちたまへり、つきにあすか井少将殿あふきをやなくひさしにして、たつミの木のひんかし、ち丶の卿の木こしに、かた手をつきてすなハちたちたまふ、さても、かの羽林うけいてふのつきにた丶れ侍る事、いか丶したる事にやとみる人もそ、つめあやしミおもへり、おしハかるに、うけいてふの事ハ、もんていたにことなるとなれは、なにのしよそんにもをよハす、けふのゐしやくハ、かやうにさたせられけるとそおほえし、つきに、さ丶きのみ

んふのせう、かものみつかす、たんはのかもんのかミ、大むらみんふのせう等たちさたまりてのち、

⑦飛鳥井雅綱、上鞠の役を勤める

しん大なこん殿しやうきくのやくをつとめたまふ、そのき木のもとにて、あふきをかたなさしにさして、しハらく、くわんねんしたまひて、にはのちうわうにしつかにすゝみいて、まりをとりて、いぬいのかたに、むかハせたまふやうにてこのとき少将殿ならひにミつかすその外もんていのともから等そんきよ一そくにておとさせたまふ、あるいは、三そくのせつも侍るにや、

⑧初座八人による蹴鞠

かくてしん大なこん殿きのもとにたちかへらせたまへハ、かものみつかす、まりをとりてこれをあく、したいにけわたしして、いとおもしろし、しん大なこん殿の事ハ、もとよりかんのふのたつしや、しんへんふしきの事なれハ、申にをよひ侍らす、少将殿大かたきりやうの名をとり給へる、みちのきとくとそおほえ侍る、又うけいてふ、たうしこのみちしゆうしんたにことなるうへ、しんたいゆうひにして、さなからもの々々しくけさせたまへハ、三とくのその一をもかねさせたまふとや申侍らん、かくて三と木にとまりなとするをも、あやにしなる心ちして、ほとなく、をの々々とうしに復座あふきをぬく所不同なりしたまふて、

⑨二座、蹴鞠

日野中なこん殿、位次に目して、あふきたゝうかミを、さのうしろにをきて、うしとらの木のひんかしに、たちたまふ、つきに、とうさいしやう殿、これもあふきをハ、さにをきて、たつミの木のみなミにすゝみたちたまへる、一やうのさほうも、かへりて株をまもるにたるゆへにや、このりやうみやうあふきを、さのうしろにをかれ侍り、つきに、さへもんかミ殿、あふきを、やなくひさしにさして、たつミの木のひかしの

かたに、たち給へり、つきに細川播州元常いこふけの人々あふきのさしやう、くわしくみとめ侍らす、仍一かうもたし侍りぬきやうふのせういけ人々のしたひに、たちくハヽりて、あけまり二三とのヽち、ミや々々のしゆ、をの々々たちかハりなとするに、

⑩蹴鞠が終わり着座

なを心なき雨のはれかたけれハ、松のしたはの露の数々にあかぬ物から、日のヽ中なこん殿をはしめて、みな々々とうしにさにかへりつきたまへり、

⑪鞠場における破子の饗膳

そのヽち、きん々々にたみて、ゐかきたるあふきかたのわりこをちさんして、とうさいあひわかちて、したいにすゆ、これも上達目のまへハ、みなひらかさねにてあるへきを、ふけの人々とひとしくめしつけたる、おしきにすへ侍る事しかるへからす、さるよし物みな人々も申あへり、されハ明応のたひもたうしやうの人々ハ、ひらかさねにて侍し、もとより、おしきといふ物ハ、かつてくけにもちられぬ物にて侍るを、ふけの人々さんくわひに、たよりありとて、ちかころかやうに、さたせられけれは、けんこりやくきの事にや侍らん、

をの々々わりこをすへをはりて、はしをくたせる、つきに、高畠甚九郎、てうしのうへに、かハらけをすへ、ちさんして、ひかしのさのまへたうしやうのさなりにそんきよすれは、平井新左衛門尉、ひさけをもちてあひしたかふ、一色修理亮、おなしくちさんして、にしのさふけの人々のさのまへにそんきよすれは、奥のなにかし、ひさけをもちて、あひしたかふ、をの々々したひに目して、けんはいしゆんりうのヽち、ほんやくの人すヽみいてヽ、わりこをハてつし侍りぬ、

⑫鞠足の退出

かくて一さんの、ちこそ、なをそのけうもいてき、まりかすもあかり侍へきを、雨もいみしくふりいて丶、物さハかしきやうなれは、下らうより、さをたちて、をの々しりそき入たまひぬ、あかすなこりおしき心地して、物みる女はうなとのうちなけくも、ことハりにこそ侍れ、

こうした一連の挙行形態の特徴として、最初に注目されるのは、享徳年間を最後に消失した、天皇と室町殿が臨席して行われる「具足の鞠」のような式正の会においては行われていた儀式の次第が省略されていたり、そうした式正の会における公家の伝統的作法からすれば、「略儀」とされる作法が定着あるいは挙行されている点である。まず、「具足の鞠」において行われていた儀式の次第が、天文七年の飛鳥井雅綱邸破子鞠においては、省略されている点を確認してみる。次に示す比較表は、応永十五年（一四〇八）三月、後小松天皇による足利義満の北山第への行幸のさい、十七日に天皇と義満が臨席して行われた「具足の鞠」（イ）と、天文七年（一五三八）九月十三日に行われた飛鳥井雅綱邸破子鞠（ロ）の進行次第を比較したものである。前者の記録は『北山殿行幸記』、後者の記録は『天文七年蹴鞠記』による。

（イ）応永十五年〔具足の鞠〕		（ロ）天文七年〔破子鞠〕
一、刻限人々参集、	……	①人々参集
二、次主上出御簾中、	……	×
御直衣　薄色御指貫、	……	×
三、次賀茂輩着座、	……	×
四、先有露払、	……	×
六位蔵人置鞠不付枝、	……	×

次露払人立懸下、……×
　不経時刻止之、……×
五、次鞠足公卿着座、……②公家・武家・その他の
　鞠足の入場・着座
六、次殿上人着座、……×
七、次主人被調御具足御着座、御裘帯、……×
八、次若公同着座、小葵御直衣、二倍織
物指貫、……×
九、次見証公卿着座、……×
一〇、次六位蔵人取露払鞠退下、……×
　此間蔵人又持枝鞠、寄立便宜所、……③丹波元明、枝鞠の置役
一一、次主上出御、……×
　関白参進候御簾、……×
一二、次着御切板敷御座、……×
　関白復座、……×
一三、次若公被調申御具足、御復座、……×
　可然殿上人持御具足奉従之、於御前……×
　伝進之、……×
一四、次譜代殿上人解鞠置懸中、……④細川晴元、解役

×　……⑤田井長次、空枝の役送

一五、上八人立懸下、……⑥初座八人による

先主上、次主人、次若公、次々人……懸の木の下への

随召次第進立、……参進

一六、次主人御上鞠、……⑦飛鳥井雅綱、上鞠役

一七、次可然公卿上鞠、次第蹴之、上八人……⑧初座八人による

復座、……蹴鞠

又立替如常、……⑨二座、

一八、次賀茂輩次第参進、……蹴鞠

一九、次事畢、……⑩蹴鞠が終わり着座

二〇、次若公令撤主上御具足給、御復座、……×

如初殿上人奉従之、取御具足退下、……×

×　……⑪鞠場で破子の饗膳

二一、次主上入御、……×

御簾役如初、……×

二二、次主人入御、……×

若公同入御、……×

二三、次公卿以下退下、……⑫鞠足の退出

この比較表から、天皇と室町殿が臨席する「具足の鞠」においてみられた、天皇や室町殿の出御や着座に関する次第が、天文七年の蹴鞠会で省かれていること。とりわけ、室町期における「具足の鞠」の儀式の象徴とも言いうる、天皇など主賓の足に沓・韈（御具足）を調える儀式（応永十五年の会では、足利義嗣が後小松天皇の御具足を調えている）が、天文七年の蹴鞠会では省かれていることが特徴として指摘できる。なお、天文七年の蹴鞠会では露払鞠も省かれている。

こうした、「具足」の儀式の省略や、鞠沓としての「具足」の様式の消失は、公家の伝統的作法からみれば「略儀」にあたる鴨沓が、天文七年時において、鞠沓の様式として定着化の傾向をみせていることと対をなしている。『天文七年蹴鞠記』は、当日、武家の鞠足が鴨沓を履いていることを評して、次のように述べている。

この人々の中にも、にしきかはのかもくつをはかれけるともから、あまたみえたり、さてもにしきかハの事ハ、公宴はれのまりのときその人のかんのふによりて、したうつのほとしなをわかち、上よりゆるさる丶事なれハ、はたかあしのときハ、そのさたにもをよハぬ事に侍れとも、たうしよまりによりて、そうしやうけより、ふけのともからなとにもめんきよせられけるたくひ侍り、ほんしきならねは、しよそんによりて、たうしやうのかた々々も、かんふかんをいはす、あるひはちやくし、あるひハちやくせられ侍らぬなり、就中かもくつといふ事ハ、しやうこよりさせるきしきも侍らす、あしなといたむときハ、なひ々々はきけるとなん、しかるを、ひそくしやくはひまてもそうしやうけのゆるしかうふり、たうしあまねくちやくようのこと、おほつかなく侍れ、

この記述から、もともと、韈の着用は、晴の公宴蹴鞠会において、天皇ないし上皇が堪能の者に対して、後鳥羽院時代に制定された「韈の程品」に従って、許可するようになっていたこと。ところが、久しく「具足の鞠」

が催されず、「はだかあし」で蹴鞠会が行われているので、「本式」の沙汰ではないが、宗匠家である飛鳥井家から、沓と韈が合体した鴨沓の着用が武家にも許されていることなど、歴史的な経緯がうかがわれる。引用部分の記述で、鴨沓の着用について、「おほつかなく侍れ」と評されているものの、「たうしあまねくちやくよう」とされているところから、鴨沓が鞠沓の様式として定着化の傾向を示していることが知られる。

また、先に引用した蹴鞠会の挙行形態に関する「②鞠足が鞠場へ入場し円座に着座（付、装束・鴨沓）」の部分の記述をみると、当日の公家の装束が明記されている。飛鳥井雅綱が香上・葛袴・無紋紫革鴨沓・丸組烏帽子懸、日野資定が朽葉水干・藍白地鴨沓・紫組懸緒、勧修寺尹豊が薄紫上・錦革鴨沓・組懸、山科言継が黍上・藍白地鴨沓・組懸、飛鳥井雅教が玉虫色上・下濃葛袴・錦革鴨沓の装束を着用している。鴨沓をはじめ直垂の上（鞠水干）・葛袴が用いられており、先に述べたとおり、享徳年間まで行われていた天皇と室町殿が臨席した「具足の鞠」において、直衣・衣冠に指貫が着用されていることからみれば、これまた、公家の伝統的作法からすると「略儀」が定着しつつある様子が看取される。

さらに、先に引用した挙行形態の「⑦飛鳥井雅綱、上鞠の役を勤める」で上鞠の儀が実施されているが、「具足の鞠」ではない蹴鞠会で上鞠の儀が行われるのは、やはり公家の伝統的作法からみれば「略儀」であった。『天文七年蹴鞠記』に、次のような記述がみえる。

この事当道第一の重事にて、ふたひ・かんのうのほかハ、せつけの人々なとつとめたまへることくなん、しかのミならす、弘安のいにしへハ亀山院なともあけさせまし々けるよし、きろくにも見えたり、たゝ、くそくのまりのときこそ上鞠といふ事ハある事にて侍るを、宝徳・享徳のゝちハ、公武ともに、そのさたもなけれは、いまハはたかあしにてつとめたまへるにこそ、ほんしきならねとも、はやたひ々の事になれる、しかれとも公宴なとにハ、いまたそのれいも侍らぬを、このさほうこらんありたきよし、おほせによりて、わたくしのきをれいとして、二楽院殿申さたせられしかハ、先皇いまた親王の御かたにてた丶せましくて、このきしき侍るとかや、されと、けんこうちうの事にて侍れは、れいにたらぬ事なるへし、

これによれば、「具足の鞠」の時にこそ、上鞠の儀式は実施されるのが「本式」であるが、宝徳・享徳年間より後は、「具足の鞠」が公武ともに催されていないので、天文七年の頃には、「具足の鞠」でなくとも、上鞠の儀式が行われることが、「本式」ではないけれども、度々となったという経緯がうかがわれる。そして、「具足の鞠」ではない蹴鞠会において、上鞠の儀を行う「略儀」が度々となることを加速させた例として、第三章で紹介した、明応六年（一四九七）四月十七日に、禁裏で開かれた勝仁親王（のちに即位して後柏原天皇となる）御方の蹴鞠会をあげている。しかし、その例については、「けんこうちうの事」「れいにたらぬ事」と先例とすることを嫌う記述をしている。ともあれ、ここでも、公家の伝統的作法からみれば「略儀」とされる作法が、ある意味「新儀」として定着している様子がうかがわれよう。

また、そうした「略儀」は、破子を用いて行われた饗膳においてもみられた。先に引用した挙行形態の「⑪鞠場における破子の饗膳」にみえる、次の記述はそれを端的に物語る。

これも上達目のまへハ、みなひらかさねにてあるへきを、ふけの人々とひとしくめしつけたる、おしきにすへ侍る事しかるへからす、さるよし物みな人々も申あへり、されハ明応のたひもたうしやうの人々ハ、ひらかさねにて侍し、もとより、おしきといふ物ハ、かつてくけにもちられぬ物にて侍るを、ふけの人々さんくわひに、たよりありとて、ちかころかやうに、さたせられけれは、けんこりやくきの事にや侍らん、

この記述によれば、饗膳のさい、鞠足の前に置かれた公家の膳が、「武家の参会にたよりあり」という理由でみ

な折敷であったというのである。折敷は、かつて公家には用いられなかったもので、明応七年（一四九八）五月十四日に行われた扇鬮拚破子鞠[28]にさいしても、公家の参会者は、「ひらがさね」（衝重）を使用したようである。この、天文七年九月十三日の蹴鞠会において、参会の公家・武家がともに折敷を用いたことを、『天文七年蹴鞠記』は「堅固略儀」としている。

このように、天文七年九月十三日に行われた飛鳥井雅綱邸破子鞠の挙行形態をみると、蹴鞠会の規模は大きかったものの、享徳年間を最後に消失した、天皇・室町殿臨席の「具足の鞠」のような式正の会においてみられた儀式の次第が省略されたり、そうした式正の会における公家の伝統的作法からすれば、「略儀」とされる作法が定着あるいは挙行されていることがわかる。見方を変えれば、そうした「略儀」は、「新儀」の創出と見なすこともできよう。

一方、当時の洛中の権力者である細川晴元の権力が、挙行形態にも反映されているとみられる点が、この飛鳥井雅綱邸破子鞠の挙行形態からみた特徴の一つである。

先に引用した挙行形態の記述「⑥初座八人による、懸の木の下への参進」によれば、初座八人の鞠足による、円座から懸の木の下への参進の順序が、飛鳥井雅綱（従二位）→勧修寺尹豊（正三位）→細川晴元（従五位下）→飛鳥井雅教（正五位下）→佐々木稙綱→賀茂光数→丹波元明→大村純前となっている（『公卿補任』『系図纂要』『歴名土代』参照）。すなわち、細川晴元が、自らより位階の高い飛鳥井雅教より先に、懸の木の下へ参進しているのである。この参進の仕方は、ある意味、細川晴元が公家社会の序列を超越した参進を行ったものと見なすことができる。『天文七年蹴鞠記』も「さても、かの羽林（飛鳥井雅教――筆者註）うけいてふ（細川晴元――同上）のつきにたゝれ侍る事、いかゝしたる事にやとみる人もそ、つめあやしミおもへり」とこの順序の参進を不審だとしている。しかし同時に、「おしハかるに、うけいてふの事ハ、もんていたにことなるとなれは、なにのしよそんにもをよハす」とも述べ、細川晴元が飛鳥井家の門弟であるので特別の参進をしたとも解釈している。この時、飛鳥井雅教十九歳に対し、細川晴元二十五歳。権力者・晴元の感情を推し量ったということもあったかも知れないが、晴元の権力が蹴鞠会の挙行形態に反映されたものと見ることができよう。

また、細川晴元は、当時、規模の大きな蹴鞠会においては欠かせない役となっていた解役を、挙行形態の「④細川晴元、解鞠を勤める」で勤めている。解役に関しては、十四世紀の御子左流の蹴鞠書『遊庭秘抄』に、

是も当道譜代の人所役たるべし、上鞠の役よりは次の人勤仕すべきなり、

と、「譜代の人」の役で、蹴鞠の世界では、上鞠役につぐ重要な役回りであると位置付けられている。また、先にも述べた、応永十五年（一四〇八）三月の北山殿行幸にさいして行われた「具足の鞠」では、解役は「譜代殿上人」の役として、飛鳥井雅清（のちの雅世）が勤めている(29)。応仁・文明ないし明応期に入っても、規模の大きな蹴鞠会において、解役は「譜代殿上人」の役として意識されていたようで、文明十四年（一四八二）六月十七日の甘露寺親長邸三時鞠や延徳三年（一四九一）四月二十日の飛鳥井宋世邸三時鞠では、飛鳥井雅俊がそれを勤めている(30)。ただし、明応七年（一四九八）五月十四日の飛鳥井宋世邸扇闥幷破子鞠では、扇闥が行われるたびに、三度、解鞠が行われ、一度目は飛鳥井雅綱が、二度目は姉小路済継が、三度目は、細川高国が解役を勤めている。ただ、この時の解鞠は立ったままの姿勢で行う変則的なものであったらしい(31)。

いずれにしても、先にも述べたとおり、十六世紀に入ると、永正三年（一五〇六）に成立した飛鳥井宋世著『蹴鞠百首和歌』に、

枝の鞠わりごのまりの上まりは　こうしやの役とききもこそすれ

とみえるように、枝に結び付けられた鞠を懸の中で解き放つ作法である解鞠が行われる蹴鞠会は、規模の大きな蹴鞠会の指標の一つとされていたことがうかがえる。細川晴元が、そうした作法をともなう振る舞いを鞠場で見せたことは、視覚的にも権力者としての威厳を高めるのに効果があったであろう。『天文七年蹴鞠記』は細川晴元について、

又うけいてふ、たうしこのみちしゆうしんたにことなるうへ、しんたいゆうひにして、さなからもの々々しくけさせたまへハ、三とくのその一をもかねさせたまふとや申侍らん、

と述べ、蹴鞠への執心を褒め称える一方、その身体の優美さを賞賛している。こうした、晴元の個人的なパーソナリティーも、権力者・晴元の存在を、この蹴鞠会の中で一層際立たせる要因の一つとなったのであろう。

(5)蹴鞠会にみる公家社会の重層性

天文七年(一五三八)九月十三日に当時の蹴鞠道宗匠家の当主である飛鳥井雅綱邸で開かれた破子鞠は、公家の伝統的作法からみれば、享徳年間を最後に消失した、天皇と室町殿が臨席して行われる「具足の鞠」のような式正の会とはいえないが、久しぶりに洛中で開かれた規模の大きな蹴鞠会であった。鞠場の設えにおいては、例えば、公家の伝統的作法からみれば、蹴鞠会においては、下﨟の座にすぎなかった円座が、鞠足の控えの座として台頭をみせるなどの特色がみられた。また、蹴鞠会の挙行形態に注目すると、享徳年間を最後に消失した、天皇・室町殿臨席の「具足の鞠」のような式正の会においてみられた、儀式の次第が省略される特徴もあった。さらに、そうした式正の会における公家の伝統的作法からすれば、「略儀」とされる作法が定着あるいは挙行されていることも特徴で、それは、あらたな装束や鴨沓の使用、「具足の鞠」でない蹴鞠会における上鞠の儀の実施、饗

膳における参会者全員の折敷の使用などとして表現された。見方を変えれば、そうした「略儀」は、「新儀」の創出と見なすこともできよう。

一方、洛中における当時の権力者である、細川晴元の権力が蹴鞠会に投影されていることも、この蹴鞠会の特徴の一つである。それは、蹴鞠会の参会者をみると、細川晴元が、室町幕府の側近や晴元の内者・被官を多く従えて参加しているかのようにみえること。晴元が、当時、規模の大きな蹴鞠会には欠くことができない解鞠の儀式を勤めたり、公家社会の序列を超越した、懸の木の下への参進の仕方をしたことなどに表現されている。

なお、細川晴元の公家社会の秩序を超越した蹴鞠会における動きは、数年後に開かれた天文十三年（一五四四）十一月二十三日の伏見宮貞敦親王方の蹴鞠会においては、公家社会の秩序の枠組み内に組み込まれていることを付け加えておきたい。『言継卿記』の同日条に、当日の蹴鞠会の記事と配置図（略）が示されている。記事には次のようにある。

九時分伏見殿へ参、八時分細川右京大夫参、御太刀にて御礼申之、十合十荷進之、御盃被下候了、次用意、予、万里小路奏者所にて用意了、（中略）予直垂、袷朽葉、両種日野に借用、鞠之時、栗梅之上布也、紋鞠之腰はさみ着用、

伏見殿紺紋紗水干、葛袴、同式部卿宮浅黄水干、勧修寺門跡朽葉之御だうふく、右府浅黄紋紗之かみ也、飛鳥井前大納言丸之上也、かちん布也、勧修寺大納言萌黄之文紗之上也、予前に註、右衛門督朽葉之上、飛鳥井中将赤文紗之上、物加波蔵人懐世直垂之上布、細川右京大夫かちん之上布、葛袴に絵葛、不着烏帽子、不可然儀也、如何、浄土寺庁奥坊直綴黒、等也、（中略）上鞠右衛門督、鞠懐世持て出置之、暮過迄有之、

蹴鞠会の規模からみれば、解鞠も行われておらず、決して規模の大きなものとはいえない会である。上鞠も

「上鞠右衛門督」と記されていて、飛鳥井前大納言（雅綱）が参会しているにもかかわらず、右衛門督（持明院基規）が行っている。おそらく、この上鞠は、『天文七年蹴鞠記』でみられた、

そのき木のもとにて、あふきをかたなさしにさして、しハらく、くわんねんしたまひて、にはのちうわうにしつかにす丶みいて、まりをとりて、いぬいのかたに、むかハせたまふやうにてこのとき少将殿ならひにミつかすそ、の外もんていのともから等そんきよ一そくにておとさせたまふ、

という、作法をともなった「上鞠の儀」ではなく、無作法で、身の丈以下の高さの鞠を、にじ形に対面の位置に立つ人に一足で蹴渡す「無作法の上鞠」であったと思われる(32)。

この記事で注意されるのは、むしろ、物加波蔵人懐世のあとに、細川右京大夫（晴元）の名前が記されている点である。物加波懐世は、蔵人頭・五位蔵人の補任を記した『職事補任』にその名前はみえず、六位蔵人の可能性が高い。一方、細川晴元は、先に触れたように、すでに天文六年（一五三七）八月一日に、従五位下に任じられている（『系図纂要』『歴名土代』）。従って、物加波懐世・細川晴元という順序からは、少なくとも、晴元を公家社会の通常の序列に組み込むか、あるいは、晴元を通常の公家の序列より下に位置付けようとしている意図が看取される。

ところで、室町期から戦国期にかけての天皇家と伏見宮家は、天皇家が、伏見宮貞成親王—後花園天皇—後土御門天皇—後柏原天皇—後奈良天皇—正親町天皇と続く一方で、伏見宮家が、後花園天皇の弟である貞常親王から貞常親王—邦高親王—貞敦親王—邦輔親王と続き、血縁関係が近しかった。また、『系図纂要』によれば、伏見宮貞敦親王が、後柏原天皇の猶子となるなど、ごく近しい関係にあったといえる。さらに、詳細については、改めて考察されなくてはならないが、『史料綜覧』によれば、伏見宮家で行われる文芸・芸能の会が、禁裏の文芸・

芸能の会の数日前に行われているケースが多々見られ、伏見宮家が、天皇家のサポート的役割を果たしている傾向が顕著に垣間見られる。

そうした、伏見宮家で行われた、決して規模が大きいとはいえない蹴鞠会で、細川晴元は、公家社会の序列に完全に組み込まれているかのように記録類に記されている。あるいは、飛鳥井雅綱邸破子鞠が開かれた天文七年と伏見宮貞敦親王方蹴鞠会が開かれた天文十三年までの間に、細川晴元の政治的地位の変化があったのかも知れないが、伏見宮家という「格」の高い場で蹴鞠会が開かれたこともその大きな要因であろう。いずれにしても、伏見宮貞敦親王方蹴鞠会の存在は、飛鳥井雅綱邸破子鞠の性格と対比した時、公家社会の重層性をうかがわせる事例として興味深い存在である。

第四節　小　括

以上、十六世紀に入って、応仁・文明の大乱以降に成立してきた蹴鞠の「新儀」が、定着化の傾向をみせていたことを、永正期の事例として『蹴鞠百首和歌』を、天文期の事例として天文七年の飛鳥井雅綱邸蹴鞠会をとりあげ、確認してきた。こうした、「新儀」の中には、従来の「具足の鞠」における「故実」からみれば、「略儀」とされる様式が、「新儀」として新たに定着したとみられるものがあることも特徴の一つであろう。そうした「新儀」のうち、特に、鴨沓・葛袴・鞠水干（直垂の上）については、のちに蹴鞠の家元制度を支える重要な要素となったが、第五章では、これらの装束の相伝をはじめとする伝授システムの形成過程をみていく中で、蹴鞠の家元制度が成立していく様子を、記録類や免状などを検討することにより具体的に考察していきたいと思う。

（1） 第二章参照。また『公家と儀式』（京都大学文学部博物館図録第五冊、一九九一年）に、「八〇 室町殿御鞠次第（宝徳二年写）」がある。この文書の「具足の鞠」は、天皇の参会はなく、主賓は室町将軍である。この時は、室町将軍の足に「具足（沓・韈）」を「譜代殿上人」が履かせている。なお、この文書の解説は仁木宏執筆。

（2） 井上宗雄「中世教訓歌略解題――付・教訓歌小考――」（『立教大学日本文学』二四号、一九七〇年）、同「戦国時代の和歌――狂歌・教訓歌など――」（『和歌文学の世界三』、笠間書院、一九七五年）。

（3） 佐々木孝浩「鞠聖藤原成通影供と飛鳥井家の歌鞠二道」（『国文学研究資料館紀要』二〇号、一九九四年）。

（4） 渡辺融「蹴鞠のキッキング技術について――三曲を中心にして――」（平成三年度科学研究費補助金研究成果報告書『蹴鞠技術変遷の研究』、研究代表者：桑山浩然、一九九二年）。

（5） 『遊庭秘抄』については、桑山浩然「蹴鞠書の研究」（渡辺融・桑山浩然著『蹴鞠の研究――公家鞠の成立――』、東京大学出版会、一九九四年）、渡辺融「遊庭秘抄の研究」（『放送大学研究年報』一四号、一九九六年）に詳しい。

（6） 『永享九年十月廿一日行幸記』は、『群書類従 帝王部（第三輯）』（続群書類従完成会、一九三三年）所収本を参照。

（7） 第三章参照。

（8） 今泉淑夫「江南院龍霄」（『東語西話――室町文化寸描――』、吉川弘文館、一九九四年）六二一～六二三頁。

（9） 続群書類従本では、この歌の下の句が欠けている。国立公文書館内閣文庫本函号一九九―二六八により補訂した。

（10） 第三章参照。

（11） 第三章参照。

（12） 渡辺融「公家鞠の成立」（前掲『蹴鞠の研究』所収）一二三頁。

（13） 埼玉県立博物館編特別展図録『ＫＥＭＡＲＩ――蹴鞠――』（二〇〇二年）参照。

（14） 今泉淑夫「文明二年七月六日付飛鳥井雅親書状案をめぐって」（『日本歴史』三六九号、一九七九年）八頁参照。

（15） 同右、八頁参照。

（16） 出家後の宋世の歌鞠活動に関しては、井上宗雄『中世歌壇史の研究 室町後期（改定新版）』（明治書院、一九八七年）に詳しい。

（17） 前掲注（14）今泉論文「文明二年七月六日付飛鳥井雅親書状案をめぐって」一三頁参照。

(18)富田正弘「戦国期の公家衆」(『立命館文学』五〇九号、一九八八年)二六六～二六七頁。
(19)前掲注(16)井上著書『中世歌壇史の研究　室町後期(改定新版)』および第三章参照。
(20)宋世が出家後、禁裏の蹴鞠会の場で指導的な立場であった点については、第三章参照。宋世と雅俊との不和については、前掲注(8)今泉論文「江南院龍霄」六四～六五頁参照。
(21)中西定典・吉村啓司「蹴鞠に関する歴史年表」(中西定典編『蹴鞠保存会九十年誌』所収、蹴鞠保存会、一九九七年)および『史料綜覧』参照。
(22)『国史大辞典』「大村氏」の項参照(藤野保執筆)。
(23)今谷明「細川・三好体制研究序説――室町幕府の解体過程――」(『室町幕府解体過程の研究』、岩波書店、一九八五年、所収)参照。
(24)今谷明『京都・一五四七年』(平凡社、一九八八年)四七頁参照。
(25)『親長卿記』文明十四年(一四八二)六月十七日条・甘露寺親長邸三時鞠の鞠場配置図および同明応七年(一四九八)五月十四日条・飛鳥井宋世邸扇闔卄破子鞠の鞠場配置図参照。
(26)前掲注(5)参照。
(27)今谷明『言継卿記――公家社会と町衆文化の接点――』所収(そしえて、一九八〇年)。
(28)『親長卿記』同日条および第三章参照。
(29)第二章参照。
(30)『親長卿記』同日条および第三章参照。
(31)『親長卿記』同日条および第三章参照。
(32)中西貞三『蹴鞠抄』(私家版、一九六四年)一六頁によれば、「無作法の上鞠は、室町時代末期頃から始まったと見られ、それ以前の上鞠の役は、枝役(解役――筆者註)よりも重要視せられ、最も上位の所役であった」とされる。「無作法の上鞠」は十四世紀の蹴鞠書『遊庭秘抄』にもみえ、鞠を無作法で蹴りあげて始める上鞠は、行為としては、「具足の鞠」が挙行されていた享徳年間以前にも、例えば、「具足」を着用せずに行われた蹴鞠会でみられたと思われる。しかし、本文でも触れたとおり、享徳年間を最後に、公武で「具足の鞠」が消失したことにより、元来、「具足の鞠」でのみ実施されていた作法をともなう「上鞠の儀」が、「具足の鞠」でなくとも行われるようになる一方、中西が指摘される「無作法の上鞠」も、室町末期以降、その存在が際立つようになったものと思われる。先にみたように、永正三年（一五〇六）に成立した『蹴鞠百首和歌』に、

若輩の役に定まる上まりを　斟酌するは知らぬゆへかは

枝の鞠わりごのまりの上まりは　こうしやの役ときさもこそすれ

と上鞠に関して両様みえるのも、前者は「無作法の上鞠」に関する歌、後者は「上鞠の儀」に関する歌と類別できるのではないだろうか。

第五章　蹴鞠家元制度成立史論——蹴鞠遊芸化の前提——

第一節　小　序

日本の諸芸にみられる家元制度の体系的研究にとりくまれた西山松之助氏の研究[1]を受けて、遊芸と家元制が一体であると主張し、教授者側から芸能のシステムをみれば家元制であり、被教授者の側から同じシステムをみれば遊芸であるとされ、家元制と遊芸が表裏をなすあり方を日本近世の特異な芸能制度として論じられたのは、守屋毅氏であった[2]。

熊倉功夫氏は、両氏の論をふまえ、日本における遊芸の成立について、次のように述べられている[3]。

大量の素人の弟子が趣味として文芸・芸能を楽しみ、宗匠に秘伝を求める生活のスタイルを遊芸という言葉で呼ぶとすれば、遊芸が社会的に定着するのは十七世紀の後半だった。（中略）しかしその萌芽は、連歌師の活躍した十六世紀にすでにあったと、いうべきであろう。

十一世紀末の院政時代以降、貴族の手によって、次第に、技法・作法・装束・施設・用具などの故実が固められていき、十三世紀後半には、これらの体系化をみた蹴鞠[4]も、連歌と同様、十五世紀末以降、戦国大名を中心とした素人の弟子の間に広範に広まっていった。そこで、本章では、これらの戦国大名を中心とする素人弟子が、蹴鞠の宗匠である公家にどのような秘伝を求め、逆に宗匠がどのような伝授を通じて門弟を掌握していったのか、公家の日記や蹴鞠免状をみていくことで、編年的に明らかにしていきたい。そして、そのさい、第三章や第四章で述べた時代に、新たな様式として定着してきた、鴨沓・葛袴、及び鞠水干（直垂の上）といった装束等が、重要な伝授項目としてとりあげられていく過程に特に注意を払いたい。また、宗匠の伝授による門弟掌握の動きが、十七世紀後半以降に蹴鞠が遊芸化し、家元が町人や上層の農民などの門弟を組織化していくさいの前提となっていたことにも言及したいと思う。なお、遊芸の研究は、近年進んでおり、個々の人間の営みとしてのミクロの遊芸の世界にも関心が向けられるようになったが[5]、本章では、その考察の基礎作業として、家元制と表裏の関係にあるシステムとしての蹴鞠遊芸化の過程を考察することにする。

第二節　蹴鞠遊芸化の萌芽

まず、第三章でも触れた、『親長卿記』文明十二年（一四八〇）四月および五月条にみえる、甘露寺親長が、堺の「在所の輩」を門弟にしたという記事を具体的にみていくことにしよう。

㋐四月二十三日条

入夜中嶋藤衛門来、蹴鞠事為門流可致沙汰之由命之、此間連々所望、雖為斟酌領状、今日粗演説畢、於縮開者追可書遣之由仰了、

㋑四月二十四日条

先朝間中嶋藤衛門来、就蹴鞠之儀出請文、予注遣縮開了、

㋒五月十七日条

内海又三郎貞範蹴鞠習度之由懇望之間、示聞了、仰縮開事、

㊀五月二十日条

村上橘六宗保、梶浦又四郎忠長等、蹴鞠事可為門弟之由、連々懇望之上、此間相並蹴鞠之時、縮開不存知之間、領状了、今日各来、仰含了、

㊁五月二十三日条

内海又四郎貞継来、蹴鞠事懇望、仰聞了、教訓縮開事了、

これらの史料には、甘露寺親長が、堺の門弟たちに蹴鞠の「縮開《つめびらき》」の動き方を教授したり、「縮開」の図を伝授したことが記されている。「縮開」とは、鞠会において、鞠の動きにつれて、一座の鞠足がとるフォーメーションのことで、鞠の飛んだコースによって、対縮《むかいづめ》・横縮《よこづめ》・傍縮《そばづめ》の三種類がある(6)。のちに述べるように、戦国期以降の免状では、八境図《はっけいず》・両分図《りょうぶんず》(7)とともに、三種のうち対縮図が伝授されることが多い。

史料中留意されるのは、㊀や㊁の史料から、甘露寺親長が「縮開」の実技指導をもって、堺の人々を蹴鞠門弟としている一方、史料㋑のように、門弟が「請文」を出し、それに対し、親長が「縮開」を書き与えていることがわかる点である。このことは、この時の親長による「縮開」の教授が、実技指導であったと同時に、すでに、この時点において「縮開」の図が免状化していく方向性を示唆しているといえよう。

この史料から知り得るもう一つの点は、江戸時代において、蹴鞠の家元となる飛鳥井家の人物ではない甘露寺親長が蹴鞠門弟をとっていることである。すでに、先学の研究で指摘されているように、飛鳥井家は、応仁・文明の大乱前後の時期において、室町将軍家の歌鞠師範家として特別の処遇を得ていた(8)。甘露寺親長と同時期の公家である飛鳥井雅親などは、大納言に欠員が生じたさい、摂関家の近衛政家が大納言昇進を希望する前に、歌鞠

師範であるという理由で、大納言昇進の約束を天皇からとりつけている（『後法興院記』寛正七年〔一四六六〕二月十三日条）。このように、公家社会の内部で、歌鞠師範家として特別の地位を得ていた飛鳥井家ではあったが、甘露寺親長が門弟をとったことからわかるとおり、この時点では、蹴鞠の伝授権を独占した絶対的な「家元」として君臨していたわけではなかった。

ところで、飛鳥井家の人物は、先の飛鳥井雅親の頃から、戦国期を通じて、蹴鞠の技法や作法などを簡略に説き、奥書を加えて門弟に伝授する蹴鞠伝授書をさかんに発給しはじめている。(9) その整理と意義の言及については、別の機会に譲るが、国立公文書館内閣文庫に残る『雅親卿蹴鞠条々八境両分対縮等図并二十五ケ条』という蹴鞠伝授書は、戦国期に免状化する八境図・両分図・対縮図が、蹴鞠書の中の一項目から独立する過程に位置する書として興味深い。次に、奥書を引用する。

八境図両分図対縮図并廿五ケ條注之者也、爰左大弁宰相殿先年自文明比於濃州可為門弟由頻所望異于他、連々芳志不浅有誓状等、仍今凌老眼書之所与力也、於口伝故実等次第々々可奉授之、賢息一人之外不教訓又外深可被禁也、当時似好鞠之輩不弁道之邪正天下零落之姿也、相併々々承不審一々可教訓申者也、

延徳二年七月日　　　　沙弥栄雅（在判）

この書は、延徳二年（一四九〇）に飛鳥井栄雅（雅親の法名）から公家の葉室公忠に伝授された蹴鞠伝授書であるが、奥書からも察せられるとおり、八境図・両分図・対縮図が、蹴鞠の技法・作法を説明した二十五箇条の本文から独立して、冒頭に掲げられている。従来の蹴鞠書では、例えば、十三世紀後半に成立した飛鳥井雅有撰『内外三時抄』の「練習篇二」の中の「自他分」の項目で、八境図・両分図が紹介され、また「縮開」の項目で、対縮図が示されるなど、(10) これらの図は、蹴鞠書の本文の中で解説される内容のものであった。のちに頻出するよう

に、戦国期ではこれらの図が独立して免状化するが、この蹴鞠伝授書は、その過程に位置付けられる書として興味深いのである。

ところで、やや唐突な感はあるが、現在、京都蹴鞠保存会[11]で使用されている鞠沓は、沓と韈が縫い付けられて合体している鴨沓と呼ばれるものである。この鴨沓をはじめ、葛袴・鞠水干（直垂の上）という装束の様式が、蹴鞠装束の新たな様式として認知される重要な契機となったのが、明応五年（一四九六）閏二月、禁裏の庭で行われた勝仁親王御方御鞠であったと考えられることについては第三章で述べた。この鞠水干・葛袴・鴨沓という様式が、現在も蹴鞠保存会で使用されている鞠装束であり、のちに述べるように、江戸時代には、家元が、これらの装束に何段階かの色目（装束の模様や色合いによる階級）を設け免許の対象としていた装束である。これらの様式が、蹴鞠装束の新たな様式として認知されるようになったのが、応仁・文明の大乱後の十五世紀末であったと考えられることをここで今一度確認しておきたい。

さて、そうした鞠装束のうち、葛袴は、延徳年間には早くも免許の対象となっていることが、『実隆公記』延徳三年（一四九一）五月六日条からわかる。次に引用するこの史料は、免許を許可する許可権者が、飛鳥井家の外部からみて、明らかになっていないことをうかがわせる意味からも興味深い記事である。

江南院入来談云、飛鳥井中将雅俊朝臣与二楽院不和事已出現、言語道断云々、其子細自室町殿以永康朝臣被尋仰中将云、甘露寺中納言冠懸事、伊勢次郎左衛門葛袴着用事、此両条何事哉之由有御不審之処、於雅俊朝臣者申不存知之由、然者中納言入道存知歟、此事如何之由重而御尋云々、仍中納言入道一流相続、家嫡之条無其隠、内外三時抄卅巻、家相伝人丸影一幅相伝之、両道事自専之条、誰人可謂非拠哉之由称之、種々子細調一巻言上云々、此事併雅俊朝臣依訴申如此被尋仰歟之由、二楽院推量腹立云々、此間事更難述筆端矣、

この記事に関しては、すでに今泉淑夫氏が紹介して丁寧に解説されているが[12]、それをもとに内容をまとめると次のようになろう。

甘露寺元長の冠懸と伊勢貞頼の葛袴の免許について不審をいだいた足利義材が、飛鳥井雅俊に尋ねたところ、雅俊は自分は関知しないと答えたので、それでは、雅俊の叔父で、一時飛鳥井家の家督を継いだ二楽院（飛鳥井雅康・宋世）の許可かと重ねて二楽院に尋問した。二楽院は飛鳥井家一流の相続者で、秘伝の『内外三時抄』三十巻と家伝の柿本人丸《ママ》像も受け継ぎ、歌鞠伝授の専断が許されていることは、誰もが認めるところである、との陳述一巻を調えて言上した。二楽院は、この尋問は雅俊が将軍家に訴えたりするからだと推量して立腹した。

飛鳥井家内部の歌鞠伝授をめぐる叔父と甥の確執が浮き彫りにされている話であることがわかるが、足利義材が、二楽院と飛鳥井雅俊の双方に尋問していることからもうかがえるとおり、外部からみて、免許の許可権をもっている者が明確になっていないことも注目に値しよう。先に触れたように、甘露寺親長が蹴鞠門弟をもったこととあわせて考えれば、少なくとも、十五世紀末のこの時点において、免許許可権をもった絶対的な蹴鞠の「家元」が存在していないことがこの史料から確認されるであろう。

もっとも、京はもとより全国に広がっていた戦国武士に対して、飛鳥井家の人物は、蹴鞠伝授書を書き与えることなどを通じて、個別に対応はみせている[13]。しかし、十七世紀後半における蹴鞠の遊芸化との関連でいえば、家元が蹴鞠門弟を組織的に掌握し、門弟となった元禄町人に対しても、色目（装束の模様や色合いによる階級）を設けてその着用を許可していた鞠水干・葛袴・鴨沓は、十五世紀末のこの時点で、禁裏の庭で行われた鞠会で用いられるなど、ようやく蹴鞠装束の様式として認知された段階にあった。一方、戦国期にさかんに免許の対象とされた、八境図・両分図・対縮図は、この段階で免状化の方向性を示している。総じていえば、十五世紀末の時代は、蹴鞠遊芸化の萌芽の時代ということができるだろう。

第三節　蹴鞠遊芸化の前提

さて、十六世紀に入り大永年間頃になると、飛鳥井家の当主が「家説」をもって武家の門弟に伝授した旨の奥書のある蹴鞠免状が明確に発給されるようになることが、現存する自筆の蹴鞠免状からも確認できる。次に紹介する、国立公文書館内閣文庫所蔵、飛鳥井雅綱筆北条伊豆千代丸宛の八境図・両分図・対縮図は、飛鳥井家の当主による自筆の免状化された例としては古い時期のもので[14]、大永五年（一五二五）八月付の奥書がみえる。

（八境図）／（両分図）／（対縮図）

以家説授伊勢伊豆千代丸殿訖、

大永五年八月　日

左衛門督雅綱（花押）

田島光男氏によれば、免状中にみえる「伊勢伊豆千代丸」は、小田原北条氏の北条氏康（一五一五～七一）のこととされている[15]。田島氏は、また、この免状とセットで内閣文庫に残されている、飛鳥井雅綱筆北条新九郎宛葛袴・鴨沓相伝免状の「北条新九郎」も同じく北条氏康と推定している。次に、その免状の内容を引用しよう。

就蹴鞠門弟芳約葛袴并鴨沓事、御懇望之条令進之候、御着用可為珍重候、於此道随分規模之儀候、恐々謹言、

十月十三日　雅綱

北条新九郎殿

免状の内容からわかる特徴としてあげられる点は、葛袴・鴨沓の着用許可だけでなく、文言に「御懇望之条令進之候」とあることからわかるとおり、その実物が門弟に送られていることである。後に述べるように、十六世紀も半ば以降になると、葛袴や鴨沓の免状内容が、次第に着用許可のみの免状となっていく。桑山浩然氏も指摘されているが、八境図・両分図・対縮図の免状とは異なり、戦国期の装束許可免状は年号を欠いているため[16]、この免状も発給年号は明らかになっていない。しかし、免状とともに実物が送られている、初期の頃の葛袴・鴨沓の相伝の在り方をうかがわせる興味深い文言の免状だといえよう。

ところで、十六世紀初頭になると、この葛袴・鴨沓に加えて、鞠水干（直垂の上）といった装束が、蹴鞠装束としてその認知度を増している感が強い。大津平野神社に所蔵される『蹴鞠条々　雅綱卿聞書』は、大永八年（一五二八）、兵部少輔縁定という人物が、飛鳥井雅綱の説を聞書した書であるが、その中に、鞠水干（史料中には「鞠の上」とある）・葛袴・鴨沓の相伝や色目に関する記述がみられる。

一、まりの時したくの事、御免の人は鞠の上と葛袴を可着、つねの人はすハふを本とすへし、

一、葛袴鴨沓ゆるされさる人ハすハふ袴を着して足を包てけるへし、

一、葛袴の菊とち・鴨沓のたてあけのかハの事先あひ白地なり、其上錦かハ、其上紋あるむらさきかハ、錦革と有紋の紫革の事、御免ありかたき也、無紋のむらさき革の事、中々斟酌の儀有、

一、葛袴の色の事、ちこ・若衆むらさきすそこにする也、よハひ十二三まてハうすむらさき、十五六十七八の比ハこきむらさきたるへし、又遁世法躰の人ハもよき紺あひたに染てよき事也、すそをもよき・あさきなとにそむる事なし、

内容を要約して明確化すると次のようになるだろう。

1　許しを得た人は「鞠の上」「葛袴」を、得ていない人は「素襖」を着用する。
2　「葛袴」「鴨沓」の許しを得ていない人は、「素襖袴」で「足を包て」蹴る。
3　鴨沓の韈部分の色目として「藍白地」「錦革」「有紋紫革」「無紋紫革」の四段階がある。但し、「錦革」以上は、通常伝授されない。葛袴の前後に二つずつ付ける露革も同じ色目である。
4　葛袴の色目は、年齢による区別が設けられている。

このうち、鴨沓に関しては、すでに四段階の色目が記述されていることがわかる。しかし、それらのうち、少なくとも武士へ伝授されるのは、この大永年間の頃には、「藍白地」の鴨沓だけであったこともわかり、免状にでてくる鴨沓も、おそらく藍白地の鴨沓であったと判断して差し支えないだろう。

次に、今谷明氏が紹介されて有名になった(17)、公家の飛鳥井雅綱と山科言継が尾張に下向し、織田信長の父にあたる織田信秀とその家臣団に蹴鞠を伝授した『言継卿記』の事例を引用するが、それをみても、伝授の内容が「沓迄」とか「沓葛袴迄」となっており、まだ装束の色目が伝授内容となっていないことがうかがえる。引用が長くなるが、当時の蹴鞠伝授の在り方がよくわかる史料なので、『言継卿記』天文二年（一五三三）七月～八月条の当該記事を紹介することにする。

㋐七月十五日条
　瀧川彦九郎勝景飛鳥の門弟に成候了、太刀糸、二百疋持来云々、沓迄云々、
㋑七月十六日条
　花井又次郎源元信飛鳥門弟に成候、太刀糸、二百疋持来、沓迄云々、
㋒七月廿一日条

織田右衛門尉達順、蹴鞠門弟に成云々、太刀持、三百疋持来、同孫左門尉信吉、同時太刀糸、二百疋持来、乍両人
沓迄也、

㋓七月廿三日条

今川竹王丸蹴鞠門弟に被成候、太刀糸、三百疋被持来候、沓迄、

㋔七月廿五日条

八境図十一枚予沙汰候了、飛被誂候了、晩景鞠有之、人数飛鳥、予、竹王丸、織田三郎、速水兵部、矢野善
十郎、織田大膳亮、同右近尉、同與三郎、花井又次郎、平手助次郎等也、

㋕七月廿六日条

渡辺玄蕃助和蹴鞠門弟に成候、太刀、馬一疋、五百疋持来候了、沓葛袴迄也、

㋖八月十六日条

飛鳥今日終に被興候、被得減気候、大慶々々、織田与三郎に葛袴被遣了、

（織田与三郎、七月二十三日に門弟となり、束脩として太刀と二百疋を収めている）

㋗八月十八日条

平手中務丞来、此間種々馳走之間、息助次郎に葛袴被遣了、則御礼に二百疋進上候了、

㋘同日条

織田右近尉飛へ花むけとて三百疋進候、同息与三郎百疋進、同丹波守子息七歳竹満丸に、八境図、鴨沓之免状
被遣候、図者未遣者也、

㋙同日条

蔵人、毛利十郎両人に鞠扇被遣了、

㋚同日条

武衛息治部大輔統義方へ、鴨沓、葛袴、八境図、同免状等、以速水兵部丞被送遣了、

㋛同日条

織田監物鞠道門弟に成候、明日可申聞云々、今日礼に来、太刀糸、馬代三百疋、沓、葛袴に五百疋也、速水兵部に百疋等也、

これらの史料にみえる蹴鞠の伝授内容について、箇条書きで整理すると次の五項目があげられる。

(1)鴨沓・葛袴の実物と免状・八境図の伝授㋚

(2)鴨沓の伝授（束脩……太刀・二百疋ないし三百疋）㋐㋑㋒㋓

(3)鴨沓・葛袴の伝授（束脩……太刀・馬・五百疋）㋕㋛

(4)「馳走」の礼として葛袴を与える㋗

(5)参会者十一人に八境図を配って鞠会㋔

このうち、(1)に関しては、先に免状の例でみたのと同様、鴨沓・葛袴の伝授にさいして、実物が送られている明確な事例として注目される。また(4)に関しても、贈答品として、葛袴の実物が送られている興味深い事例である。(2)と(3)に関しては、着用の許可のみか、実物が送られているのか判断がつきかねるが、鴨沓と葛袴の双方を伝授される場合の方が、鴨沓だけを伝授される場合よりも、束脩（入門料）を多く納めていることが注意される。また、鴨沓についても葛袴についても、この時には、色目が伝授内容として問題にされていないこともわかる。(5)の八境図に関しては、先にも述べたように、もともと、鞠会で八人のプレーヤーが動くべきエリア

を図示した図であったが、戦国期に免状化した。この時、参会者全員に八境図が配られて鞠会が行われているということは、鞠会での動き方を理解するという八境図本来の機能が残されていることを意味していよう。

このように、天文二年（一五三三）の飛鳥井雅綱による尾張下向の折りには、鴨沓・葛袴伝授にさいして色目が問題にされていなかったが、第四章でも述べた、それから数年後の天文七年（一五三八）九月十三日に飛鳥井雅綱邸で行われた鞠会では、武士が、「藍白地」よりも格の高い色目である「錦革」の鴨沓をはいて蹴鞠を行っている。その時の記録である『天文七年蹴鞠記』[18]の当該記事を再度引用する。

又ほそ川うけひたふ《晴元》ハ、つねのかもんのすわうに、くすはかま、にしきかハのかもくつをちやくし、（中略）おなしき播州《元常》、佐々木民部少輔《稙綱》、細川刑部少輔《晴広》、荒川治部大輔《氏隆》等したひにちやくさ、この人々の中にも、にしきかはのかもくつをはかれけるともからあまたみえたり、

先に引用した、大永八年（一五二八）の『蹴鞠条々　雅綱卿聞書』で、「御免ありがたき」と記されていた「錦革」の色目の鴨沓を多くの武士が着用していることがこの史料からわかるのである。

このような、武士に対する、鴨沓や葛袴の色目の着用許可は、十六世紀が下るにつれ次第に行われるようになったとみえ、安田晃子氏が紹介された、弘治三年（一五五七）のものと判断される飛鳥井雅教筆大友義鎮（宗麟）宛蹴鞠免状（『大分県史料二六・大友文書』所収）[19]には、着用が許される鴨沓や葛袴の色目がはっきりと記されている。次に紹介したい。

㋐八境図・両分図・対縮図

（八境図）／（両分図）／（対縮図）

以家説奉授大友新太郎源《義鎮》殿訖、

弘治三年九月二日
左衛門督雅教（花押）

㋑萌黄葛袴着用許可免状
就蹴鞠、久御契約、萌黄葛袴之事、於此道随分規模之子細候条、令免申候、御着用尤珍重存候也、恐々謹言、
九月二日　　雅教（花押）
大友新太郎殿

㋒紫革鴨沓着用許可免状
就蹴鞠、久御契約、紫皮之事、条々雖有子細義候、別而御執心御感能之旨令免申候、異于他之間、令免申候也、御着用尤規模珍重存候、恐々謹言、
霜月吉日　　雅教（花押）
大友新太郎殿

引用した史料のうち、㋑の史料が、「萌黄」の葛袴の着用許可免状、㋒が「紫革」の鴨沓の着用許可免状である。また、葛袴も鴨沓も、実物が送られるのではなく、着用許可免状になっている点も留意されよう。

もっとも、十六世紀後半にいたっても、飛鳥井家の側に色目の着用許可の順序を明確に定めたような体系が確立されていたわけではなかったことが次の免状群からもうかがえる。それは、かつて渡辺融氏が紹介された、永禄四年（一五六一）から翌年にかけて、飛鳥井雅教から伊達晴宗へ宛てて伝授されたと考えられる蹴鞠免状群（『大日本古文書・伊達家文書之十』所収）[20]で、やはりこの段階では、蹴鞠装束の着用許可免状に年号が入っていないため、月日から判断して免状が伝授されたと推定される順番に並べると次のとおりである。

㋐永禄四年（一五六一）十二月　五　日……八境図・両分図・対縮図
㋑　　　　　　　　　　十二月　五　日……葛袴・鴨沓着用許可免状
㋒　　　　　　　　　　正月　七　日……錦革（鴨沓）着用許可免状
㋓　　　　　　　　　　正月十　一日……筋紋（素襖）使用許可免状
㋔　　　　　　　　　　正月十　五日……菊紋（素襖）使用許可免状
㋕　　　　　　　　　　三月二十二日……萌黄葛袴着用許可免状
㋖　　　　　　　　　　卯月　　日……香上着用許可免状
㋗永禄五年（一五六二）五月二十八日……蹴鞠条々

この免状群からみた特徴として指摘できる第一の点は、永禄四年の十二月五日に、八境図・両分図・対縮図とともに、最初に伝授されたと考えられる葛袴・鴨沓の免状に色目の記載が見られない点である。免状の文言を示すと次のとおりである。

蹴鞠為門弟、葛袴并鴨沓之事、條々雖有子細之儀候、別而御執心之間、則免申候、御着用、尤規模、珍重候也、恐々謹言、

十二月五日　　　雅教（花押）

伊達左京大夫殿

免状の文言から、葛袴や鴨沓の色目が記されていないことが明確にわかる。㋒の錦革の鴨沓の着用許可免状や㋕の萌黄の葛袴の着用許可免状などが、その後、伊達晴宗に伝授されてはいるが（㋒〜㋖は永禄五年の免状と推定される）、のちに示すように、寛永末年頃以降の蹴鞠免状では、最初に伝授される鴨沓や葛袴の着用許可免状にも色

目の記載が明記されることから、この永禄頃の蹴鞠免状群は、着用してもよい蹴鞠装束の色目を段階的に与えるという、飛鳥井家の蹴鞠相伝体系が確立される過程の過渡期の様相を示しているといえよう。言い換えれば、この時の免状伝授は、最初に鴨沓・葛袴の着用許可免状を伝授した後に、格の高い色目の装束着用許可を随時付加えていった観のある伝授の仕方であったことがうかがえるのである。

免状群からうかがわれる第二の特徴は、㋓や㋔にみられるように、素襖の紋の使用許可免状が伝授された後に、㋖の香上の鞠水干（直垂の上）の着用許可免状が伝授されている点である。十六世紀における、素襖の紋の許可については、前掲の『蹴鞠条々　雅綱卿聞書』に、次のようにみえる。

すハふの紋の事、人のこのミによりする也、但筋と丸の事、御免なくて不可仕なり、

素襖の紋についても、特別な紋に関しては、着用の許可が必要であったことがわかる。また先にみたとおり、同じく『蹴鞠条々　雅綱卿聞書』に、「鞠の上」の着用が許可されていない武士は、素襖を着用して蹴鞠を行うことが記されていた。従って、永禄の免状群にみられる「素襖の紋の使用許可」の免状伝授の後に、「香上の鞠水干の着用許可」の免状を伝授するという免状相伝の在り方は、『蹴鞠条々　雅綱卿聞書』の記述に符合する。

ところが、のちに述べるように、寛永末年頃以降の蹴鞠免状では、着用してもよい鴨沓と葛袴の最初の色目を許可した免状が伝授されるのと同時に、いわば初伝で、着用してもよい鞠水干の色目を許可した免状が伝授されているのである。この点からも、永禄頃の蹴鞠免状群は、着用してもよい蹴鞠装束の色目を段階的に伝授していく、飛鳥井家の蹴鞠相伝体系が確立される過程の過渡期的様相を示しているといえよう。

以上みてきたように、十六世紀を通じて、飛鳥井家の当主が、戦国武士を中心とした素人の弟子を蹴鞠門弟として掌握していく中で、徐々に蹴鞠装束の色目を段階的に許可していく、飛鳥井家の蹴鞠相伝体系が確立されて

いったことがうかがわれる。のちに触れるように、十七世紀後半において、元禄町人などにも蹴鞠の享受層が広まり、蹴鞠が遊芸化したさいにも、家元である飛鳥井家が、蹴鞠装束の色目を段階的に許可することで、門弟を組織的に掌握していたことからみれば、十六世紀のこうした動きは、蹴鞠遊芸化の前提となっていた動きであると位置付けることができよう。

第四節　小　括

では、蹴鞠装束の色目を段階的に許可していく、飛鳥井家の蹴鞠相伝体系が確立されてくるのはいつ頃であろうか。江戸時代に入って寛永末年頃までには、大名に対するそうした相伝体系が確立されていたものと推測される。安田晃子氏が紹介された、次に掲げる飛鳥井雅章筆松平直次（豊後杵築藩主）宛蹴鞠免状（杵築市立図書館土居文庫所蔵）[21]は、そのことをうかがわせる明確な史料である。

㋐寛永十九年（一六四二）三月　三　日……八境図・両分図・対縮図
㋑寛永十九年（一六四二）三月　三　日……紫下濃葛袴・鴨沓有紋紫革着用許可免状
㋒寛永十九年（一六四二）三月　三　日……紋紗上・糸紐着用許可免状
㋓寛文　元　年（一六六一）八月　四　日……三本松懸使用許可免状
㋔寛文　二　年（一六六二）六月　一　日……鶖上着用許可免状
㋕寛文　三　年（一六六三）三月十　八日……朽葉葛袴着用許可免状
㋖寛文　四　年（一六六四）三月二十六日……孔雀上着用許可免状
㋗寛文　五　年（一六六五）五月　五　日……金紗上着用許可免状

㋘寛文 八 年（一六六八）五月 十 日……摺箔葛袴着用許可免状

㋙延宝 三 年（一六七五）四月二十三日……萌黄葛袴着用許可免状

この免状群の伝授の在り方からうかがわれる特徴は次の三点であろう。

まず第一に、桑山浩然氏が指摘されているように、従来、年号が付されていなかった装束の免状に年号が付されている点である。(22)この点は、桑山氏が言及されているように、免状に後々の証拠となるような意味合いが強くあらわれてきたことを示唆しているといえよう。

第二の点は、先に引用した永禄の免状群とは異なり、最初の葛袴・鴨沓の着用許可免状㋑に、「紫下濃」「有紋紫革」という色目が明確に記載されていることであり、第三の点は、最初に鞠水干・葛袴・鴨沓の一式の色目が許可されていることである（㋑㋒）。これらの点から、この免状伝授の在り方は、蹴鞠装束の色目を段階的に許可していく、飛鳥井家による蹴鞠相伝体系が確立されていることを示唆しているといってよいであろう。このような蹴鞠相伝体系は、寛永末年頃には、すでに確立していたと判断しうるのである。

こうした、蹴鞠装束の色目を段階的に許可していく蹴鞠相伝体系は、十七世紀末に町人層に蹴鞠が広まり、蹴鞠が遊芸化したさいに家元である飛鳥井家が門弟を組織化する極めて有効なシステムとなった。例えば、『京羽二重』貞享二年（一六八五）版には、「桔梗袴」の色目を許された町人として「花房宗純」の名前が、「紫すそご」の色目の袴を許された町人の名前として「佐野常益・山科利安・山崎友閑・伊藤宗寿・金屋嘉兵衛」らの名前がみえている。

かなり、時代の下った史料ではあるが、中西貞三氏が『蹴鞠抄』で紹介された、文政八年（一八二五）改正鞠道色目(23)から、「御大名御旗本方色目次第」と「御目見以下、町家百姓色目次第」を抜粋して示すと次のようになり、町人に許される色目としては、「桔梗袴」や「紫すそご」が高い格のものであったことがわかる。

ⓐ御大名御旗本方色目次第

御入門

㋐絹戻上・紫糸紐・紫下濃葛袴・錦革・十骨扇

入門後昇進の次第

㋑紋紗上　㋒紫葛袴　㋓摺箔上　㋔有紋紫革　㋕朽葉葛袴　㋖無紋紫革　㋗孔雀上　㋘紫上　㋙紫金紗上

㋚萌黄葛袴　㋛桃色上　㋜桃色金紗上

別色

㋝冬上　㋞紅下濃葛袴　㋟一斤染袴　㋠紅葛袴　㋡白共裏葛袴

ⓑ御目見以下、町家百姓色目次第

御入門

㋐絹戻上・糸紐・白葛袴・藍白地

入門後昇進の次第

㋑浅黄葛袴　㋒錦革　㋓柿葛袴　㋔紫糸紐　㋕有紋紫革　㋖紅裏袴　㋗萌黄下濃　㋘玉虫上　㋙布羅上　㋚

紫下濃　㋛紋紗上（禁色は紫・紅桃色）　㋜桔梗袴

この十九世紀初頭の史料が、現在のところ、江戸時代の鞠道色目を最もよく知り得るものであることからも推察されるとおり、十七世紀後半以降における蹴鞠遊芸化の実態の解明については、今後の研究に委ねられる必要性がある。(24)　しかし、本章では、十五世紀末以降、戦国武士を中心とした素人の弟子を、蹴鞠門弟として掌握する過程でみせた、飛鳥井家の当主による累代にわたる対応の蓄積が、蹴鞠装束の色目を段階的に許可していく、蹴鞠相伝体系を生んだ点、そして、その体系が、十七世紀後半以降、蹴鞠が町人や上層の農民にも広まり遊芸化したさいに、門弟を組織化する極めて有効なシステムとなった点を確認しておきたい。

（1）西山松之助『家元の研究』（校倉書房、一九五九年）。
（2）守屋毅「家元制度――その形成をめぐって――」（『国立民族学博物館研究報告』四巻四号、一九八〇年）。
（3）熊倉功夫「秘伝の思想」（守屋毅編『体系仏教と日本人7　芸能と鎮魂』、春秋社、一九八八年）二八〇頁。
（4）この時代の蹴鞠研究の業績は、渡辺融・桑山浩然『蹴鞠の研究――公家鞠の成立――』（東京大学出版会、一九九四年）、村戸弥生『遊戯から芸道へ――日本中世における芸能の変容――』（玉川大学出版部、二〇〇二年）など。なお同時期の晴の鞠会については、第一章参照。
（5）熊倉功夫「日本遊芸史序考――数寄者と茶の湯――」（熊倉功夫編『遊芸文化と伝統』、吉川弘文館、二〇〇三年）。
（6）前掲『蹴鞠の研究』所収「事項索引」九頁参照。
（7）八境図は、正方形の鞠場を対角線と辺の中点を結ぶ線とで八等分した図。両分図は、鞠の飛行線を基準に、自分が蹴るべき鞠か、他の人が蹴るべき鞠かを示した図。前掲『蹴鞠の研究』所収「事項索引」一一・一四頁参照。
（8）今泉淑夫「文明二年七月六日付飛鳥井雅親書状案をめぐって」（『日本歴史』三六九号、一九七九年）一二頁。
（9）「難波家旧蔵蹴鞠書略分類目録」（平成三年度科学研究費補助金研究成果報告書『蹴鞠技術変遷の研究』、研究代表者：桑山浩然、一九九二年）に戦国期に飛鳥井家の当主から発給された多くの蹴鞠伝授書が記載されている。
（10）前掲『蹴鞠の研究』四三三～五頁参照。
（11）京都蹴鞠保存会は、明治三十六年（一九〇三）に発足した蹴鞠文化の保存・研究を行う団体。主な著作業績に、久世通章『蹴鞠』（大日本蹴鞠会、一九三八年）、中西貞三『蹴鞠抄　内野の雪の巻』（私家版、一九六四年）、中西定典編『蹴鞠保存会九十年誌』（蹴鞠保存会、一九九七年）などがある。
（12）今泉淑夫「江南院龍霄」（『東語西話――室町文化寸描――』、吉川弘文館、一九九四年）六四～六五頁。

(13) 前掲「難波家旧蔵蹴鞠書略分類目録」参照。

(14) 『大日本史料　第九編之十九』四二五頁には、「丹生文書」に、大永二年十月付で飛鳥井雅俊から清原清富に与えられた蹴鞠図の写しが残されているという記載がある。なお、佐々木孝浩のご示教によれば、「文明十三年三月十一日　権中納言雅康」の記載のある、伝授相手が記されていない「八境図・両分図・対縮図」が東山御文庫に所蔵されている。

(15) 田島光男「小田原北條氏の蹴鞠に関する史料」(『郷土神奈川』三一号、一九九二年)四七～五二頁。なお、「北條新九郎」比定も同論文。

(16) 桑山浩然「飛鳥井家伝来蹴鞠道文書の研究」(皆川完一編『古代中世史料学研究・下巻』、吉川弘文館、一九九八年)五五二頁。

(17) 今谷明『言継卿記――公家社会と町衆文化の接点――』(そしえて、一九八〇年)二〇二～七頁。

(18) 『天文七年蹴鞠記』については、第四章参照。

(19) 安田晃子「豊後国における蹴鞠の展開――戦国期を中心として――」(『大分県立先哲史料館研究紀要』四号、一九九九年)二六～二七頁。

(20) 渡辺融「蹴鞠の展開についての一考察――江戸時代の争論を中心として蹴鞠における家元制について――」(『東京大学教養学部体育学紀要』三号、一九六六年)一九頁。

(21) 前掲注(19)安田論文「豊後国における蹴鞠の展開」三四頁。

(22) 前掲注(16)桑山論文「飛鳥井家伝来蹴鞠道文書の研究」五五二頁。

(23) 前掲注(11)中西著書『蹴鞠抄』一二二～一二九頁。

(24) 蹴鞠の遊芸化に関連した論考は、次に掲げるものなどわずかである。町田良一「信濃における蹴鞠の流行」(『信濃(第三次)』三巻一二号、一九五一年)、竹下喜久男「近世中期摂北における蹴鞠の展開」(『佛教大学文学部史学科創設三十周年記念史学論集』一九九九年)、渡辺融「近世蹴鞠道飛鳥井家の一年」(『放送大学研究年報』一七号、一九九九年)。

結論　本論の成果と残された課題

本論では、序論において、これまでの蹴鞠研究を回顧し、従来の蹴鞠研究において体系的な研究があまりみられない、室町期以降の蹴鞠会の挙行形態の歴史、とりわけ応仁・文明の大乱を契機とした十五世紀末における蹴鞠会の様式の変容をさぐることを新しい課題として、次の五章立てで課題にとりくんだ。

第一章　平安〜南北朝期の蹴鞠――晴の蹴鞠会の系譜――
第二章　室町期の蹴鞠――天皇・室町殿臨席の晴会――
第三章　戦国期初頭の蹴鞠――応仁・文明〜明応期の蹴鞠会――
第四章　戦国期中葉の蹴鞠――永正・天文期の蹴鞠会とその様式――
第五章　蹴鞠家元制度成立史論――蹴鞠遊芸化の前提――

以下、各章で得られた成果を順に述べていくことにしたい。

第一章では、平安末期から南北朝期にかけて、天皇・上皇などが臨席して挙行された、八例の晴の蹴鞠会について、会の設営や進行の作法、装束などの挙行形態を、先学の研究に学びながら、当該期の記録を主な史料として考察した。それによって、明らかになった点は次のとおりである。

まず、平安末期の十一世紀後半における白河天皇の時代には、白河天皇が蹴鞠のプレーは行わないものの、天皇が簾中から上鞠役を勤める人物を指示するなど、積極的に鞠会にかかわっている、承暦四年（一〇八〇）の内裏鞠会の事例がみられる。この事例は、元来、下﨟の芸能であった鞠会に、晴意識を強くもたせる契機となった点で特質される事例である。

次に、十二世紀後半における後白河院の時代は、後白河上皇自らが鞠場に立ってプレーし、また、安元二年（一一七六）、後白河院の五十歳を祝う賀宴において、歴史上はじめて賀宴で鞠会が催されるなど、晴の鞠会意識を急速に強めた時代であった。だが、後白河院の五十歳を祝う賀宴において行われた鞠会では、晴の場で催された鞠会であったにもかかわらず、後世、晴の蹴鞠会で必須となる解鞠が実施されないなど、会の進行次第が後世ほど整っていない面がみられる。

十三世紀初頭の後鳥羽院の時代は、蹴鞠故実の形成期であった。晴の鞠会で用いられる重要な故実もこの時期に形成されたものが多い。

まず、後鳥羽院時代における蹴鞠の特質される事績に、『承元御鞠記』に記される、承元二年（一二〇八）に大炊御門頼実邸で行われた晴の鞠会がある。この鞠会は、貴賤の別なく、技芸の実力によって鞠足を各々八人の上足・中足・下足の三グループに分けて行われた大規模な鞠会であった。そのため、鞠足等の座も、技量を重視して分けられた上足・中足・下足それぞれの建物に設えられ、建物の堂の上に座が敷かれるという、後世の晴の鞠会ではみられない設置の仕方をしている。その中で、技芸の実力がある院の下北面等の「下﨟」の座が後世の晴の鞠会の事例に比べ、比較的優遇されていることも特筆される特徴の一つである。また、鞠足のプレーの順序も、下足→中足→上足という後世の晴の鞠会ではみられない順序がとられているが、これも、技量による上足・中足・下足の組み分けが影響を与えているものとみることができる。

後鳥羽院の時代において、後世の晴の鞠会で用いられる故実や挙行形態に影響を与えたのは、むしろ、承元五年（一二一一）に制定された「韈の程品」と、その二年後に行われた建暦三年（一二一三）の高陽院行幸鞠会であったものと思われる。「韈の程品」の制定は、それ以降に開催された晴の鞠会において、鞠足が当日着用した韈の階梯によって、蹴鞠界における地位を公認する意味合いをもった点から、晴の鞠会の歴史においても重要な出来事であった。

また、建暦三年四月に、順徳天皇が、後鳥羽院の御所である高陽院に行幸して行われた鞠会のうち、十一日の鞠会は、上皇・天皇がともにプレーを行い、関白や前太政大臣もプレーに加わった、鞠会における「上﨟」の進出を端的に示す画期的な鞠会であった。この鞠会では、そうした「上﨟」を含めた「上八人」が鞠会の初座を勤めるなど、挙行形態が、後世の晴の鞠会のように整備され、また各々の鞠足が、この鞠会の二年前に制定された、「韈の程品」によって明示される韈の階梯を披露する場にもなっている。このような意味で、後鳥羽院の時代は、晴の鞠会における進行次第や故実の大きな形成期にあたっていたものとみることができる。

しかし一方で、例えば、譜代の家の人物が、天皇や上皇の足に、「御座」で御具足（沓や韈）を履かせ、足を結い緒で調える儀式のような、十四世紀に入ってから晴の蹴鞠会の儀式として確立し、十五世紀半ばの晴の蹴鞠会まで必須の次第として行われた儀式が、この時点では明確な次第として記録されないのも事実である。また解鞠が、当時は鞠会における奉行の役と認識されており、晴の鞠会において譜代の家の者が勤める名誉な役と認識されるにはいたっていないと考えられ、後世（十四世紀以降）の晴の蹴鞠会との違いを明確化する。

こうした、晴の鞠会における進行次第や故実が徐々に整備されていくのは、十三世紀後半の後嵯峨院の時代以降のことであった。後嵯峨院の時代になると、天皇と上皇が臨席してしばしば晴の鞠会が開かれるようになることが『二老革匊話』などの記録によって知られる。そうした、十三世紀中頃以降の記録類に多く登場する、晴の鞠会の設営として注目されるのが、建物の縁側の一部を切り下げてそこに天皇・上皇の御座を設ける「切縁」の御座である。この設営の始源は明らかでないが、本論の事例では、弘長二年(一二六二)三月に、後嵯峨上皇・後深草上皇・亀山天皇が臨席して行われた晴の鞠会までさかのぼれた。なお、この設営の下限は、おそらく、享徳二年(一四五三)の後花園天皇・足利義政が臨席して行われた『享徳二年晴之御鞠記』に記される内裏晴の蹴鞠会だと思われる。

さて十四世紀に入り、晴の蹴鞠会で「御具足役」が確立し、それが、「譜代の家」の者が勤める名誉な役となること、また解鞠を勤める「解役」も、「譜代の家」の者が勤める名誉な役になることについて述べた。その契機となる鞠会として、本論の事例としては、正和四年(一三一五)二月に、長講堂で、持明院統の花園天皇・後伏見上皇・伏見法皇が臨席して行われた鞠会をあげた。「解役」は平安末期から行われている故実であり、「御具足役」についても、それに類似する先行の役が、建保年間(一二一三~一九)にまでさかのぼれることについては、既述したとおりである。十三世紀の晴の鞠会では、「解役」は、鞠会の奉行や蔵人が勤めている事例がみられ、「御具足役」についても、それに先行する類似の役とみられる、天皇や上皇に「沓を献ずる」役があり、その役は、時に「譜代の家」の者が勤めることもあった。しかし、それは、天皇や上皇の足に「切縁」の御座で御具足(沓や韈)を履かせ、足を結い緒で調えるという一連の所作が儀式化した「御具足役」とは、詳細をみると異なる所作の次第であったのである。こうした点から、十四世紀初頭において、「御具足役」が儀式として整備され、また、「御具足役」や「解役」が、晴の蹴鞠会における「譜代」の役として認識されるような事例の蓄積があったものと推測される。

南北朝期に入っても、『貞治二年御鞠記』に記される貞治二年（一三六三）五月の内裏鞠会の事例でみたように、鞠会の次第等が儀式的に整備されている方向性は変わらないように思われる。

ただし本論でみた、十四世紀の正和四年（一三一五）二月に長講堂で行われた鞠会、貞治二年（一三六三）五月に行われた内裏鞠会のいずれの事例をみても、「上臈」も含めた鞠足が、延足・帰足などの曲足を交えた比較的自由な技で、おおらかに蹴鞠を楽しんでいる。こうした点からみると、第二章で述べた、室町期の晴の蹴鞠会の方がより儀式的な性格が強まるものと思われる。

第二章では、第一章で述べた、「具足の鞠」の性格を継承しつつ、十四世紀末から十五世紀半ばにかけて、室町殿と天皇がともに臨席して行われた五例の晴の蹴鞠会の挙行形態について、諸記録を参照しながら比較検討した。五例の晴の蹴鞠会は、永徳元年（一三八一）・応永十五年（一四〇八）・永享九年（一四三七）の天皇による室町殿行幸のさいに行われた晴の蹴鞠会、応永二年（一三九五）・享徳二年（一四五三）に開かれた禁裏晴の蹴鞠会である。その結果、次の点が明らかになった。

第一の点は、これらの蹴鞠会が、室町殿と天皇がともに臨席して行われる「公」的な性格を帯びた場であり、その時々の室町殿と天皇および公家社会の勢力関係が映し出されるという性格を有している点である。そうした性格がうかがわれるのは、鞠足や見証の人々の鞠場への参進の仕方および鞠場に設えられた座の並べられ方であった。それらは原則として、公家社会の官位の序列に従うものであったが、応永十五年三月の後小松天皇による足利義満の北山第への行幸にさいして開かれた蹴鞠会における、足利義満・義嗣の鞠場への参進や座の設え方にみられるように、時として室町殿がそうした序列を超越することがあった。このことは、その時点における、室町殿の天皇および公家社会に対する権力の大きさを示している。

また、享徳二年の禁裏晴の蹴鞠会では、足利義政が官位の序列に従った座次をとり、他の公卿と同様、屏中門から鞠場に入場しているのに対して、伏見宮貞常親王の鞠場への参進は、「北方より」特別に行われた出御であった。このことは、蹴鞠会の場における、天皇に次ぐ貴人が、足利義政ではなく貞常親王であることをはっきり示している。このように、室町殿と天皇がともに臨席して行われる場であるだけに、時の室町殿の天皇および公家社会に対する権力の大きさが映し出されるという側面が、これらの蹴鞠会にはあったのである。

第二の点は、これらの蹴鞠会が、朝廷の公事に引き比べられるような性格をもっていた点である。室町殿を含めて、参会者の全員が「公家」であったということを、まず、その必要条件を満たす前提としてあげておかねばならないが、そのことが端的にうかがえるのは、官位によって、勤めるべき人物の原則を定着させようとした諸役がいくつかみられた点である。そうした諸役には、〔露払の置鞠役〕、〔枝鞠の置役〕、〔御具足の役送〕、〔御簾役〕があった。その中で特に、応永十五年北山第行幸のさいの蹴鞠会の記録である『北山殿行幸記』に、〔露払の置鞠役〕と〔枝鞠の置役〕が「六位蔵人」の役であると明記され、享徳二年の禁裏晴の蹴鞠会にさいして、いかなる官位の人物が、〔御具足の役送〕を勤めるべきかをめぐって問題を生じたことからみれば、蹴鞠会が挙行されていく中で先例が蓄積され、進行の次第が整備されていくにつれて、これらの諸役に、官位によって勤めるべき人物の原則を定着させようとした動きがあったことが知られる。こうした点からみれば、足利義満の演出によって、蹴鞠会の「儀礼的」性格がより強まった応永十五年の蹴鞠会を契機に、これらの蹴鞠会の朝廷の公事に引き比べられるような性格は一層鮮明になったということができよう。

第三の点は、幕府・朝廷がその「公」性を顕示する場であったということに起因して、当代の蹴鞠界における鞠足の地位を公認する意味合いを有した場であった点である。当日の蹴鞠会で鞠足が履く韈は、とりわけ階梯の高いものについては、鞠足の技量・身分・年齢を勘案して、「勅定」で着用すべき階梯が許可されるものであったが、その階梯は、そのまま当代の蹴鞠界における鞠足の地位を明示した。無論、応永十五年の蹴鞠会の時に足利義嗣が有文紫革を着用したように、その着用にさいして、時として、「身分」の方が技量・年齢より優先することもあった。しかし大方においては、三者を勘案して着用が許可されることが多く、とりわけ無文燻革は、その三条件が調わないと着用が許可されない「奥儀の色」であった。それだけに、これらの蹴鞠会でそれを着用した鞠足は、当代における「蹴鞠界の権威」であったといえよう。特に享徳二年の蹴鞠会で、後花園天皇のみが無文燻革を着用したことは、天皇が蹴鞠という文化を通じ、室町幕府に対して、また公家社会の秩序において、その主体性を表現しようとした動きとして注目される点である。

また、蹴鞠会の進行に欠くことのできない、上鞠役・天皇の御具足を調える役・解役といった諸役を、これらの蹴鞠会で勤めることは、それを行う人物が当代の蹴鞠界における権威であることを示す肩書きとなった。応永十五年の蹴鞠会で足利義満・義嗣父子が、上鞠役・御具足役を勤めたことの背後に、彼らこそが蹴鞠の世界においても、最高の権威であることを示そうとした義満の目論みがあったと推測されることについては本論で言及したとおりである。そのことも興味深い事実であるが、これらの諸役を勤めた人物が御子左家の人物から飛鳥井家の人物に移行しており、蹴鞠界の「公」の場における中心勢力が、御子左家から飛鳥井家へ移行したことがはっきりうかがえることもこれらの蹴鞠会の特徴であった。室町殿と天皇がともに臨席して行われた晴の蹴鞠会は、飛鳥井家の人物が朝幕による信任を得て、晴の場に相応しい技芸の在り方を工夫することを通じて、同家が蹴鞠界の中心的な存在へ台頭していく過程そのものを明示する蹴鞠会であったといえるのである。

こうした、「具足の鞠」である室町殿と天皇がともに臨席して行われる晴の蹴鞠会は、享徳二年（一四五三）三月二十七日の禁裏晴の蹴鞠会を最後に開催されなくなるが、そのことを史料を用いて検証し、その後、とりわけ応仁・文明の大乱以降、蹴鞠界の階層的・地域的拡散が著しく進んだことも示唆した。

第三章では、「具足の鞠」の消失後、応仁・文明の大乱を経た十五世紀末において、主として洛中における蹴鞠界の階層的拡散の様子を、当時の蹴鞠の様態を最も詳しく記している記録である『親長卿記』を用いて考察した。具体的には、十五世紀末における、鞠会の場とその性格、鞠会の様式や作法などを明らかにするとともに、細川氏とその被官による鞠会への大量参入という、文化享受層の拡大が蹴鞠におよぼした影響を検討した。ここで明らかになった点は、以下のとおりである。

第一に、文明初年から明応年間にかけて蹴鞠界の中心にあったのが、飛鳥井・甘露寺・高倉の三家をはじめとする羽林家・名家クラスの公家であり、中でも飛鳥井雅康（宋世）と甘露寺親長が一貫して指導的な立場にあったという点である。

第二に、この時期の鞠会は、人的構成やその性格からみて、各々がある程度独立した、いくつかの「サロン」（鞠会のグループ）として成立していたということである。具体的には、禁裏の鞠会、室町殿の鞠会、公家・武家の邸宅における鞠会と大きく三つにわけることができるが、禁裏の鞠会・室町殿の鞠会が、どちらかというと停滞ぎみであったのに対し、公家・武家の邸宅における鞠会は、この時期の鞠会の主流として活発に行われたと位置付けることができる。

第三に、この時期主流であった公家・武家の邸宅における鞠会が、寄合的な遊興性を強くもちつつ展開したということである。特に文明十八年（一四八六）、細川氏の被官層が鞠会へ大量参入した以降に、その傾向が顕著にあらわれる。例えば、武家の参会がみられない禁裏の鞠会との対比で性格が浮き彫りにされるのは、各々の鞠会における、「上鞠」の位置付けの違いである。禁裏（勝仁親王御方）の鞠会では、装束等の「陵遅」により、「具足の鞠」ではない鞠会で、上鞠の儀を行うのか否か慎重な談合が加えられているのに対し、公家・武家の邸宅における鞠会では、むしろ興として上鞠を行い、ついには上鞠役を鬮《くじ》で選ぶという扇鬮さえ行われている。また、酒や饗膳をともなった「宴会の芸能」としての性格も、この時期の公家・武家の邸宅における鞠会に、特に明確にあらわれる傾向の一つで、このことが鞠会に強い遊興性を与える大きな要因となっている。

応仁・文明～明応期の蹴鞠会を、『親長卿記』をとおしてみると、各々の鞠会の場をわきまえた、飛鳥井雅康（宋世）・甘露寺親長ら公家の対応ぶりが留意される。例えば、明応期の勝仁親王御方御鞠で、なかなか「正式」な装束が調わないという条件のもと、従来「略式」であった、鞠水干（直垂の上）・葛袴・鴨沓を新たな様式として用いたことなどは、これらの様式が後世、家元制度を支える重要な要素となったことからも特筆されるべき点である。しかし中でも、従来、宮廷を中心に伝承され、将軍とその側近を主要な享受者としてきた蹴鞠という技芸を、新たに新興武家層を参会者として加えた場で、より遊興性を加味しながら変容させ、新興武家層に開放した点にこそ、十五世紀末における蹴鞠史上の意義が認められるものと思われる。

第四章では、十五世紀半ばまでの「具足の鞠」にみられた「故実」に代わって、応仁・文明の大乱後に創出されてきた蹴鞠の「新儀」が十六世紀に入って、定着化の傾向をみせていることを蹴鞠史料からたどった。具体的には、永正三年（一五〇六）三月に飛鳥井宋世（雅康）が作成した『蹴鞠百首和歌』に詠まれた蹴鞠の様式と、天文七年（一五三八）九月十三日に開かれた飛鳥井雅綱邸の蹴鞠会の様式をみることで「新儀」の定着を確認した。『蹴鞠百首和歌』に詠みこまれた蹴鞠の「新儀」には、鞠足の控えの座としての「円座」の台頭、上鞠役を勤める人物資格の多様な位置付け、蹴鞠装束としての鴨沓と葛袴、戦勝祈願の鞠、鞠場を囲うフェンスである鞠垣などがあった。一方、天文七年九月十三日に開かれた飛鳥井雅綱邸の蹴鞠会の様式をみると、天皇・室町殿臨席の「具足の鞠」のような式正の会においてみられた儀式次第が省略される特徴があり、また式正の会における「故実」からみれば、「略儀」とされる様式が「新儀」として定着しているものがみられた。そうした「新儀」には、鞠足の控えの座としての「円座」の台頭、直垂の上（鞠水干）・葛袴・鴨沓の使用、「具足の鞠」でない蹴鞠会における上鞠の儀の実施、饗膳における参会者全員の折敷の使用などがあった。

また天文七年の飛鳥井雅綱邸蹴鞠会で、当時の洛中の権力者である細川晴元が、公家社会の秩序を超越した作法を行ったことにも言及した。そして数年後に開かれた、規模の大きな会とはいえない、天文十三年（一五四四）十一月二十三日の伏見宮貞敦親王方の蹴鞠会においては、晴元が公家社会の序列に完全に組み込まれているように記録類に記されていることを、公家社会の重層性をあらわす事例として指摘した。

第五章では、十五世紀末以降、八境図・両分図・対縮図が次第に免状化し、第三章や第四章で述べた「新儀」である鴨沓や葛袴、そして直垂の上（鞠水干）が、蹴鞠の重要な伝授項目となっていく過程を、蹴鞠家元制度の成立史として論述した。その中で、以下の点を指摘することができた。

第一に、これらの図が免状化の方向性を示し、鴨沓や葛袴、直垂の上などが蹴鞠装束として認知されたのが、十五世紀末であることである。第二に、十六世紀初頭には、八境図・両分図・対縮図や葛袴・鴨沓の免状が、武家の門弟に対して伝授されるようになることである。第三に、葛袴や鴨沓の免状も初期にあっては、着用許可のみならず実物も伝授されており、色目（装束の模様や色合いによる階梯）も、伝授の内容として問題にされていなかったことである。第四に、十六世紀も下るにつれ、鴨沓や葛袴、直垂の上（鞠水干）の色目の着用許可免状が増えることである。そして第五に、鞠水干・葛袴・鴨沓一式の色目が最初に許可され、その後、蹴鞠装束の色目を段階的に許可していく蹴鞠相伝体系が確立されるのは江戸時代に入って、十七世紀半ば頃と推定されることである。総じてみれば、蹴鞠遊芸化すなわち家元制度成立への萌芽が、十五世紀末にまでさかのぼれることを本章で確認できたといえる。

以上のような、本論の研究成果がある一方、残された課題も少なくない。例えば、戦国期の問題でいえば、蹴鞠が地方の戦国武士へ向けて広められた様相を明らかにすることである。第五章で述べた蹴鞠免状や記録などに加えて、飛鳥井家の当主から伝授された蹴鞠伝授書あるいは門弟による聞書などを通して個別的にその様相を明らかにしていく必要性があるものと思われる。また、地下鞠である賀茂流の実態を把握することも課題の一つであろう。

江戸時代の問題でいえば、蹴鞠が町人や上層農民などに広まった様相、すなわち蹴鞠遊芸化の様相を明らかにしていく点がまずあげられる。その中には、曲鞠を行った外郎右近流の実態解明なども含まれるであろう。また、近世公家社会の中でいかなる機能を果たしたのか、江戸城中で開かれた鞠会にいかなる意味があったのか、近世大名はいかなる価値観で蹴鞠をみていたのかなど近世蹴鞠史にも残された課題が多い。こうした課題が解明される中で、蹴鞠が近代社会に普及しなかった理由が明確になるとともに、その中に、現代の私たちの生活にも活かせるような「遊び心」の一面が隠されているかも知れない。

あとがき

私が、最初に、蹴鞠という存在を知ったのは、小学校六年生の時、歴史の授業で見たテレビの教育番組を通してであった。その頃から、サッカーをしていた私は、チームメイトと「蹴鞠」と称して、サッカーの円陣パス（リフティング）などをして楽しんでいた。一方で小さい頃から、日本の文化や歴史に少なからず興味を抱いており、博物館・美術館・デパートなどの展示や鎌倉のお寺などを訪れるのが好きな子供であった。そんな私が、大学の卒業論文のテーマを蹴鞠にしようと、はじめて、中西貞三著『蹴鞠抄』を開いたのは、大学二年の冬（一九八八年）のことであったから、それから、もう二十年近くの歳月が経過したことになる。その間、断続的に蹴鞠の研究を続けてきたが、私のような非才の学徒が、なんとかこうして、本書をまとめることができたのは、筑波大学の卒業論文の指導教官であった、熊倉功夫先生（現・林原美術館館長）のご指導のおかげである。先生には、学群（学部）・大学院時代だけでなく、その後も折りに触れて大変お世話になり、ご指導をいただいてきた。お忙しいスケジュールの中での数々の貴重なご示教には、深く感謝申し上げている。おそらく、先生のご指導がなかったら、本書はかたちをなしていなかったであろう。心からお礼申し上げたい。

大学の学群（学部）時代に、当時、京都蹴鞠保存会の理事長をなさっていた故・中西定典先生や小谷博義先生・大西康義先生などにお目にかかり、保存会の鞠会の流れを拝見、解説していただいたことも本書誕生の遠因といえる。同じ頃、「蹴上」の地名の不思議なご縁で、お目にかかることになった、京都日向大神宮の故・中津川知江さん（久世通章子爵のご家族）から、久世子爵著『蹴鞠』を一冊お預かりしたこと共々深く感謝申し上げたい。

大学院の頃は、かねてから熊倉先生にご紹介いただいており、当時、ともに東京大学の教授でいらした渡辺融先生と故・桑山浩然先生が主催されていた蹴鞠研究会で勉強させていただく機会に恵まれた。渡辺・桑山両先生には、蹴鞠の技術をも含めた踏み込んだ蹴鞠研究や史料の丹念な読み込みが大切なことなどを教わった。また、大津平野神社の蹴鞠史料を写真版で拝見するなど、研究面でも大変お世話になった。研究会で、蹴鞠研究のよき先達である佐々木孝浩先生や村戸弥生先生、長野県上田で蹴鞠の復興に取り組まれている井澤篤已氏などにお目にかかれたのも幸運な出来事であった。

また、同じ頃、宮内庁書陵部や東京大学史料編纂所でアルバイトをしたり、慶應義塾の大学院のゼミに出席するなど、貴重な経験をさせていただいた。大学院在学中に、今となっては、読むに耐えない雑文ではあるが、『姓氏と家紋』（改題して『旅とルーツ』）六一〜六四号に蹴鞠の記事を執筆したこともよい経験であった。学内（筑波大学大学院）にあっては、熊倉先生はじめ大濱徹也（歴史理論）・田沼睦（日本中世史）・犬井善壽（日本中世文学）の各先生などが、厳しくも暖かい眼差しでご指導してくださり、戦国期の蹴鞠伝授書を検討した修士論文を提出することができた。

大学院の博士課程を満期退学した後、東京北区にある駿台学園高等学校で日本史の講師として勤務した。大学院の一年時に、都立久留米西高校で日本史の講師をした経験はあったが、その時にも増して、日本史の流れを意識して把握しようと考えるきっかけとなった。

その後、熊倉先生のご紹介で、北九州市立小倉城庭園博物館（小笠原会館）の学芸員として、九州の玄関口である小倉に赴任した。同館の山本紀一館長のご指導の下、茶・香・九州の陶磁器・絞り染め・和紙・お菓子・凧・カルタ・結びや包みの文化など多様な生活文化の企画展を担当し、文化や「遊び」に対する認識に広がりを持つことができるようになった。また、人情味あふれる「飲み」仲間と貴重な時間を過ごすことができたのも良い思い出となっている。

小倉を退職した後、唐津焼の陶芸家である中里逢庵（十三代中里太郎右衛門）先生とのご縁を結んでくださったのも熊倉先生であった。中里先生には、唐津焼のご論文をまとめるお手伝いをさせていただくなかで、やきものの知識はもとより、大部な論文のまとめ方や本作りを学んだ。また、仕事の打ち合わせで何度かうかがった帝国ホテルで、美味しい料理を頂戴しながら、唐津焼を中心とした陶磁器に関する情熱に満ちたお話をうかがうという、得難い体験もさせていただいた。

その後、京都の表千家北山会館に奉職する機会を得た。家元に関して、史料上、蹴鞠の家元の形成過程をたどったことは、それ以前にあったが（本書第五章の初出論文など）、実際に、茶道のお家元内部で「ごく自然に」行われている文化的な営みの深さや重要性を、少しでも間近かで拝見できたことは貴重な経験であった。また、左海祥二郎館長（表千家同門会理事長）・伊藤正信次長をはじめとする皆様方には、茶の湯工芸（お茶のお道具）の世界の奥深さを教わった。と同時に、日本の社会における「茶の家」の重要性も認識させていただいた。京都滞在中に、木芽文庫の茶の湯研究会に出席したこともありがたいことであった。

二〇〇八年の四月より、縁あって、島根県の松江市に赴任し、松江市歴史資料館（仮称・平成二十二年開館予定）の設立整備室に学芸員として勤務する予定である。かつて一度、山陰地方を訪れたことがあるが、実直で温和な出雲地方の方々とともに仕事をさせていただけることは、実にありがたいことである。松江の良き伝統を大切にしながら、魅力ある館の在り方を考えていきたいと思う。

このように、日本の歴史や文化に関して勉強させていただく機会には、これまで比較的恵まれてきたが、本人の努力不足もあって、その機会を十分に生かす歩みをしてきたとは言い難いものがある。しかしながら、これまでの歩みの中で出会った方々がタイミング良く気の利いた激励をしてくださり、支えてくださったことは本当にありがたいことである。中でも、学生時代からの文化史学の先輩である、表千家の原田茂弘氏や東京大学の松澤克行氏が、折々にお励ましくださることは心強く感じられ、深く感謝している。また、自分の心のどこかに、蹴鞠研究を中心としながら、広く日本文化の歴史を考究していきたいという明確な意識があることが、私の歩みを支える一面となってきたことも事実であろう。今後とも、その思いを大切にしつつ、自らの歩みを反省しながら進んでいきたいと思う。

なお、本書の各章を構成する論文の初出は以下の通りである。

序　論　新稿

第一章　新稿

第二章　「室町期における「公宴」蹴鞠会の挙行形態——その比較検討を通してみた性格について——」（筑波大学『年報日本史叢』一九九四、一九九五年に発行）を修正

第三章　「応仁・文明～明応期における蹴鞠界の様態——甘露寺親長の日記を通してみた——」（筑波大学『日本史学集録』一三号、一九九一年）および「明応期の勝仁親王方御鞠をめぐって——蹴鞠装束の変容と鴨沓の登場——」（『風俗』三五巻二号、一九九六年）をもとに再構

成

第四章　新稿
第五章　「蹴鞠遊芸化の前提」（熊倉功夫編『遊芸文化と伝統』、吉川弘文館、二〇〇三年）を修正
結　論　新稿

本書の出版にさいして、京都の思文閣出版に橋渡ししてくださったのも熊倉功夫先生である。最近では、『朝日新聞』に作家・夢枕獏氏の『宿神』が連載され、その中で蹴鞠を描いた場面が多くとりあげられるなど、私たちのイメージする蹴鞠像も、以前より豊富になった。そうした中で、洛中の鞠会について多く記した本書が、京都の出版社から出版されることに感謝しつつ、あらためて、熊倉先生にお礼申し上げたい。本書の編集にさいしては、思文閣出版の林秀樹氏に大変お世話になった。行き届いたご配慮に深く感謝の気持ちをあらわしたい。

末筆ながら、私の歩みを支えて下さった方々、特に、常に私の歩みを気にかけてくれている両親と家族、本書の執筆にさいしてパソコンを一台貸してくれた、薬学博士である叔母とその家族、東京育ちの私に対し、幼少の頃より、「田舎」の原風景を印象づけてくれている岩手県和賀郡旧湯田町に、九十歳を過ぎて元気に暮らしている祖母とその家族に感謝しつつ筆をおくこととしたい。

稲垣弘明

平成十九年十一月吉日

索　　引

【人　　名】

か

き

く

こ

【事　項】

【文献史料】

あ行

か行

さ行

た行

な行

◎著者略歴◎

稲垣弘明（いながき・ひろあき）

1967年　東京都生まれ
筑波大学人文学類卒業
同大学院博士課程歴史・人類学研究科単位取得
北九州市立小倉城庭園博物館学芸員，表千家北山会館企画室などの勤務を経て，2008年4月より松江市歴史資料館整備室学芸員．専攻は日本文化史
〔主要論文〕
「中世公家の茶」（『茶道学大系　第2巻　茶道の歴史』，淡交社）
「戦国期蹴鞠伝書の性格と機能」（『芸能史研究』120号）

中世《ちゅうせい》蹴鞠史《けまりし》の研究《けんきゅう》——鞠会《まりかい》を中心《ちゅうしん》に——

2008（平成20）年1月20日発行

定価：本体5,500円（税別）

著　者　稲垣弘明
発行者　田中周二
発行所　株式会社　思文閣出版
〒606-8203 京都市左京区田中関田町2-7
電話 075-751-1781（代表）

印　刷
製　本　株式会社 図書印刷 同朋舎

　ISBN978-4-7842-1390-0　C3021